보다 더 알기 쉬운
유럽사 연대기

— 유럽의 역사를 누구나 쉽게 접근할 수 있도록 쉽고 심플하게 정리한 —

보다 더 알기 쉬운
유럽사 연대기

전홍찬 지음

좋은땅

서문 - 개정판을 내며

앞서 출간한 책을 보완하고 수정하고 또 부록으로 첨부할 부분이 있어 개정 판을 내게 되었습니다.

궁금했습니다.

유럽이 왜 오늘날 유럽 연합이 되었을까, 또 고대 그리스와 고대 로마로부 터 시작된 유럽의 역사가 어떻게 흘러왔을까, 그것이 궁금했습니다.

저의 궁금증을 해소해 줄 책들이 있나 열심히 찾아보았습니다. 깊이 있고 알찬 역사 책들이 차고 넘쳤습니다. 그러나 유럽 역사에 문외한이었던 저에 게는 너무나 어려운 책들이었습니다.

제가 알고 싶었던 것은 수천 년간 이어져 온 유럽 역사의 흐름이었습니다. 역사적인 사건들이 역사의 어느 지점에 놓여 있고, 또 어떻게 연결되어 있는 지였습니다.

유럽의 역사를 시간별로, 시대별로 정리할 수 없을까, 또 유럽의 역사를 누 구나 쉽게 접근할 수 있도록 가능하면 심플하게, 또 가능하면 쉽게 정리할 수 없을까 생각했습니다.

역사 전공자도 아니고 더더욱 역사학자도 아닌 제가 유럽사 연대기라는 책 을 낸다는 것은 말도 안 되는 일이었습니다. 하지만 학자라면 쓸 수 없는 역 사의 나열일 수밖에 없는 연대기이기 때문에 오히려 제가 쓸 수 있지 않을까 해서 용기를 냈습니다.

또 제가 알고 싶은 것들은 누군가도 알고 싶지 않을까, 그리고 미흡하고 미 흡하지만 누군가 일단 시작해야 한다면 제가 한번 시도해 보자는 마음이었습니다.

몇 권의 책과 네이버 등에서 열심히 찾고 찾아 또 열심히 공부하고 공부하여, 열심히 정리하였습니다. 4년여, 3,000시간도 넘는 세월과 싸웠습니다.

세상에 드러내기에는 한없이 부족하지만 그래도 한 번은 끝을 내야겠다는 생각으로 출판을 결심하였습니다.

많이 부족합니다.

제가 완전히 이해하고 또 그것을 독자 입장에서 이해할 수 있도록 누구나가 어렵다고 생각하는 유럽의 역사를, 그렇기 때문에 누구나가 쉽게 접근할 수 있도록 가능한 한 쉽게 쓰려고 했습니다.

이 책이 유럽 역사에 대해 더 알고 싶은 중고등학생, 유럽 배낭여행을 하려는 대학생들 그리고 이제는 여유로움을 가지고 유럽을 알고 싶고, 또 유럽을 여행하고자 하는 분들에게 조그마한 길잡이가 되었으면 합니다.

이 책은 아주 어설픈 미완성입니다.

언젠가 누군가에 의해서 더 좋은 유럽사 연대기를 기대하면서, 이 책이 나오기까지 나를 응원해 준 다연, 채연, 예지를 비롯한 우리 가족 모두에게 그리고 특히 그리스 신화를 정리하는 데 영감을 준 예나와 지도 그림을 그려 준 현진에게 감사한 마음을 전합니다.

2025. 03. 01
전홍찬

* 유럽(EUROPE)이라는 지명은 페니키아의 아름다운 공주 에우로페(EUROPE)가 황소로 변한 제우스의 등에 타고 크레타섬으로 건너온 데서 유래되었다고 합니다.
* 독자에 따라 역사에 대하여 서로 다른 생각을 가지고 있겠지만, 이 책의 내용은 네이버 지식백과에 근거해서 정리하였습니다.

이 책을 어떻게 읽을 것인가

　역사는 어렵다. 특히 여러 나라로 구성된 유럽 역사를 한 줄로 세워 나열하기는 더더욱 어렵다. 그래서 가능하면 쉽게 쓰려 하였다.

　깊이 있는 역사를 알기 위해서는 그에 앞서 그 길잡이가 필요하지 않을까 생각했다. 그래서 역사의 흐름을 시간별로 또 시대별로 정리한 유럽사 연대기를 쓰게 되었다.

　이것도 어렵다 한다.

　그렇다면 어떻게 하면 좀 더 쉽게 접근할 수 있을까 생각해 보았다. 그래서 '전쟁(혁명)과 역사의 변곡점' 그리고 '유럽사 연대기 요약'을 부록으로 실었다.

　이 책을 어떻게 읽을 것인가?

　먼저 조금 더 집중해서 처음부터 끝까지 본문을 읽는다. 그다음 '전쟁(혁명)과 역사의 변곡점'과 '유럽사 연대기 요약'을 읽는다. 그러면 세 번 읽는 느낌이 들 것이다. 그렇게 몇 번 반복해서 읽는다.

　그렇게 반복하다 보면 나중에 '유럽사 연대기 요약'을 읽으면서 '아하, 이렇게 역사가 흘러가는구나' 하고 느낄 것이다. 여기에 더 깊이 알고 싶은 부분이 있다면 그때그때 검색해서 찾아보면 될 것이다.

　고대 그리스, 고대 로마로 시작된 유럽의 역사는 고대가 끝나고 중세가 시작되는 프랑크 왕국의 시대까지는 하나가 되어 흘러간다. 그러나 중세 중기부터는 신성로마제국(독일, 오스트리아 등)을 중심으로 프랑스, 영국, 러시아, 스페인 그리고 이탈리아 도시국가들과 더불어 흘러가는데, '유럽 역사의 흐름을 어떻게 정리할까' 하고 많은 고민을 하였다.

유럽 중세 중기부터 유럽 역사를 시대별로 나누고, 그 시대 안에 각 나라의 역사를 나열하였다. 그리고 시대별로 정리되어 있는 각 나리의 역사를 한 번에 읽을 수 있도록 연결 고리가 끊기지 않게 정리하였다.

그래서 유럽의 역사를 시대별로 읽고 싶다면 그대로 시대별로 읽으면 되고, 또 한 나라의 역사를 한 번에 읽고 싶다면 시대를 초월하여 하나로 엮어서 읽으면 된다.

이렇게 날줄, 씨줄로 읽다 보면 어렵다고 생각한 유럽 역사의 전체적인 흐름과 각 나라별 역사가 어느덧 가까이 다가오지 않을까 한다.

쉽지 않은 일이나, 쉽지 않기 때문에 그 희열은 클 것이다.

| 차 례 |

중세 신성로마제국 합스부르크 왕가 시대

절대왕정 시대

나폴레옹 시대

빈 체제

1848년 유럽 혁명, 그 이후

제국주의 시대 그리고 제1차 세계대전 발발

선사 시대와
문명의 발상

선사 시대

선사 시대란 기록으로 남아 있지 않은 역사를 말한다. 인간이 처음 출현한 때로부터 글자가 만들어져 역사를 기록하기 시작한 바로 전까지를 말한다.

가장 오랜 인류는 이백만 년 전쯤에 지구상에 나타나서 그 후 백만 년 이상 별 진전이 없다가 비로소 백만 년에서 오십만 년 전에 이르러서야 오늘날의 인간과 비슷한 직립인간이 나타났다.

이 직립인간에서부터 오늘날의 인류인 호모 사피엔스(슬기로운 사람)가 되기까지는 다시 수많은 세월이 흘러야 했다. 인간은 이만 년 전이 되어서야 겨우 사냥이나 식물 채집 정도의 기술로 살아갈 수 있었으며, 비로소 만 년 전에 이르러 한 곳에 정착해서 동물을 가축으로 사육하고 식물을 재배하게 되었다. 이때부터 인류의 문명이 크게 융성하기 시작하였다.

이것은 신석기 혁명(농업혁명)으로 근대의 산업혁명에 못지않게 큰 의의를 지닌 변혁이었다.

선사 시대는 주요 도구 제작 기술에 따라서 석기 시대, 청동기 시대, 철기 시대로 구분된다.

석기 시대(BC 180만 년~BC 1800년)는 주로 석기를 사용하여 금속 도구를 사용하지 않던 시기를 말한다.

청동기 시대(BC 1800년~BC 700년)는 청동의 제련이 가능해져서 청동기가 사용되고 있지만 아직 철기 야금술이 발명되기 이전인 시기를 말한다.

철기 시대(BC 700년~BC 50년)는 야금술이 개발되어 철제 기구가 사용되기 시작한 시기를 말한다.

문명의 발상

　인류 문명은 기원전 3500년경부터 시작되었는데 문명의 발상지들은 모두 북반구에 위치하고 있고 큰 강을 끼고 있으며 기후가 온화하고 기름진 토지를 지니고 있다.

　티그리스–유프라테스강 유역의 메소포타미아 문명, 나일강 유역의 이집트 문명, 인도 인더스강 유역의 인더스 문명, 중국 황하 유역의 황하 문명이 세계 4대 문명이다.

　각각의 문명은 도구와 농업기술의 발전에 따라 잉여생산물과 사적 소유가 발생하면서 여러 계급으로 분화되었으며 정치적 지배계급이 생겨났다. 이를 바탕으로 원시사회는 해체되고 고대국가가 성립하게 되었다.

　문명의 성립 요소는 국가, 문자, 청동기 사용 등으로 보는데, 4대 문명은 모두 청동기를 사용하였다.

메소포타미아 문명

　메소포타미아 문명은 티그리스강과 유프라테스강 사이의 비옥한 초승달 지역, 지금의 이라크 지역에서 발생한 인류 역사상 가장 오래된 문명으로 기원전 3500년경 동부 산맥 지역에 살던 수메르인들이 이곳 메소포타미아 남부 지역에 이주해 들어와 일으킨 문명이다. 메소포타미아는 '두 강 사이의 땅'을 의미한다.

메소포타미아 문명은 바빌로니아, 아시리아(시리아) 문명을 일컬으며 넓게는 서남아시아 전체 문명을 아우른다. 이 지역은 지리적 요건 때문에 외부와의 교섭이 빈번하여 이민족의 침입이 잦았고, 국가의 흥망과 민족의 교체가 극심하였기 때문에 폐쇄적인 이집트 문명과는 달리 개방적이고 현세적이었다.

수메르인들은 태음력, 곱셈과 나눗셈, 60진법을 만들어 사용하였는데 60진법은 오늘날 시간이나 각도를 나타내는 데 쓰이고 있다. 또 수메르인들은 설형(쐐기)문자를 만들었다. 후에 지중해 동안의 페니키아인들이 이 설형문자를 간단하게 하여 페니키아 문자를 만들었는데 이 페니키아 문자가 오늘날 알파벳의 시조가 되었다.

기원전 1800년경 돌기둥에 새긴 세계 최초의 성문헌법인 바빌로니아 왕국의 함무라비 법전이 있고, 기원전 21세기경부터 구전되던 것을 기원전 11세기에 편집한, 현세적 인생관을 노래한 서사시 〈길가메시〉가 있다.

이집트 문명

이집트 문명은 기원전 3000년경 나일강 하류의 비옥한 토지에서 이루어졌다. 이집트는 지리적 위치가 폐쇄적이어서 메소포타미아 문명에 비해서 정치·문화적 색채가 단조롭고, 특히 사막과 바다로 둘러싸여 있어서 외부의 침입 없이 2,000년 동안 고유문화를 간직할 수 있었다. 또 해마다 겪게 되는 나일강의 범람은 상류의 비옥한 퇴적을 운반하는 작용을 하였으므로 나일강 변은 풍요로운 땅이었다.

이집트 문명으로는 상형문자, 천문학, 태양력, 10진법 등이 있다.

인더스 문명

 기원전 3000년 중엽부터 천여 년 동안 인도의 인더스강 유역을 중심으로 번성했다. 인도 북부에서 발원한 인더스강은 파키스탄을 거쳐 인도양으로 흘러들어가는데 이 강 유역을 따라 유적이 발견되면서 최초의 문명으로 밝혀졌다.

황하 문명

 중국 황하 유역의 중하류 지역에서 기원전 2000년경 문명이 발생했다. 이 강 유역에서 각종 제사용 청동기와 궁전, 성벽 터가 발견되면서 최초의 문명으로 밝혀졌다. 하나라와 상(은)나라가 건국되기도 했고 유적으로는 상(은)나라의 갑골문자가 전해지고 있다.

고대 그리스 시대

〈그리스 신화〉

　그리스 신화는 우주 창조와 신들의 탄생 등의 신에 관한 신화와 영웅들에 대한 이야기들이다. 또 신화는 가볍고 잡다한 이야기들을 다루기도 하고, 대중을 즐겁게 하는 민담도 있다. 그리스 신화는 추후 재생되고 재해석됨으로써 미술과 문학의 주제에서 과학기술용어에 이르기까지 유럽 문화 전반에 걸쳐 큰 영향을 주었다.

　그리스 신화는 문학 작품을 통해 전해 오고 있는데, 기원전 8세기에 살았던 호메로스의 〈일리아드〉와 〈오디세이아〉의 트로이 전쟁에 대한 이야기가 있고, 기원전 8세기 헤시오도스가 쓴 우주의 탄생과 신들의 기원 및 계통에 관한 내용을 담은 서사시인 〈신통기〉가 있다.

카오스에서 올림푸스 산정 12신까지

　태초에 무한한 공간의 신 카오스가 생기고, 다음에 창조의 어머니 대지의 여신 가이아가 태어나고 그리고 생명을 빚어내는 에너지인 사랑의 신 에로스가 태어났다. 카오스, 가이아, 에로스는 혈연 관계없이 태초에 탄생한 존재들이라 한다.

　카오스(혼돈)로부터 에레보스(어둠)와 닉스(밤)가 생겨나고, 에레보스와 닉스 사이에서 아이테르(높은 하늘, 대기)와 헤메라(낮)가 태어났다.

　세상의 첫 번째 지배자 가이아는 우라노스와 폰토스(바다)를 낳는다. 우라노스는 대지의 여신 가이아를 딛고 하늘의 신이 된다. 이렇게 우라노스는 세상의 두 번째 지배자가 된다.

　이후 가이아는 우라노스와 부부가 된다. 이 둘은 손이 백 개인 백수 거신 헤카톤케이레스 3형제, 외눈 거신 키클롭스 3형제를 낳고, 그리고 티타니데스라고 하는 6명의 여신과 티타네스라고 하는 6명의 남신을 낳았는데 그중 막내가 크로노스다. 훗날 아들 크로노스는 어머니 가이아와 손잡고 아버지 우라노스를 거세하여 쫓아낸 다음 신들의 왕좌에 오른다. 이렇게 시간의 신 크로노스는 세상의 세 번째 지배자가 된다.

크로노스는 누이 레아를 아내로 맞아 6명의 자식을 낳는다. 권력을 잡은 크로노스가 엄마 가이아의 말을 듣지 않자 가이아는 크로노스에게 '너도 너의 아버지 우라노스처럼 너의 자식에 의해 권력을 뺏길 것이다'라고 하며 저주를 퍼붓는다.

이에 크로노스는 아이를 낳자마자 집어삼키기 시작한다. 크로노스의 부인 레아는 크레타섬 동굴에서 여섯 번째로 태어난 제우스를 살리기 위해 제우스를 동굴에 놔두고 커다란 돌을 보자기에 싸서 제우스라고 속이고 크로노스에게 먹인다.

동굴 속에서 자라난 제우스는 엄마 레아로부터 탄생의 비밀을 듣고 아버지 크로노스를 찾아가 토하는 약을 먹이고 삼켰던 자신의 형제들인 포세이돈, 하데스, 헤스티아, 헤라, 데메테르를 토해 내게 한다.

제우스는 세상 밖으로 나온 형제들과 힘을 합쳐 아버지 크로노스에게 전쟁을 선포하고 올림푸스 산정에서 10년 동안 싸워 이긴다. 이로써 제우스는 신들의 네 번째 지배자가 되었다.

올림푸스 산정의 주신이 된 제우스는 권력을 유지하기 위해서는 선대처럼 권력을 독점하지 않고 권력을 분배하기로 결심하고 그의 누이 헤라와 결혼하고 그의 형제들과 그가 낳은 자식들에게 권력을 나눠 주고 세상을 다스려 나간다. 이 신들이 제우스를 주신으로 하는 올림푸스 산정의 12신들이다.

올림푸스 산정의 12신에는 주신인 제우스, 그의 부인 헤라, 바다의 신 포세이돈, 대지의 여신 데메테르 그리고 전쟁과 지혜의 여신 아테나, 아름다움과 사랑의 여신 아프로디테, 사냥과 출산의 여신 아르테미스, 태양과 음악의 신 아폴론, 전령이자 나그네의 수호신 헤르메스, 불과 대장간의 신 헤파이스토스, 군신인 아레스, 술의 신 디오니소스가 있다. 지옥을 지배하는 신으로 하계(지하 세계)에만 머무는 하데스와 화덕을 지키고 가정의 질서를 담당하는 헤스티아는 제우스의 형제지만 제우스가 다스리는 올림푸스 산정의 12신에는 속하지 않았다.

12신은 때론 대립하면서 때론 보완하면서 신의 세계를 이루고 있으며, 영웅을 비롯한 인간들과 다양한 관계를 맺고 있다.

트로이 전쟁

트로이 전쟁은 그리스 신화에 등장하는 전쟁이다. 기원전 13세기경 트로이(튀르키예)의 왕자 파리스가 스파르타(그리스) 왕 메넬라오스의 아름다운 왕비 헬레네를 납치해 트로이로 건너가면서 시작되었다.

스파르타 왕 메넬라오스는 아내 헬레네를 찾기 위하여 자신의 형인 미케네 왕국의 왕 아가멤논이 주도한 그리스 동맹군의 도움을 받아 10여 년에 걸쳐 원정길에 나섰다.

오랜 전쟁에 지친 그리스군은 마침내 오디세우스의 계략에 따라 퇴각을 가장하여 해변에 거대한 목마를 남겨 둔 채로 해안을 떠났다. 트로이 측은 이 목마를 승리의 전리품이라고 생각하고 성안에 들여다 놓았다. 그러나 그날 밤 목마 안에 있던 오디세우스를 선두로 그리스 특공대가 목마 밖으로 나와 성문을 열었고, 이때 밖에서 기다리던 그리스 군사들이 들어와 트로이 왕을 죽이고 도시를 불태워 버렸다. 이로써 찬란했던 트로이 문화는 멸망하고 말았다.

트로이 전쟁에 대한 이야기는 기원전 8세기 시인으로 추정되는 호메로스의 시 〈일리아드〉에 나오는 내용이다.

암흑시대 이전의 문명

미노아 문명(크레타 문명)

유럽 최초의 문명은 미노아 문명이다. 크레타섬을 중심으로 발달한 미노아 문명은 기원전 2600년경 시작되었다. 에게해 주변 일대가 청동기 시대로 들어갈 무렵이었다.

이 문명은 크레타섬에서 지리적으로 가까운 오리엔트 지역의 메소포타미아 문명과 이집트 문명의 영향을 받았다. 또한 크레타섬은 기후가 온난하고 평야가 넓어 농업 생산이 풍부하여 문명이 발생할 수 있는 여건이 충분했다.

미노아 왕국은 미노스왕이 기원전 2000년경 크노소스를 중심으로 크레타섬 전체를 통일하면서 정치, 군사, 예술이 급속도로 발전하였고, 또 강력한 해군력을 바탕으로 지중해의 교역을 거의 독점하면서 부를 축적해 나갔다. 미노아 문명은 기원전 1700년경 대지진으로 위기가 있었으나 이후 200여 년에 걸쳐 절정기를 이어 갔다.

그러나 화려했던 미노아 문명도 기원전 1400년경 갑자기 붕괴되었다. 천재지변 등으로 미노아 문명이 쇠퇴하자, 그리스 본토의 인도-유럽어족의 일파인 아카이아인들이 침략해 들어오면서 멸망하였다.

미케네 문명

기원전 2000년경 아카이아인들이 그리스 북부 산지에서 남하하여 그리스 펠로폰네소스반도로 들어와 이곳의 주민들을 정복하고 구축한 문명이다. 그들은 기원전 1600년경부터 미노아 문명을 받아들이면서 활발한 해상활동을 전개해 오다가 기원전 1400년경 미노아 문명의 중심지였던 크레타섬으로 쳐들어가 쇠퇴하고 있던 미노아 문명을 멸망시켰다.

그러나 미케네 문명도 기원전 11세기 철기를 사용하며 그들보다 선진문명을 가지고 있던 도리아인들에 의해 멸망하였다. 그리스 서북부에 머물던 도리아인들은 기원전 1200년경부터 그리스 본토로 남하하기 시작하였고, 기원전 1100년경까지 펠로폰네소스반도에 있던 거의 모든 미케네 문명의 요충지들을 장악하였다. 이로써 청동기 시대의 미케네 문명도 막을 내렸으며, 이때부터 기원전 800년경까지 오랫동안 암흑시대가 이어졌다.

그리스 호메로스의 서사시 〈일리아드〉에 나오는 트로이 전쟁의 이야기에서 기원전 13세기 당시 미케네 문명의 사회 모습과 해외 진출의 양상을 엿볼 수 있다.

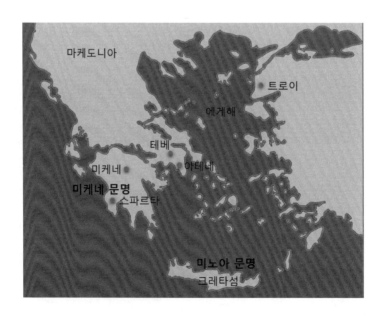

보다 더 알기 쉬운 유럽사 연대기

그리스 시대

기원전 11세기 찬란했던 미케네 문명이 사라지고 오랫동안 암흑시대를 거치면서, 기원전 800년경 고대 그리스에는 새로운 형태의 국가가 만들어지기 시작하였다.

고대 그리스는 산과 섬이 많은 자연 환경으로 인해 지역별로 도시국가의 형태를 지닌 폴리스라는 정치공동체가 형성되었다. 폴리스는 그리스인의 정치, 경제, 사회생활의 기본 요소였다. 폴리스의 한복판 산언덕 위에 아크로폴리스라는 성채가 있었고, 그 아래 시민들의 집회 장소인 아고라라는 광장이 있었다. 대표적인 아크로폴리스는 그리스 아테네에 있는 아크로폴리스인데, 이곳에는 기원전 438년에 세워진 파르테논 신전이 있다.

고대 그리스 본토에는 폴리스가 100여 개 있었고, 이들은 상호 간에 정치적 지배관계가 없는 독립된 사회였으나, 그리스인들은 동일한 언어, 종교, 생활 습관을 가지고 있었기 때문에 통일된 국가는 아니었지만 언제나 같은 민족이라는 생각을 가지고 있었다. 기원전 776년에 시작된 그리스 남부 펠로폰네소스반도에서 열렸던 올림피아제전이 이러한 정신을 잘 나타내고 있다.

이러한 여러 폴리스 가운데에서 그리스 남서쪽 펠로폰네소스반도에 자리 잡고 발전해 간 스파르타와 그리스 동남부 아티카반도의 해안 지역에 자리 잡고 성장해 간 아테네의 세력이 가장 강했다.

그리스는 이렇게 수많은 폴리스를 바탕으로 독자적인 문화를 발전시키고 그 지리적 조건과 왕성한 활동을 통하여 지중해, 흑해 연안 일대에 많은 식민도시들인 폴리스를 세웠다.

고대 오리엔트 문화가 에게 문명(미노아, 미케네)을 통하여 그리스에 영향을 미친 것은 분명하나, 그리스 문화는 자유로운 시민들의 공동체인 폴리스를 터전으로 민주정치를 꽃피움으로써, 왕이 신적인 권위를 가지고 백성을 다스렸던 오리엔트의 전제국가와는 전혀 다른 독창적인 문화를 창조하고 발전시키며 오늘날의 유럽 문화의 참된 원천이 되었다. 이렇게 최초의 유럽 문화는 그리스에서 생겨났고 시작되었다.

아테네, 아테네 시대

그리스 동남쪽 아티카반도 해안 지역에 위치한 아테네는 기원전 800년경에 폴리스라는 작은 도시국가로 시작하였다.

아테네는 활발한 해상활동으로 상공업과 무역이 발달하였고, 정치체제는 왕정으로 출발해서 귀족정, 참주정(독재)을 거쳐 기원전 508년 클레이스테네스에 의해 정치의 전반적인 개혁이 이루어지면서 민주정치가 시작되었다.

또 이 시기 아테네는 해군력이 강력했고, 이를 바탕으로 기원전 499년 그리스 식민도시인 이오니아가 페르시아에 대항해 일으킨 반란을 지원할 수 있었다.

이후 동방의 페르시아 왕 다리우스 1세가 아테네가 이오니아의 반란을 지원했다는 이유로 기원전 492년 그리스를 침공함으로써 페르시아 전쟁이 시작되었다. 13년간 세 차례에 걸친 그리스와 페르시아 간 동서양의 패권을 다툰 이 전쟁에서 아테네가 승리하였다.

아테네는 페르시아와의 전쟁에서 승리한 후 기원전 477년 페르시아의 재침공에 대비해 아테네가 주축이 되어 에게해의 여러 섬의 폴리스가 가맹한 군사동맹인 델로스 동맹을 결성하였다.

델로스 동맹으로 아테네는 동맹국들에게 군함과 수병을 제공하고 동맹국들은 아테네에게 공납금을 납부하였다. 아테네의 무력은 이들 동맹군의 자금으로 한층 더 강대해졌다.

이후 정권을 장악한 페리클레스는 페르시아와 화해조약을 체결하고, 델로스 동맹의 풍부한 자금으로 아테네의 민주정을 더욱 발전시켜 나갔고, 파르테논 신전 등 대규모 건축물들을 세웠다. 그리고 아테네를 지중해 무역의 중심지로 만들며 상공업과 문화를 번성시켜 나갔으며, 동맹 도시들에게 민주정치를 보급하였다. 이 시대를 아테네의 황금시대이며 페리클레스 시대(BC 460년~BC 429년)라 한다.

아테네는 페르시아 전쟁에서 승리한 후 그리스에서 주도적인 세력이 되었으나 기원전 404년 델로스 동맹에 대항하는 스파르타 주도의 펠로폰네소스 동맹과의 펠로폰네소스 전쟁에서 패하면서 그리스의 주도권은 스파르타로 넘어갔다.

페르시아 전쟁

동방의 오리엔트 세계는 페르시아(이란)인들에 의해 기원전 6세기 후반 통일되었고, 기원전 521년 다리우스 1세 치하에서 페르시아는 세계 최대 제국이 되었다.

이렇게 페르시아의 세력이 커지면서 오리엔트 지역에 있던 이오니아 등 그리스 식민도시들의 무역활동을 억제하고 자유를 빼앗자 그리스 식민도시들은 기원전 499년 페르시아에 대항하는 반란을 일으켰다. 그러나 이들 반란 도시들이 페르시아에 의해 진압당하자 그리스 본토에 원조를 요청하였고, 아테네는 군함 20척을 파견하며 지원하였다.

이에 페르시아의 왕 다리우스 1세는 아테네가 반란에 원조했다는 이유로 그리스 원정을 시작함으로써 전쟁이 시작되었다. 이것이 페르시아 전쟁(BC 492년~BC 479년)이다.

기원전 492년 페르시아의 왕 다리우스 1세는 그리스 본토를 공격하려고 1차 원정을 시작하였다. 그러나 폭풍으로 인해 함선 300여 척이 파손되고 군사 1만여 명이 물에 빠져 죽자 전쟁은 일시 중단되었고, 1차 원정은 실패하였다.

2년 후인 기원전 490년 다리우스 1세는 아테네에 2차 원정군을 파병하여 마라톤 평원에서 아테네 군대와 싸웠으나 또 페르시아군이 패배하였다. 이렇게 페르시아의 2차 원정도 실패하였다. 이때 아테네의 명장 밀티아데스 장군은 양익 포위 전술 대형으로 페르시아군에 대승하였다.

3차 원정을 준비하던 페르시아의 다리우스 1세가 죽자 그의 아들 크세르크세스가 왕이 되어 기원전 480년 30만 대군을 이끌고 그리스 북방으로 3차 원정을 떠났다. 이때 스파르타, 아테네가 중심이 되어 30여 개의 그리스 도시국가가 참여한 동맹이 결성되었다.

육상에서 지휘권을 가진 스파르타는 페르시아군과 대적하기 위해 그리스 해안에 위치한 테르모필레에서 전투를 준비하고 있었다. 테르모필레는 그리스 해안에 위치한 좁은 언덕이었기 때문에 수적으로 열세였던 그리스 연합군으로서는 많은 적군이 동시에 진격하는 것을 막을 수 있는 지리적 이점이 있었다.

처음에는 그리스 연합군이 계속해서 승리를 거두었으나 상금에 눈이 먼 한 농부가 페르시아군에게 다른 공격 루트를 알려 주는 바람에 그리스 연합군은 대패하였다. 하지만 해상에서는 아테네가 지휘권을 가진 살라미스 해전에서 테미스토클레스 장군이 이끄는 함대가 대승을 거두었다.

이렇게 해서 13년간 세 번에 걸친 페르시아의 그리스 원정은 모두 실패하였고, 소아시아 연안의 그리스 식민도시들이 페르시아의 지배에서 벗어났다. 이후 아테네는 델로스 동맹의 맹주가 됨으로써 그리스의 패권을 장악하였다.

마라톤의 유래

그리스에 대한 페르시아의 2차 원정에서 아테네군이 승리를 거두자 이 전투의 승리를 아테네 시민들에게 알리기 위해 한 전령이 단숨에 마라톤에서 아테네까지 27마일(42.195km)을 달려갔다. 이게 오늘날 마라톤의 기원이다.

스파르타, 스파르타 시대

그리스 서남쪽 펠로폰네소스반도에 위치한 스파르타는 기원전 8세기 그리스 서북부에 머물던 도리아인들이 밑으로 내려와 원주민을 정복하고 세운 도시국가이다.

스파르타의 정치체제는 귀족정치로서 형식상의 국가 원수인 두 사람의 왕과 그 밑에 평의회와 민회가 있었지만 실제 정권은 다섯 명의 감독관인 귀족에게 있었다.

스파르타는 이 귀족정치를 유지하기 위하여 법률에 따라 시민들을 교육시켰다. 이것이 소위 스파르타식 교육으로서 국가는 시민의 행동, 교육, 결혼 등에 일일이 간섭하여 시민을 국가에 절대적으로 복종케 했다.

스파르타는 기원전 5세기부터 전쟁과 외교에 전념하여 강력한 군대를 만들었고, 기원전 492년 일어난 페르시아 전쟁에서 아테네와 함께 승리하였다.

페르시아 전쟁 후 기원전 477년 아테네가 델로스 동맹을 결성하자, 스파르타는 반아테네 군사동맹인 펠로폰네소스 동맹을 결성하였고, 이들의 갈등은 결국 기원전 431년 펠로폰네소스 전쟁(BC 431년~BC 404년)으로 이어졌다.

스파르타는 이 전쟁의 승리로 그리스의 주도권을 잡았지만, 기원전 371년 테베와의 레욱트라 전투에서 패함으로써 오래가지 못했고, 테베도 아테네를 비롯한 다른 도시국가들의 견제로 그리스를 오래 장악하지 못했다.

이리하여 고대 그리스가 다시 중심을 잃은 채 피폐해 가고 있을 때, 그리스는 그들이 오랑캐라 업신여겼던 북방의 마케도니아 왕국에 의해 기원전 338년 정복되었다.

펠로폰네소스 전쟁

그리스의 맹주가 아테네에서 스파르타로 바뀐 전쟁이다. 델로스 동맹의 아테네가 동맹 기금을 유용할 뿐만 아니라 동맹국에 대한 내정 간섭을 하는 등 제국주의로 변해 가자, 델로스 동맹을 이탈한 동맹국들과 펠로폰네소스 동맹이 힘을 합쳐 델로스 동맹에 대항하여 전쟁을 일으켰다. 이를 펠로폰네소스 전쟁(BC 431년~BC 404년)이라 한다.

그리스 강국이었던 펠로폰네소스 동맹의 맹주 스파르타와 페르시아 전쟁 시에 결성된 델로스 동맹으로 인해 크게 강성해진 아테네는 에게해 주변의 평화가 회복되어 가자 그리스 주도권을 두고 알력을 드러내기 시작했다.

아테네로부터 압박을 받던 델로스 동맹의 코린트가 펠로폰네소스 동맹의 맹주인 스파르타에 원조를 호소하자 이를 구실로 스파르타는 아테네로 쳐들어갔다. 이때 아테네의 페리클레스는 대항하여 싸웠으나 마침 기원전 430년부터 전염병이 돌아 인구가 많이 줄고 페리클레스마저 이 전염병으로 사망하였다.

이렇게 해서 일시 휴전 상태를 유지했으나 페리클레스의 조카인 알키비아데스는 반스파르타 노선을 분명히 하고 스파르타와 동맹할 가능성이 있는 시칠리아섬의 시라쿠사 폴리스를 3년여에 걸쳐 공격하였다. 하지만 이 원정에서 아테네는 대실패하였고, 그 후 몇 번에 걸친 해전에서 아테네와 스파르타는 승리를 주고받았지만 아테네는 이득보다 손실이 더 컸고 그러는 가운데 점차 국력이 약해지면서 붕괴의 길로 가게 되었다. 이리하여 27년에 걸쳐 계속된 전쟁은 스파르타의 승리로 막을 내렸다.

펠로폰네소스 전쟁의 결과로 아테네를 중심으로 한 델로스 동맹이 해체되었고, 아테네 민주정이 몰락하게 되고 스파르타가 아테네를 이어 그리스의 새로운 맹주가 되었다.

그리스 시대의 문화

고대 그리스 철학은 소아시아 연안의 이오니아에서 시작되었다. 이 지역에서 상공업이 발달하고, 학문과 예술도 크게 번영하면서 자연 현상을 연구한 자연철학자들이 많이 배출되었다.

탈레스는 철학의 아버지로서 서양 최초로 우주의 문제를 이성으로 접근했고, 철학자로서 처음으로 신화적 세계관에서 벗어나 '만물의 기원은 물이다'라고 설명하였다. 또한 자연철학자로서 '만물의 근본은 공기다'라고 말한 아낙시메네스, '우주는 원자들로 구성되어 있다'며 원자설을 주장한 데모크리토스, 수학의 피타고라스, 의학의 히포크라테스 등이 있다.

기원전 479년 페르시아 전쟁이 그리스의 승리로 끝나자 아테네는 정치와 문화의 중심지가 되었고, 삶의 여유가 생겨난 시민들 사이에서 교양을 쌓고자 하는 욕구가 팽배해지면서 인간을 중심으로 한 철학이 나타나기 시작하였는데, 지혜로운 자를 의미하는 이들 '소피스트'들은 기하학과 수사학을 중시하였다.

'너 자신을 알라'고 한 소크라테스(BC 470년~BC 399년)는 추첨제에 의하여 집정관을 뽑는 민주정을 무능한 인물이 집정관이 될 수 있다 하여 반대한 이상주의자였으며, 폴리스의 신들을 비방하였다. 이로 인해 그는 청년들의 정신을 타락시켰다는 억울한 죄명을 뒤집어쓰고 재판에 회부되어 사형에 처해졌다.

소크라테스의 제자 플라톤(BC 428년~BC 348년)이 《국가론》에서 그린 유토피아는 스파르타적인 도시국가였으며 철학자가 다스리는 정치, 신분제에 입각한 정치를 주장하였다.

플라톤의 제자 아리스토텔레스(BC 384년~BC 322년)는 물리학, 천문학, 생물학, 심리학, 형이상학, 논리학 등 광범위한 연구와 업적을 남겼다. 그리고 그는 그의 시대까지 내려온 모든 업적을 종합 정리하여, 그의 사상체계로 다시 창조하였다. 그는 '아는 이의 스승'이었다. 또 프로타고라스는 '인간은 만물의 척도다'라 하였다.

그리스의 문학으로는 기원전 8세기 시인 호메로스의 〈일리아드〉와 〈오디세이아〉, 헤시오도스의 〈일과 날〉과 〈신통기〉, 역사가 헤로도토스의 《페르시아 전쟁사》, 투키디데스의 《펠로폰네소스 전쟁사》가 있다.

건축물과 조각으로는 파르테논 신전과 아테네 여신상이 있다.

마케도니아 시대

　기원전 404년 펠로폰네소스 전쟁이 끝난 후 그리스의 주도권은 스파르타로, 다시 테베로 넘어갔지만 이후에도 그리스 도시국가들 사이에 주도권을 잡기 위한 분쟁이 끊임없이 이어졌다.

　그리스 도시국가들 사이에 혼란이 이어지자 그동안 조용히 군제개혁을 통해 군사력을 키우고 있던 그리스 북방의 마케도니아 왕국 필리포스 2세는 기원전 338년 그리스 북서쪽에 위치한 카이로네이아로 쳐들어가 아테네와 테베가 주축이 된 그리스 연합군을 격파하였다.

　마케도니아가 이 전투에서 승리하면서 그리스 주도권을 잡는 데 성공했고, 필리포스 2세는 기원전 337년 코린트 동맹을 결성하였다.

　그러나 필리포스 2세는 기원전 336년 더 큰 뜻을 펴 보지도 못하고 한 신하에 의해 암살당하고 말았다. 그리고 그의 아들 알렉산더가 왕위를 이어받았다.

　코린트 동맹은 그리스의 주도권을 장악한 마케도니아의 필리포스 2세가 주도하여 그리스 도시국가들과 맺은 일종의 군사동맹이다.

알렉산더 대왕 그리고 헬레니즘 제국

　기원전 336년에 왕위에 오른 알렉산더 대왕(재위: BC 336년~BC 323년)은 마케도니아의 지배에 반발하는 테베인들을 철저히 응징하고 2년여에 걸쳐 그리스 및 마케도니아 북방을 안정시킨 다음 기원전 334년 스스로 총사령관이 되어 코린트 동맹군을 이끌고 페르시아 원정을 떠났다.

알렉산더 대왕은 이소스 전투에서 승리를 거두고, 페르시아 함대의 근거지인 티루스마저 함락시키고 시리아, 페니키아를 정복한 다음 이집트를 공략하였다. 이집트에서 나일강 하구에 자신의 이름을 딴 알렉산드리아시를 건설하고, 1,000km가 넘는 사막을 지나 아몬 신전에 참배하였다. 여기서 신의 아들이라는 신탁을 받았다. 그 당시 페르시아의 가혹한 지배하에 놓여 있었던 이집트는 알렉산더를 해방자로 여기며 환영하였다.

기원전 330년 알렉산더 대왕은 다시 군대를 돌려서 메소포타미아로 가서 페르시아에 대승을 거두었다. 알렉산더 대왕은 계속해서 바빌론, 수사 등 여러 도시를 정벌하고 다시 동쪽으로 원정하여 이란 고원을 정복한 뒤 마침내 기원전 327년 동방의 끝이라고 생각한 인더스강까지 점령하게 되었다.

이로써 알렉산더 대왕은 마케도니아와 그리스뿐만 아니라 이집트, 페르시아를 포함한 대제국을 거느리게 되었다. 그러나 이 위대한 세계 정복자도 기원전 323년 33세를 일기로 숨을 거두었다.

대제국을 건설한 알렉산더 대왕은 그리스 문화와 오리엔트 문화를 융합시킨 새로운 헬레니즘 문화를 탄생시켰다. 그는 정복한 곳마다 알렉산드리아라고 이름 지은 도시들을 건설하였고, 이 도시들은 헬레니즘 문화의 형성에 큰 역할을 하였다.

알렉산더 대왕은 어린 시절 당시의 대학자 아리스토텔레스로부터 3년 동안 윤리학, 철학, 문학, 정치학, 자연과학, 의학 등을 배웠으며 호메로스의 시를 애독하였다. 원정 때에는 책을 지니고 다녔으며 학자를 대동하였다.

페르시아는 기원전 479년 페르시아 전쟁에서 아테네, 스파르타 등 그리스 연합군에 패하면서 세력이 약화되었지만 기원전 330년 마케도니아의 알렉산더 대왕에 의해 패할 때까지 서아시아와 이집트에서는 강력한 세력을 유지하고 있었다.

이소스
티로스
알렉산드리아
수사
마케도니아
이집트
헬레니즘 제국

헬레니즘 제국의 분열과 멸망

알렉산더 대왕이 서거하자 후계 논쟁이 일어나 40여 년간 혼란이 지속되다가, 결국 그의 제국은 3개의 왕국으로 분열되었다. 바로 그리스, 이집트 그리고 소아시아다. 이들 국가들은 민족 구성, 지리적 환경, 관습 등은 서로 달랐지만, 훗날 로마에 멸망되기까지 헬레니즘 제국으로 존속했다.

그리스 본토는 기원전 146년 로마와의 마케도니아 전쟁에서 패하면서 로마의 속주가 되었고, 동방의 소아시아 역시 기원전 64년 로마에 패하면서 로마의 속주가 되었으며, 기원전 31년 악티움 해전에서 이집트의 클레오파트라 여왕이 로마의 옥타비아누스에게 패하면서 이집트도 로마의 속주가 되었다.

이로써 알렉산더 대왕이 세웠던 찬란했던 헬레니즘 제국은 역사 속으로 사라졌다.

헬레니즘 문화

알렉산더 대왕은 기원전 334년부터 11년에 걸친 이집트, 소아시아, 인도 정복을 통하여 대제국을 건설하면서 그리스 문화를 정복지에 전파하였고, 그곳의 오리엔트 문화와 융합시켜 헬레니즘 문화를 탄생시켰다.

그리스인들과 페르시아인들을 결혼시키고, 페르시아 귀족 청년들에게 그리스어를 가르치고 그리스식 전술을 훈련시켜 자신의 친위대로 채용하기도 하였다. 또 자신도 페르시아의 옷을 입는가 하면 부하들에게 페르시아식 인사법을 강요하였다. 그뿐만 아니라 아시아의 종교와 관습들도 가능한 한 유지하면서 그 안에 그리스 문화를 혼합시키려 했다.

알렉산더 대왕은 또 동방원정 도중 곳곳에 알렉산드리아라는 도시를 세워 그리스 문화의 보급처로 삼았고, 페르시아 청년들을 그리스식으로 교육하여 융합된 문화의 선구자로 만들려 하였다.

향후 이러한 그리스 헬레니즘 문명은 로마제국을 통하여 유럽 전역에 전파되었고, 정치, 경제, 문화, 종교, 철학, 예술, 건축 등 다방면에 걸쳐서 강력한 영향력을 발휘하였다.

헬레니즘 문화는 기원전 334년 알렉산더가 동방 원정을 시작한 이후 그의 마지막 영토 이집트가 로마제국에 병합된 기원전 31년까지 300여 년간 지속되었고, 이 시대를 그리스의 헬레니즘 시대라 부른다. 헬레니즘 문화는 '그리스와 같은 문화'라는 뜻이다.

고대 로마 시대

〈로마의 건국신화〉

기원전 13세기 트로이(튀르키예)가 목마를 이용한 그리스군의 계략으로 함락되던 날, 트로이의 영웅 아이네이아스는 일행과 함께 훗날을 기약하며 트로이를 탈출하여 새로운 땅 이탈리아를 향해 떠났다. 그러나 아이네이아스는 풍랑을 만나 북아프리카의 카르타고(튀니지)에 이르렀고, 그곳 디도 여왕과 잠시 사랑에 빠졌다. 아이네이아스는 다시 정신을 차리고 이탈리아를 찾아 카르타고를 떠났고, 이윽고 이탈리아의 테베레강 변에 닻을 내렸다.

아이네이아스는 우여곡절 끝에 이곳을 다스리던 왕의 딸과 결혼하였고, 훗날 왕이 되었다. 그의 후손들이 대대로 왕위를 이어 가던 중, 수 세기 후 누미토르왕 때 그의 동생 아물리우스가 형의 왕위를 찬탈하고 형 누미토르의 딸 실비아를 무녀로 만들었다. 그러던 어느 날 실비아가 신전에 바칠 물을 길러 숲에 갔다가 겁탈당하였고, 쌍둥이 형제 로물루스와 레무스를 출산했다.

이때 아물리우스왕으로부터 두 쌍둥이 형제를 죽이라는 명령을 받은 신하는 차마 죽일 수 없어 두 아기를 광주리에 담아 테베레강에 띄워 보냈다. 다행히 강이 범람하여 광주리는 어느 언덕에 닿게 되었고, 두 아이는 늑대가 젖을 물리고 키웠다. 이후 양치기 소년이 두 아기를 발견하고 늑대 굴에서 훔쳐 내어 씩씩한 청년으로 키웠는데, 이들이 훗날 로마를 건국한 로물루스와 레무스다.

성인이 된 이들은 자신의 신분을 알게 되었고, 아물리우스를 죽였다. 그리고 새로운 도시를 세울 장소 문제로 다투다가 동생 레무스가 죽고 로물루스 혼자 테베레강 변 카피톨리누스 언덕에 도시를 세웠다. 이것이 바로 로마였다.

보다 더 알기 쉬운 유럽사 연대기

로마 공화정

고대 로마에서는 기원전 753년부터 미약하나마 250여 년간 왕정이 이어져 왔으나 기원전 509년 귀족과 평민이 왕을 몰아내고 공화정을 수립하였다.

고대 로마는 왕정, 공화정, 제정의 세 시기로 나누어지는데, 로마 공화정은 왕정이 폐지되는 기원전 509년부터 아우구스투스의 제정이 시작되는 기원전 27년까지 이어졌다.

공화정은 콘술(집정관), 원로원(귀족), 민회(평민)로 구성되는 정부 형태이다. 군대를 지휘하고 행정을 담당하는 최고 정무관인 콘술, 외교와 재정 문제 및 콘술의 자문에 응하는 원로원 그리고 관리 선출과 입법, 재판 및 국가 주요 정책 등을 결정하는 민회다.

주로 콘술을 역임한 귀족들로 구성된 지식과 경험이 풍부한 원로원은 사안별로 지침을 마련하여 콘술의 자문에 응한다. 콘술은 원로원의 자문을 받은 안건에 대해 사안별로 민회를 소집하는데, 민회는 투표를 통해 각 사안에 대해 최종 결정을 하고, 콘술은 이를 집행한다.

공화정의 형성

기원전 509년에 시작한 공화정은 초기에 귀족과 평민의 차별이 엄격하지 않았다. 그러나 기원전 5세기 초부터는 평민이 귀족이 될 수 있는 길이 막히기 시작하였고 정치와 제사도 귀족만이 독점하자 평민들은 불만을 품고 로마에서 좀 떨어진 성산에 그들만의 국가를 세우려 하였다.

이에 귀족은 총인구의 다수를 차지하고 있는 평민이 없이는 국가의 기능을 발휘할 수 없다고 판단하고, 기원전 494년 평민의 요구를 수용하여 민회와 그곳에서 선출된 호민관의 활동을 인정하였다. 그 뒤에도 귀족은 평민의 권리를 차츰 인정해 나가면서, 기원전 450년에는 로마 최초의 성문법인 12표법을 공표하여 귀족의 권리를 다소 제한하면서 귀족과 평민의 평등을 규정하였다.

로마는 귀족과 평민의 대립을 슬기롭게 해결하고 난 뒤 그들의 강적인 이탈리아반도 북부, 중부 그리고 코르시카섬까지 지배하고 있던 에트루리아인들을 상대로 전쟁을 시작해야 했다.

중장보병전술을 쓰는 에트루리아에 대항하기 위해서 기병 위주의 전술을 쓰던 로마도 똑같이 중장보병전술을 써야 했는데, 이는 중무장을 갖추고 전투에 나올 수 있는 재산을 갖춘 토지 소유 농민의 절대적인 협력이 필요하였다. 중장보병전술이란 머리, 가슴, 무릎 등을 갑옷으로 가리고 한 손에 둥근 방패를 든 보병들이 밀착하여 일렬로 늘어선 전투 형태다.

결국 로마도 기원전 396년 귀족과 평민이 손을 잡고 중장보병전술로 에트루리아인들을 물리쳤다. 그러나 기원전 386년 북방 갈리아 지역에서 남하해 온 켈트인에 의해서 로마가 철저하게 약탈당하고 파괴되자 또다시 귀족과 평민 사이의 대립이 격화되었고 정세가 혼란해졌다.

이에 기원전 367년 호민관 리키니우스와 섹스티우스는 빈민의 빚을 면제해 주고, 부유층이 공유지를 무한정 차지하지 못하게 하며, 귀족이 독점하던 2명의 집정관직을 귀족과 평민이 나눠서 선발하도록 하는 법을 만들어 정세의 안정을 꾀하고자 하였다.

이렇게 귀족과 평민들의 정치적 타협을 통해 로마의 공화정은 기원전 272년 이탈리아반도가 통일될 때까지 240여 년에 걸쳐 점진적으로 발전해 나갔다.

갈리아와 켈트족 그리고 게르만족

갈리아는 서로마제국의 멸망 이전까지 현재의 프랑스, 벨기에, 스위스 서부 일부 그리고 라인강 서쪽의 독일을 포함하는 지방을 가리킨다. 갈리아의 원주민은 켈트족이다.

게르만족은 북쪽 발트해 연안에 살고 있었으나 기원전 2세기부터 이동을 개시하여 동남쪽으로는 멀리 흑해 연안에, 서남쪽으로는 라인강 유역까지 퍼져 나갔으며, 이렇게 해서 원래 거주 지역의 덴마크인과 노르만인의 북게르만, 앵글로색슨족과 프랑크족의 서게르만, 동고트족과 서고트족 그리고 반달족의 동게르만으로 나누어졌다.

이탈리아반도 통일

공화정 로마가 국내 기반을 다져갈 즈음 세계 대제국을 건설하려던 마케도니아(그리스) 알렉산더 대왕이 기원전 323년 죽게 되자 알렉산더의 대제국이 분열되기 시작했으며 이러한 주변 정세의 변화는 이탈리아반도 통일을 꿈꾸던 로마에게는 아주 좋은 여건을 마련해 주었다.

기원전 290년 로마는 이탈리아반도 중서부에 위치한 라티움 지방을 정복하고, 이어 에트루리아와 삼니움을 차례로 점령하여 테베레강을 중심으로 한 중부 이탈리아를 장악하였다.

로마는 그 여세를 몰아 기원전 275년 그리스 피로스왕의 군대를 물리치고 그동안 그리스의 식민도시들이었던 남부 이탈리아를 회복하고, 기원전 272년 이탈리아반도를 통일하여 공화정 로마 발전의 토대를 마련하였다.

라티움, 라틴인, 라틴어

라틴인은 이탈리아 중서부 테베레강 서쪽의 넓은 평원이 자리 잡은 라티움 지역에 살던 고대 민족이다. 라틴인은 기원전 1천 년에서 기원전 7백 년 무렵부터 라티움 지역에 정착해 독자적인 문화를 이루며 살았으며 로마문명의 기초를 쌓았다. 그들이 사용한 언어가 라틴어이다. 로마가 이탈리아의 여러 고대 민족들을 복속시키고 지중해 전역으로 세력이 확장되면서 라틴어가 제국의 언어가 되었다.

그런데 로마제국이 동서로 나뉘면서 그리스어를 사용하는 동부와 라틴어를 사용하는 서부로 나뉘었고, 중세에는 라틴어를 사용하는 서부 유럽인들을 라틴인이라고 부르기도 했다. 오늘날에는 스페인어, 포르투갈어 등을 사용하는 남부 유럽과 라틴아메리카 사람들을 라틴인이라고 부르기도 한다.

공화정의 발전

포에니 전쟁과 서부 지중해 패권 장악

기원전 272년 이탈리아반도를 통일한 공화정 로마는 서부 지중해 패권을 놓고 기원전 264년부터 기원전 146년까지 아프리카 북부의 강국 카르타고 (튀니지)와 세 차례에 걸쳐 포에니 전쟁(BC 264년~BC 146년)을 치렀다.

1차 포에니 전쟁(BC 264년~BC 241년)은 로마와 카르타고와의 시칠리아섬 쟁탈전이었는데 그 결과 카르타고의 패배로 로마는 시칠리아섬을 차지하였다.

1차 포에니 전쟁에서 보물의 창고라 할 수 있는 시칠리아섬을 로마에 빼앗겨 절치부심하던 카르타고는 2차 포에니 전쟁(BC 218년~BC 202년)을 일으켰다.

카르타고의 속국 스페인의 총독이었던 한니발(BC 247년~BC 183년)은 기원전 218년 추운 겨울임에도 스페인 북쪽의 험준한 피레네산맥과 강한 물살의 론강을 건너고 또 하얗게 눈 덮인 알프스산맥을 넘어 로마로 쳐들어가 로마에 연전연승하였다. 로마는 막다른 궁지에 몰렸고, 곳곳에서 반란이 일어나 로마의 세력은 점점 약화되어 갔다.

해를 거듭하는 전쟁에 한니발의 군대도 몹시 지치게 되었고 군대의 숫자도 현저히 줄어 한니발은 본국 카르타고에 지원병을 요청하였다. 그러나 한니발을 시기한 본국의 사람들이 소수의 병력과 적은 숫자의 코끼리만을 지원하자 한니발은 당시 스페인 총독으로 있었던 동생 하스드루발에게 지원 요청을 하였다. 로마로 갔던 하스드루발 군대는 작전 계획의 밀서가 강탈당함으로써 로마군의 기습 공격에 대패하였고, 하스드루발도 전사하였다.

기세가 오른 로마군은 당초 스페인을 공격하여 한니발군의 보급로를 차단하려고 한 계획을 바꿔 카르타고 본국을 공격하였다. 이에 카르타고는 한니발을 본국으로 불러들여 싸웠지만 카르타고의 대패였다. 이 패배로 로마에 항복한 카르타고는 해외의 식민지 대부분을 로마에 빼앗겼을 뿐만 아니라 엄청난 배상금도 지불하게 되었다.

2차 포에니 전쟁에서 패한 카르타고는 세월이 감에 따라 패전의 상처도 차츰 아물어 가고 상업의 발달로 재정도 풍부해져 50년간 물게 되어 있던 배상금도 10년 만에 지불하였다.

이에 놀란 로마는 카르타고를 멸망시켜야겠다고 생각하고 그 명분을 찾고 있을 때 마침 기원전 150년 카르타고가 로마의 동의 없이 이웃인 누미디아(알제리)를 침공하자, 이를 명분 삼아 다음 해인 기원전 149년 카르타고에 전쟁을 선포했다.

이것이 3차 포에니 전쟁(BC 149년~BC 146년)이다. 4년여에 걸친 전쟁 끝에 결국 로마가 승리하고 카르타고는 로마의 속국이 되었다. 로마는 기원전 146년 전쟁을 끝내면서 카르타고가 지배하고 있던 스페인마저 속국으로 만들어 서부 지중해의 패권까지 장악하였다.

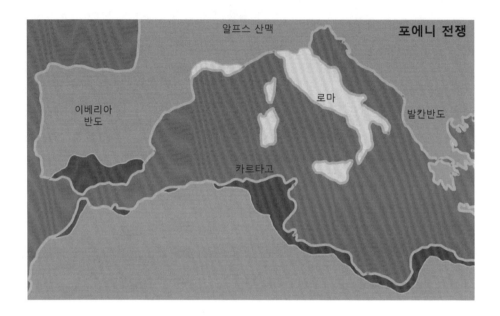

카르타고

카르타고는 기원전 814년에 지중해 동안의 페니키아인들이 아프리카 북부(튀니지)에 세운 국가이다. 카르타고는 지중해의 중앙에 위치하고 있어 일찍부터 상업 교역이 발달했으며 넓은 평야가 있어 기원전 6세기경에는 서부 지중해에서 가장 강력한 나라가 되었다.

카르타고는 기원전 535년 스페인을 속국으로 만들었으며 시칠리아, 코르시카 및 북아프리카 서부까지 세력을 뻗쳤다.

페니키아인(포에니)

페니키아 문명은 고대 가나안의 북쪽에 근거지를 둔 고대 문명이다. 오늘날의 레바논, 시리아, 이스라엘 북부로 이어지는 해안에 있었다.

페니키아인들은 기원전 1200년경부터 기원전 900년경까지 지중해를 가로질러 퍼져 나갔고 아프리카 북부에 위치한 지금의 튀니지 지역에 카르타고라는 나라를 세우고 서부 지중해 패권을 장악했으며 나아가 기원전 535년부터 기원전 146년까지 스페인을 지배하였다.

페니키아는 최초로 알파벳을 사용한 문명으로 알려져 있다.

마케도니아 전쟁과 그리스 패권 장악

공화정 로마가 카르타고와 포에니 전쟁을 치르고 있을 때 마케도니아 왕 필리포스 5세는 카르타고와 동맹을 맺고 기원전 215년 1차 마케도니아 전쟁을 일으켜 로마의 보호국들인 일리리아 지방(크로아티아)을 차지하였다.

이어 필리포스 5세가 계속해서 그리스 도시국가들을 약탈하자 오히려 로마가 기원전 197년 2차 마케도니아 전쟁을 일으켜 마케도니아에 승리하고 그리스에 보호령을 설치하였다.

이후 마케도니아가 또 그리스 여러 도시국가들과 동맹을 맺기 시작하자 로마는 다시 3차 마케도니아 전쟁을 일으켜 기원전 168년 마케도니아를 대파하고 매년 조공을 바치게 하였다.

그러나 이러한 조치에도 마케도니아가 왕국의 재건을 시도하자 로마는 기원전 149년 4차 마케도니아 전쟁을 일으켜 승리하였다. 결국 기원전 146년 그리스는 로마의 속주가 되었다.

이로써 공화정 로마는 마케도니아 전쟁(BC 215년~BC 146년)을 끝내면서 그리스까지 그 패권을 장악하였다.

공화정의 쇠퇴와 종말

소작농의 몰락과 군사력의 약화

로마 공화정은 기원전 146년 포에니 전쟁과 마케도니아 전쟁에서 카르타고와 마케도니아를 격파한 뒤 그 여세를 몰아 동방과 스페인 등으로 진출하여 많은 나라들을 정복하였다. 로마가 이처럼 그 세력을 넓혀 감에 따라 정복지로부터 들어오는 막대한 세금은 로마의 지배층들을 더욱더 부유하게 만들었다. 그들은 광대한 토지를 소유하는 한편, 많은 노예들을 사들여 대규모 농장, 목장, 과수원을 경영해 나갔다.

이러한 지배층과는 반대로 오랫동안 대외 전쟁에 병사로 참전하였던 중소 자영농민층은 전사하거나 부상을 입었을 뿐만 아니라, 농토가 황폐화되었고, 또 속주로부터 값싼 농산물이 유입됨으로써 이들을 더욱더 가난에 허덕이게 하였다.

이렇게 몰락한 소작농들이 대거 로마 시내로 몰려와 국가의 보호를 받는 프롤레타리아(빈민)가 되어 여러 사회문제를 야기하였고, 계층 간 대립을 심화시켰다.

또 로마의 군대는 대부분 일정한 정도의 재산을 가진 시민들인 소작농들로 구성되어 있었다. 그러나 소작농의 몰락으로 군대에 징집할 수 있는 대상자가 줄어들게 되었고, 아울러 국가는 이러한 현상을 막기 위해 징집 기준을 낮추게 됨으로써 군대의 질 또한 나날이 떨어져 군사력의 약화를 가져왔다.

토지개혁의 시도 그리고 실패

소작농의 몰락으로 군사력이 약화되자 일부 양심 있는 로마의 인사들 중에서 중소농민의 토지 소유를 회복시켜 군사력을 재건해 보려는 생각으로 토지개혁을 주장하는 의견들이 나타나기 시작하였다. 그러나 대부분의 지배층은 이에 반대하고 있었다. 이러한 어려운 상황에서 토지개혁을 위한 행동에 뛰어든 사람은 신귀족 출신인 그라쿠스 형제들이었다.

기원전 134년 형 티베리우스 그라쿠스가 호민관에 당선되면서 빈민층에게 토지를 나누어 주는 토지개혁을 시도하였으나 대토지를 소유한 귀족들로 구성된 원로원의 반대로 무산되었고, 기원전 133년 살해되면서 실패하였다.

또 기원전 123년 동생 가이우스 그라쿠스가 호민관에 당선되면서 형에 이어 토지개혁을 시도하였으나 반대파의 습격으로 일파가 몰살되고 본인 또한 자살하면서 실패하였다.

그라쿠스 형제의 개혁운동은 본질적으로 바른 방향이었으나 그들이 죽자 공유지 분배를 위한 개혁은 완전히 실패하였다. 이로써 대토지 소유는 계속 늘어나고 따라서 로마 사회의 분열은 걷잡을 수 없이 악화되어 갔다.

그라쿠스 형제가 시도했던 토지개혁은 60년 뒤 카이사르에 의해서 실행되었다.

민중파의 부상과 군제개혁

그라쿠스 형제의 개혁이 좌절되자 이에 분노한 로마의 평민들이 호민관과 민회를 중심으로 한 민중파(포풀라레스)라는 정치세력을 만들어 기존의 원로원과 귀족들로 구성된 귀족파(옵티마테스)와 대립하면서 로마는 심각한 사회 갈등을 겪었다.

이때 기사(에퀴테스)라는 중간 계급이 형성되었는데 이들은 원로원과 평민 사이에서 주로 무역과 금융 등의 경제 분야를 담당하며 부를 축적하면서 점차 정치세력화하였다.

스페인 총독을 역임한 마리우스(BC 156년~BC 86년)는 기원전 107년에 이러한 기사층의 지지를 받아 민중파로서 집정관에 당선되었다. 마리우스는 곧바로 군제개혁을 착수하였다. 마리우스는 자영농의 몰락으로 자비로 무장하는 기존의 토지 소유 농민들만으로는 병력을 채울 수 없다고 판단하고 빈민을 모아 국가의 비용으로 훈련하고 전쟁에 참여하게 하는 군제개혁을 단행하였다.

마리우스의 군제개혁은 전투력의 향상을 가져왔고, 빈곤한 중소 자영농들이 생업에 전념할 수 있게 했을 뿐만 아니라 도심의 빈민층에게도 로마 병사라는 새로운 일자리를 만들어 주었다.

그러나 마리우스가 죽은 후 군대는 국가에 충성하는 유산(有産)시민들의 자발적인 참여로 편성되는 것이 아니라, 그를 채용한 장군에게 충성하는 무산(無産)시민들로 편성된 일종의 사병 집단으로 바뀌어 갔다.

군대가 사병화되면서, 로마는 기원전 27년 공화정이 무너질 때까지 장군들 간의 내전이 계속되었고, 결국 군제개혁은 로마 공화정이 무너지는 원인이 되었다.

1차 삼두정치와 북서부 유럽 패권 장악

기원전 61년 해적 퇴치와 동방을 평정하고 로마로 돌아온 그 시대 최고의 영웅 폼페이우스(BC 106년~BC 48년), 당대 최고의 부호였던 크라수스(BC 115년경~BC 53년) 그리고 기원전 59년 집정관이 된 카이사르(카이저)(BC 100년~BC 44년)는 서로 힘을 합쳐 기원전 59년 정치적 협력 관계를 맺었다. 이것이 1차 삼두정치(BC 59년~BC 48년)이다.

이후 카이사르는 기원전 58년부터 52년까지 7년여에 걸친 원정을 통해 유럽 북서쪽 갈리아 지방과 기원전 55년 브리타니아(영국)를 정복했다. 이로써 공화정 로마는 북서부 유럽 패권까지 장악하였다.

카이사르가 갈리아에서 정복전쟁을 벌이고 있는 사이에 기원전 53년 파르티아(이란) 원정에서 크라수스가 전사하고, 폼페이우스는 원로원파에 합류하여 단독 집정관이 되면서 사실상 1차 삼두정치가 깨졌다.

이런 상황에서 카이사르가 북서부 유럽 정복을 마치고 로마로 귀국하려 하자 단독 집정관이 된 폼페이우스가 반대하였다. 이에 카이사르는 기원전 49년 대군을 이끌고 '주사위는 던져졌다'면서 루비콘강(이탈리아 북부)을 건너 로마로 진격했다. 이에 위협을 느낀 폼페이우스는 이집트로 달아났고, 그곳에서 기원전 48년 암살당했다. 이로써 카이사르는 무소불위의 권력자로 등극하였고, 기원전 48년 종신독재관이 되었다.

카이사르는 기원전 47년에 나일강 전투에서 이집트 프톨레마이오스 13세의 군대를 무찌르고 프톨레마이오스 13세와 남매이면서 부부로서 공동 왕이었던 클레오파트라를 이집트 단독 왕으로 내세웠다. 카이사르에게는 클레오파트라와의 사이에서 태어난 아들 카이사리온이 있었다.

또 시리아 지방에서 반란이 일어나자 카이사르는 달려가 불과 닷새 만에 반란을 진압하고 이 승리를 로마에 알렸는데, 그 편지에는 '왔노라! 보았노라! 이겼노라!'라는 단지 세 마디만 적혀 있었다. 그는 장군이면서 정치가였을 뿐만 아니라 일류 문장가였다.

그러나 카이사르가 왕이 될 거라며 공화정의 위기를 느낀 원로원의 사주를 받은 브루투스에 의해서 기원전 44년 카이사르는 암살당했다. 이로써 1차 삼두정치에 이어 카이사르 독재관 시대(BC 48년~BC 44년)도 막을 내렸다.

정식 아들이 없던 카이사르는 유언장에 양자인 옥타비아누스를 후계자로 지정하였다. 훗날 옥타비아누스는 로마 제정의 초대 황제 아우구스투스가 되었다.

2차 삼두정치와 동부 지중해 패권 장악

카이사르가 암살당한 후 1년여간 로마는 안토니우스, 옥타비아누스, 키케로 등 3인에 의해 좌우되다가, 기원전 43년 카이사르의 양자인 옥타비아누스(BC 63년~AD 14년)가 카이사르의 부하였던 안토니우스(BC 83년~BC 30년) 그리고 레피두스(미상~BC 13년)와 회합을 갖고 2차 삼두정치(BC 43년~BC 31년)를 성립시켰다.

우선 이들은 안토니우스와 사이가 좋지 않았던 키케로를 추방하여 살해하였고, 이어 카이사르를 암살하고 도망쳐 동방의 속주들을 장악하고 재기를 노리던 브루투스 일파를 기원전 42년 마케도니아의 필리피 전투에서 패퇴시켰다.

이 필리피 전투에서 활약상이 컸던 안토니우스는 세력을 더 확장하기 위해 동방의 파르티아 원정을 계획하였다. 이때 안토니우스는 원정에 필요한 비용을 조달하고자 프톨레마이오스 왕국(이집트)의 클레오파트라를 원정길에 불러들였다. 한편 클레오파트라도 과거에 카이사르를 유혹해 정권을 잡았던 것처럼 이번에도 당시 최고의 명성을 얻고 있던 안토니우스의 힘을 빌려 자신의 세력을 안정시켜 보려는 생각을 품고 있었다. 결국 안토니우스도 클레오파트라의 유혹에 파르티아 원정도 미룬 채 이집트 알렉산드리아로 가 사랑에 빠졌다.

기원전 40년 옥타비아누스는 로마의 속주인 프톨레마이오스 왕국의 총독으로 가 있는 안토니우스를 불러들여 3년 전 성립시켰던 삼두정치를 다시 확인하고 각자의 지배 영토를 분배하였는데 옥타비아누스는 갈리아 지방과 스페인을, 안토니우스는 프톨레마이오스 왕국과 동방 속주들을 그리고 레피두스는 아프리카 속주들을 차지하였다.

옥타비아누스는 아내를 잃은 안토니우스와 자신의 과부 누이인 옥타비아를 결혼시켜 유대 관계를 굳게 다졌다.

이렇게 삼두정치가 세 사람의 균형을 바탕으로 더욱 굳건해져 갈 즈음 기원전 36년 폼페이우스의 아들 섹스투스가 시칠리아를 근거지로 하여 로마의 곡물 수입을 방해하였다. 이에 옥타비아누스가 나서 그 세력을 타도하는 데 성공하였다. 이로 인해 옥타비아누스는 로마 시민의 인기를 한 몸에 받았을 뿐만 아니라 해군력을 완전히 장악함으로써 로마의 최강자가 되었다. 곧이어 시칠리아에 욕심을 내는 레피두스마저 실각시켜 그가 관리하고 있던 아프리카 속주까지 차지하며 로마 최고의 실력자가 되었다.

이에 위기를 느낀 안토니우스는 이집트에 있던 클레오파트라를 대동하고 몇 년 전에 중단했던 파르티아 원정을 떠났다. 그러나 이 원정은 대실패로 끝났다. 나아가 클레오파트라와 사랑에 빠진 안토니우스는 기원전 33년 그의 아내 옥타비아와 이혼하고 클레오파트라와 정식으로 결혼까지 하였다.

옥타비아누스는 이집트의 클레오파트라와 사랑에 빠져 동방 파르티아 원정에 실패한 안토니우스를 징벌하고자 기원전 31년 그리스 서북쪽에서 악티움 해전을 일으켜 안토니우스와 클레오파트라 연합군에 대승을 거두었다. 이로써 로마는 동부 지중해 패권마저 장악하게 되었다.

로마의 2차 삼두정치는 기원전 36년 레피두스 실각에 이어 기원전 31년 안토니우스마저 악티움 해전에서 패퇴하고 죽자, 막을 내렸다.

클레오파트라

클레오파트라(BC 69년~BC 30년)는 이집트 프톨레마이오스 왕국의 여성 파라오(왕)이다. 클레오파트라는 프톨레마이오스 13세와 남매지간이었지만 왕실의 법에 따라 부부가 되었으며 여왕과 왕의 지위를 가졌다. 한때 권력이 프톨레마이오스 13세에게 기울었으나 클레오파트라는 기원전 47년 카이사르의 도움으로 단독 왕이 되었고, 카이사르와 사랑을 나누며 카이사리온이라는 아들까지 낳았다. 기원전 44년 카이사르가 암살당하자 로마에 있던 클레오파트라는 이집트로 돌아와 카이사리온을 이집트 왕으로 세우고 자신은 뒤에서 실력 행사를 하였다.

이후 왕국의 안위가 걱정되었던 클레오파트라는 안토니우스가 기원전 42년 로마의 속주인 프톨레마이오스 왕국으로 오자 그의 편에 서서 왕국을 지키고자 했다. 카이사르의 정부였던 클레오파트라는 기원전 33년 안토니우스와 결혼까지 하였다.

기원전 31년 악티움 해전에서 안토니우스와 클레오파트라 연합군이 옥타비아누스에 대패하자 클레오파트라는 안토니우스와 함께 이집트로 도망가 기원전 30년 자살로 생을 마감했다.

공화정 로마의 유럽 통일

로마는 기원전 272년 이탈리아반도를 통일하였고, 기원전 146년 카르타고와의 포에니 전쟁에서 승리함으로써 스페인마저 속국으로 만들어 서부 지중해를 장악하였다. 또한 기원전 58년부터 기원전 52년까지 7년여에 걸친 카이사르의 유럽 원정을 통하여 갈리아 지방, 영국(브리타니아) 그리고 북해까지 그 영토를 넓혀 북유럽의 패권을 장악했다.

한편 마케도니아의 알렉산더 대왕이 세웠던 헬레니즘 왕국들인 그리스가 기원전 146년 마케도니아 전쟁에서 패하면서 로마의 속국이 되었고, 동방의 시리아가 기원전 64년에, 마지막으로 이집트마저 기원전 31년에 로마의 속국이 되면서 고대 그리스 헬레니즘 문명이 막을 내렸고, 로마는 동부 지중해 패권마저 장악하게 되었다.

이렇게 공화정 로마는 이탈리아반도를 통일하고 서부 지중해에 이어 북서부 유럽 그리고 동부 지중해까지 그 패권을 장악하면서 유럽 세계의 통일을 완성하였다.

유럽은 로마가 되고 로마는 유럽이 되었다. 이후 로마의 문화는 지중해 주변으로부터 유럽 내륙까지 뻗어 나갔으며 그리스–로마 문화에 기반을 둔 유럽의 문화가 형성될 수 있었다.

공화정의 종말

기원전 31년 2차 삼두정치가 막을 내리고 옥타비아누스의 독주 체제가 되었다. 원로원은 기원전 29년 옥타비아누스에게 로마 제1시민의 지위를 부여한 데 이어 기원전 27년 아우구스투스(존엄한 자)를 수여하면서 공화정 로마는 막을 내렸다.

로마 제정

원로원은 기원전 27년 옥타비아누스에게 아우구스투스(존엄한 자)라는 칭호를 수여하였고, 옥타비아누스는 로마제국의 초대 황제가 되었다. 로마의 제정(BC 27년~476년)은 아우구스투스부터 시작되었다.

이후 로마제국의 황금기인 5현제 시대를 거쳐 혼란의 3세기인 군인 황제 시대를 맞이하였다. 극도로 혼란스러웠던 군인 황제 시대를 거쳐 284년 황제의 자리에 오른 디오클레티아누스는 로마제국 재건에 착수하면서 우선 거대한 제국을 동서로 구분하여 분할 통치하였고, 콘스탄티누스 황제는 313년 밀라노 칙령을 발표하여 그리스도교를 공인하였고, 330년 로마제국의 수도를 비잔티움(콘스탄티노플)으로 정하였다.

테오도시우스 1세는 분할 통치되고 있던 제국을 388년에 재통일하여 단독 황제가 되었고, 392년 그리스도교를 국교로 삼았다. 그러나 395년 테오도시우스 1세가 죽으면서 두 아들에게 다시 제국을 양분하여 물려줌으로써 로마제국은 서로마제국과 동로마제국으로 나누어졌다.

5세기 들어 서로마제국은 끊임없이 게르만족의 침략에 시달리면서 점차 쇠퇴 일로로 치달았고, 결국 서로마제국은 친위대 사령관이었던 게르만족의 오도아케르가 궁정 쿠데타를 일으켜 476년 멸망하였다.

이로써 유럽은 고대가 끝나고 중세를 맞이하게 되었다.

아우구스투스에서 네로까지

　기원전 29년 원로원은 로마의 유일한 최고 권력자가 된 옥타비아누스에게 로마 제1시민의 지위를 부여하고 절대적인 권력을 위임하였다. 그러나 그는 그 권력을 곧 원로원과 민회에 돌려주었다. 그럼에도 불구하고 옥타비아누스는 여전히 군대의 높은 지지를 얻고 있었고, 실질적으로 군사와 재정을 장악하고 있었다. 이에 원로원은 옥타비아누스에게 기원전 27년 '존엄한 자'를 뜻하는 아우구스투스라는 칭호를 수여하였다. 이러한 정치체제를 원수정이라 한다.

　아우구스투스를 로마 시민뿐만 아니라 속주에서도 신성을 지닌 황제로서 숭배했고, 그의 후계자부터 황제라는 칭호를 쓰기 시작하였기 때문에 아우구스투스 이후의 로마를 제정 시대라 부르고 아우구스투스는 로마제국의 초대 황제가 되었다.

　아우구스투스(재위: BC 27년~AD 14년)는 원로원을 전통과 여론을 대변하는 기관으로서 여전히 존중하면서 여러 방면에 많은 업적을 남겼다.

　우선 그는 사회 질서를 확립하기 위하여 원로원 의원, 기사, 평민의 3신분의 자격과 직능을 정했으며, 신분 간의 이동도 가능하도록 했다. 또 노예해방을 엄격하게 제한해 로마 시민의 순수성 상실을 예방하려 하였고, 공화정 말기부터 문란해진 풍기를 바로잡기 위하여 로마적인 도덕과 종교를 진흥시켰으며 출산도 장려하였다. 그는 빈민들에 대한 '빵과 서커스'의 제공에도 관심을 게을리하지 않았다.

　이처럼 아우구스투스는 독재정치의 인상을 풍기지 않으면서도 정치의 모든 실권을 장악하고 로마의 국가 조직 전반을 단단히 다지는 데 성공하였다. 그리고 그는 치세 기간 중 대외 정복 사업에는 신중을 기하여 영토 확장에 소극적인 태도를 보였다.

아우구스투스의 통치 기간은 태평성대의 시기였다. 14년 그가 죽은 직후 원로원과 민회는 아우구스투스를 신으로 선포하였고, 아우구스투스는 로마인들의 숭배를 받았다. 이후 모든 로마 황제들이 아우구스투스와 카이사르를 황제 칭호로 썼으며 또한 그를 기념하기 위해 기존의 8월을 섹스틸리스(Sextilis)에서 아우구스투스(Augustus)로 바꾸었다.

아우구스투스는 후계자 문제만은 순탄하지 못했다. 우여곡절 끝에 아우구스투스는 그의 아내 리비아가 데리고 들어온 의붓아들 티베리우스를 본처와 이혼시키고 그의 딸 율리아와 결혼시켜 후계자로 삼았다.

티베리우스(2대)는 통치 능력도 있고 장군으로서도 손색이 없었으나 재위를 노리는 정치적 암투에 시달렸다. 칼리굴라(3대)는 티베리우스의 동생이 낳은 아들로서 시민들과 군대의 환영을 받는 정치를 펴 나갔으나 중병을 앓은 후 정신 이상이 생겨 난폭한 정치를 해 나가자 근위대의 한 장교에 의해서 살해되었다.

근위대는 칼리굴라의 숙부인 클라우디우스(4대)를 황제로 추대하였다. 클라우디우스는 해박한 지식과 관대한 성품으로 좋은 정치를 하려고 노력하였으나, 54년 후비인 소 아그리피나의 음모로 살해되었다.

소 아그리피나는 전남편의 아들인 16세의 네로(5대)(재위: 54년~68년)를 황제로 즉위시키고 섭정을 하였다. 그러나 황제가 된 네로는 어머니 소 아그리피나의 섭정이 지나치자 견디지 못하고 의붓동생을 독살하고 어머니 소 아그리피나와 아내 옥타비아 등 친족까지 살해하였고, 스승인 세네카에게 자살 명령을 내렸다.

네로는 64년 로마에 대화재가 발생하자 당시 로마제국의 신흥종교였던 기독교에 책임을 덮어씌워 기독교도들을 대학살하였다. 이런 상황 속에서 68년에 반란이 일어났고, 친위대까지 네로에 대한 충성을 거두자 마침내 원로원도 네로를 국가의 적이라고 선언했다. 이렇게 되자 네로는 로마를 탈출하

보다 더 알기 쉬운 유럽사 연대기

여 자살하였다. 네로 나이 31세였다. 이후 로마는 30여 년간 혼란한 상황이
이어졌다.

5현제 시대(로마제국의 황금기)

원로원이 96년 원로원 의원 네르바를 황제로 선출하면서 이때부터 로마는
5현제 시대(96년~180년)가 시작되었다.

네르바는 원로원과 좋은 관계를 유지하면서 정치를 하였고, 세습 제도를
바꾸어 가장 유능한 자를 양자로 맞아 제위를 계승시키는 관례를 만들었다.

트라야누스 황제는 도나우강 건너편의 다키아(루마니아)를 정복하였고, 아
프리카 사하라 사막 경계에까지 진출하였으며, 동방으로는 아시리아 및 페르
시아만까지 진출하는 등 로마제국의 영토를 최대로 확장하였다.

하드리아누스 황제는 그의 치세 기간의 반을 속주 시찰로 보내면서 영토의
현상 유지에 방점을 두었다.

안토니누스 황제는 피우스(경건한 자)라는 칭호를 얻은 어진 황제였다. 그
는 돈을 아껴 국고를 여유 있게 관리하였고, 재판의 공정을 기하기 위하여 노
력하였다.

5현제 시대의 마지막 왕인 아우렐리우스 황제는 철학자로서 《명상록》을 집
필하기도 하였고, 그의 재임 중 외적들의 침입이 잦아 그 방비에 힘썼다. 그
가 시리아, 이집트 등과의 전쟁 중 180년 병사함으로써 5현제 시대가 막을
내렸다.

5현제 시대에는 사회가 안정되고 물건의 교역이나 산업도 상당 수준에 이
르렀다. 그리고 로마제국은 많은 속주를 지니고 있었는데, 가는 곳마다 속주
의 중심에 새로운 도시를 건설하여 어느 정도의 자치를 인정하였고, 중산층

의 참사회가 자치회를 담당하도록 하였다. 오늘날의 런던, 파리, 빈 등이 그 대표적인 도시다.

이 시대 수도 로마를 중심으로 포장된 길이 사방팔방으로 통했고, 이 길을 따라 많은 물자가 활발히 이동되었다. 이른바 모든 길은 로마로 통했다. 아우구스투스 시대부터 5현제 시대까지는 팍스 로마나(로마의 평화)라 불리는 태평성대의 시기였다.

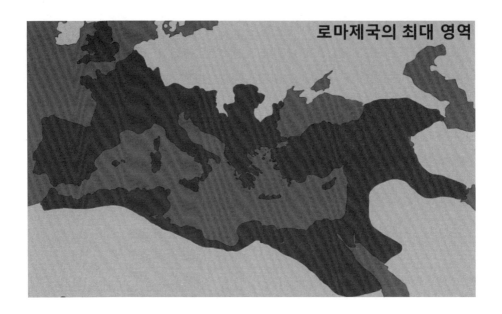

군인, 군인 황제 시대(위기의 3세기)

5현제 시대의 마지막 황제 아우렐리우스는 관례를 깨고 왕위를 아들 코모두스에게 물려주었으나, 그는 우둔하고 퇴폐적이어서 향락에만 몰두하다 192년 살해되었다. 이로써 로마제국은 아우구스투스 이래 2백여 년에 걸친 태평성대가 막을 내리고, 또 한 번 네로가 몰락한 뒤의 상황처럼 혼란이 일어났다.

보다 더 알기 쉬운 유럽사 연대기

5현제 시대가 막을 내리자 군인들이 황제를 선출하고 또 군인이 황제가 되는 위기의 3세기를 맞이하였다. 192년부터 235년까지 43년간 군인들에 의해서 황제가 추대되었고, 이어 235년부터 284년까지 50여 년간 군인들이 직접 황제가 되는 시대가 이어졌다.

군인 황제 시대의 50여 년 동안 로마제국 내에서 무려 26명의 군인 황제가 난립했고, 제국은 군사, 정치, 경제 등 모든 분야에서 큰 위기를 맞이하며 붕괴되고 쇠퇴하였다.

이런 와중에도 제국을 다시 일으켜 세우려는 움직임이 있었다. 아라비아 출신의 황제 필리푸스는 248년 로마 건국 천년제를 성대하게 열어 로마의 전통과 영광에 대한 새로운 의식을 일으켜 보려 하였고, 아우렐리아누스 황제는 270년 동서 통상의 요지인 팔미라(시리아 내 사막국가)의 반란을 진압하였고, 또 10년간이나 로마로부터 분리해 있던 갈리아와 브리타니아를 회복하고, 경제에도 부흥을 꾀하고자 하였으나 그도 역시 살해되면서 물거품이 되고 말았다.

이러한 혼란기를 통하여 3세기 말에 중앙의 구지배층이 몰락하고 지방에 기반을 둔 대토지 소유자들이 큰 세력으로 등장하였다. 이제 로마제국은 근본적인 개혁 없이는 해체의 길로 갈 수밖에 없게 되었다.

로마제국의 재건과 분열

3세기 말의 극도로 혼란스러웠던 군인 황제 시대를 종식시키고 해체 위기에 처한 로마제국 재건에 착수한 사람은 디오클레티아누스였다. 황제의 친위대장이었던 디오클레티아누스는 선황제가 살해되자 군인들의 추대로 284년 황제가 되었다.

디오클레티아누스(재위: 284년~305년)는 우선 거대한 제국을 혼자서 통치할 수 없다고 판단하여 또 한 명의 황제와 두 명의 부황제를 두어 제국을 동서로 구분하여 분할 통치하였다. 이러한 지배체제를 굳힌 후 갈리아 및 브리타니아 반란을 진압하고, 라인강 및 도나우강 유역의 게르만족을 격퇴하여 제국을 통일하였다. 나아가 군대, 행정조직 및 조세제도를 정비하는 등 경제 면에서도 여러 개혁을 실시하였으나 로마 고대 종교를 부흥시키고자 그리스도교를 박해하는 오점도 남겼다.

콘스탄티누스 황제(재위: 305년~337년)는 313년 밀라노 칙령을 발표하여 신앙 자유의 원칙에 의해 그리스도교를 공인하였고, 그 뒤 동방 지역을 지배하던 공동 황제인 리키니우스가 약속을 어기고 그리스도교를 박해하자 324년 그를 실각시키고 제국을 통일하여 실질적인 단독 황제가 되었다.

그는 325년 소아시아의 니케아에서 3백여 명의 성직자를 소집하여 직접 종교회의를 주재하였고, 이 회의에서 결정된 '여호와 하느님과 그의 아들 예수 그리스도 그리고 성령은 하나다'라는 삼위일체설을 신조로 삼게 되었다. 나아가 330년 로마제국의 수도를 비잔티움으로 옮겨 자신의 이름을 딴 콘스탄티노플로 명명하며 로마제국의 중흥을 꿈꿨다.

디오클레티아누스 황제에 의해 재건되고 콘스탄티누스 황제에 의해 중흥되었던 로마제국은 콘스탄티누스 2세에 이어 그의 조카 율리아누스 황제가 죽자 급격히 쇠퇴하기 시작하였다.

동부의 황제 테오도시우스 1세(재위: 379년~395년)는 디오클레티아누스 황제 이후 분할 통치되고 있던 제국을 388년에 재통일하여 단독 황제가 되었고, 392년 그리스도교를 국교로 삼아 그리스도교를 로마에서 비약적으로 발전시켰다. 395년 테오도시우스 1세가 죽으면서 자신의 두 아들에게 다시 제국을 양분하여 물려주었다. 이로써 로마제국은 395년 서로마제국과 동로마제국으로 나누어졌다.

서로마제국의 쇠퇴와 멸망

5세기 들어 서로마제국은 끊임없이 게르만족의 침략에 시달리면서 점차 쇠퇴 일로로 치달았다. 410년에는 서고트족이 서로마제국의 영토로 쳐들어왔고, 이어 당시 유럽 대륙을 공포로 몰아넣었던 훈족의 아틸라가 침공하였다. 이에 로마는 게르만족과 합세하여 간신히 격퇴하였지만 또 아프리카 반달족에게 침입을 당하였고, 제국 내에서는 황제가 빈번히 교체되며 그 혼란이 극에 달하게 되었다. 이 틈을 타 게르만 용병대장인 오도아케르가 궁정 쿠데타를 일으켜 서로마 황제를 폐하고 스스로 이탈리아 왕이라 칭하였다. 이리하여 서로마제국은 476년 멸망하고 말았다.

로마가 흥기한 본고장인 이탈리아반도를 중심으로 한 서로마제국의 몰락은 1,200여 년의 역사를 가진 로마라는 한 제국의 멸망뿐만이 아니라, 그리스, 로마로 이어지는 고대가 끝나고 중세가 시작되는 시대적인 전환점이 되었다.

아울러 로마인으로부터 야만인이라고 멸시당했던 알프스 북쪽의 게르만족들이 역사의 새로운 주인공으로 활약하게 되었다. 또한 지리적으로도 지중해 연안에서 현재의 유럽 내륙으로 역사의 중요한 무대가 옮겨 갔다.

게르만족의 이동

북쪽 발트해 연안에 살고 있던 게르만족은 비옥한 땅과 목초지를 찾아 산발적으로 로마에 이주해 와서 노예나 용병 등으로 생활을 꾸려 오고 있었고, 4세기경부터는 중앙아시아의 유목민인 훈족이 압박해 오자 이를 견디지 못하고 새로운 생활의 근거지를 찾아 전체 부족이 집단을 이루며 로마로 대이동을 하였다.

고대 로마의 문화

로마는 나름대로 자신의 문화를 발전시켜 나갔는데 기원전 146년 카르타고와의 포에니 전쟁에서 승리하고, 같은 해 그리스마저 속국으로 만들어 지중해 패권을 차지하였지만 로마의 문화는 오히려 그리스 문화에 기반을 둔 헬레니즘 문화에 압도되었다.

어느 로마의 시인이 '정복된 그리스가 정복자인 로마를 문화적으로 정복했다'라고 말했을 정도로 로마는 문학, 예술, 사상 등 거의 모든 문화 면에서 그리스 문화의 모방이라는 한계를 벗어나지 못했다.

로마의 신들마저도 그리스 신들을 모방하여 놓았고, 사상에 있어서도 헬레니즘 시대의 유산인 스토아학파의 철학이 유행하였는데 대표적인 인물로는 세네카, 아우렐리우스 등을 들 수 있다.

그러나 기원전 27년 아우구스투스에 의해 제정 시대가 시작되면서 로마 특유의 문학이 발전하여 베르길리우스, 호라티우스, 오비디우스의 3대 시인이 나타나 라틴 문학의 황금기를 이루었으며, 역사가 리비우스는 《로마 건국사》를 썼다.

로마는 실용적인 측면에서 로마의 독자성을 보여 주었는데 건축, 토목에 있어서는 목욕탕, 투기장, 개선문 같은 거대하고 웅장한 공공건물을 남겼고 또 공중화장실을 설치하고 하수구와 배수구 시설을 갖추었으며 도시에 깨끗한 물을 보내기 위하여 대규모 수로를 설치하기도 했다.

로마인이 남긴 최대 유산은 로마법이다. '12표법'으로 귀족과 평민 간의 신분투쟁 과정의 관습법을 성문화한 것으로, 나중에는 재판의 판례나 해석 등이 보충되면서 점차 시민법으로 발전해 갔다. 이러한 로마법은 6세기 동로마 제국의 유스티니아누스 황제가 편찬한 《로마법 대전》에 집대성되었는데 이는 근대 법체계의 모범이 되었고, 세계적인 성격을 띤 만민법이 되었다.

랑케는 '로마 이전의 역사는 로마로 흘러들어 갔고 로마 이후의 역사는 로마로부터 흘러나왔다'고 했다.

〈유대왕국(이스라엘), 예수와 그리스도교〉

유대왕국은 유대인이 지금의 이스라엘 지역에 기원전 2세기 중엽에 세운 왕국이다. 유대왕국은 기원전 63년 로마에 정복되어 로마의 속국이 되었다. 로마는 초기에 이 왕국을 유대 남방의 토호 헤롯 왕가가 다스리도록 했으나 헤롯왕이 죽은 뒤에는 로마가 총독을 파견하여 직접 통치를 하였다. 이 지역의 5대 총독이 추후 예수를 처형한 빌라도다.

한편 예수는 기원전 6년 무렵 로마제국의 속국인 유대왕국의 베들레헴의 마구간에서 태어났다. 당시 유대왕국을 다스리던 헤롯왕은 마구간에서 태어난 아기가 후일 메시아(구세주)가 될 것이라는 말에 2살 이하의 아기를 모두 죽이라는 명령을 내렸는데, 예수는 다행히 이집트로 피난 가 있었기 때문에 무사할 수 있었다. 그 후 예수는 성장하여 예루살렘으로 돌아와 박애와 평등을 부르짖는 설교를 하고 다녔다.

당시 유대에는 예전부터 그들만의 유일신을 믿는 유대교가 있었다. 그들의 신앙에는 자신들만이 신의 구원을 받을 수 있는 선택된 민족이라는 우월감을 나타내는 선민사상이 있었으며 또한 그들이 어려운 일을 당했을 때 여호와(하나님)께서 자신들의 구원을 위해 구세주(메시아)를 보내 주실 거라 믿는 메시아사상이 있었다. 이처럼 유대민족들은 메시아가 나타날 것이라고 믿고 있었는데 이러한 가운데 예수가 나타났다.

예수는 그 당시 유대민족의 선각자로 여겨지던 세례요한에게 세례를 받았는데, 그 후 성령이 예수에게 내려졌고, 여호와(하나님)는 '내 기뻐하는 아들이다'라고 하였다. 이렇게 예수는 하나님의 아들이 되었다.

그 후 예수는 황야로 들어가서 40일간 금식기도를 하며 여러 가지 고통을 이겨내고 갈릴리로 내려와 설교를 시작하였다.

예수의 가르침은 철저하게 복음 신앙이었다. 그의 주된 사상은 인간이 만들어 낸 온갖 고통과 압박으로부터 해방이었으며, 나 하나만의 구원을 위한 신앙이 아니고 모든 사람의 구원을 위한 신앙이었다. 그리고 유대교의 편협성과 현실 만족의 태만함을 맹비난했다.

유대왕국의 종교 귀족이며 상류층인 사두개인과 중류 지식층에 속하는 바리새인으로서는 유대교를 맹비난하는 비천한 출신의 예수가 백성들에게 존경받자, 그들에 대한 도전이라 생각하여 예수의 제자 유다를 매수한 뒤 '예수가 유대인의 왕이라 칭하며 민중을 유혹하고 로마에 반란을 일으키려 하고 있다'며 예수를 모함케 하였다.

당시 유대왕국은 로마제국의 속국으로 로마에서 파견된 총독 빌라도가 관리하고 있었다. 예수를 심문한 빌라도는 예수에게 혐의가 없음을 확신하였지만, 결국 예수는 모함을 받고 십자가에 매달려 죽었다. 예수는 그 후 3일 만에 부활하여 승천하였다고 한다.

예수가 십자가에 매달려 죽은 후, 그를 따르고 믿는 사람들이 예수를 메시아로 받드는 새로운 교단인 그리스도교를 만들었다. 예수 생전의 제자이던 베드로, 요한 등이 이를 이끌었다. 하지만 그리스도교도들에 대한 유대교도들의 박해가 시작되자 그리스도교 신자들은 팔레스타인 지역을 벗어나 로마제국 각처로 퍼져 나갔다. 이때 그리스도교의 세력을 넓히는 데 큰 공헌을 한 사람이 사도 바울이었다. 사도 바울은 로마제국 각처를 돌아다니면서 그리스도교를 전파하였다. 이렇게 바울은 유대왕국 외부 세계에 대한 전도를 통해 그리스도교가 유대교로부터 독립하여 세계 종교로 나아갈 수 있는 길을 닦아 놓았다.

한편 유대왕국은 66년 로마에 대해 독립을 요구하는 반란을 일으켰다. 초기에는 예루살렘을 탈취한 뒤 독립 정부를 수립하였지만, 군대를 증강한 로마군이 반격을 시작하였고, 때마침 유대인 내부의 격렬한 세력 다툼으로 결국 70년 예루살렘이 함락되었고 반란을 일으킨 '열심당' 잔당들은 그 뒤 3년을 더 항전하다가 로마군의 맹공이 시작되자 전원이 자결하였다.

  이후 유대인의 예루살렘 입성이 금지되었고, 유대인은 팔레스타인 지방을 떠나 2천 년간이나 세계를 떠도는 유랑민족이 되고 말았다.

중세
프랑크 왕국 시대

서로마제국이 476년 멸망하면서 고대 로마제국이 천 년 동안이나 지배하
고 있었던 광대한 영토는 당시의 비잔티움 지역을 중심으로 한 동로마제국
(비잔틴 제국), 7세기 아라비아반도에서 일어난 이슬람 세계 그리고 게르만
족이 새롭게 주역이 된 유럽 세계로 나뉘었다.

　유럽 세계의 갈리아 지역(프랑스)에 게르만족의 일족인 프랑크족이 486년
프랑크 왕국을 건설하면서 중세 유럽이 시작되었다. 이로써 유럽 역사의 무
대는 서로마제국이 있었던 지중해로부터 갈리아 지역을 중심으로 하는 유럽
대륙으로 옮겨 갔으며, 로마인을 대신한 게르만족이 새로운 역사의 주인공이
되었다.

　프랑크 왕국은 유럽 대륙 중심부에 위치하면서 영국, 스페인 지역 등을 제
외한 과거 로마제국이 지배했던 대부분의 지역을 차지하며 발전해 갔다.

　중세 유럽 초기는 프랑크 왕국의 역사다.

프랑크 왕국

메로빙거 왕조

갈리아 지역에는 기원전 7세기부터 켈트족이 살고 있었는데, 기원전 58년 고대 로마 공화정의 카이사르에 의해 정복되면서 로마의 속국이 되었다.

고대 로마제국이 2세기 후반부터 혼란으로 쇠퇴하자 게르만족의 일파인 프랑크족의 침입이 잦아졌고, 결국 로마는 프랑크족에 의해 406년 갈리아 지역에서 물러났다.

게르만족들이 유럽의 여러 지역에 게르만 왕국들을 건설하였지만 대부분 일찍 소멸되었고, 서로마제국이 476년 멸망하자 갈리아 지역의 클로비스 1세가 486년 그 주변 지역의 10여 개 부족을 통일하여 메로빙거 왕조(486년 ~751년)의 프랑크 왕국(486년~843년)을 건설하였다.

클로비스 1세(재위: 486년~511년)는 가톨릭으로 개종하여 로마인이나 가톨릭과의 마찰을 없앴고, 또 프랑크 왕국이 동로마제국이나 이슬람 세력으로부터 멀리 떨어져 있었기 때문에 그들로부터 공격을 받지 않으면서 그 지배 지역을 서로마제국이 지배하고 있었던 유럽의 대부분 지역으로 확장해 나갈 수 있었다.

한참 번성해 가던 프랑크 왕국은 511년 클로비스 1세가 죽자, 게르만족의 관습대로 분할 통치되었고, 이로 인해 2백여 년 동안 분할과 통합을 거듭하며 형제간의 치열한 싸움과 피비린내 나는 음모와 내분이 그치지 않았다.

결국 프랑크 왕국은 7세기 말에 이르러 왕은 유명무실해지고, 왕국의 실권은 지방 영주들의 지지를 받은 궁재 카를 마르텔의 손으로 넘어갔다. 실권을 잡은 궁재 카를 마르텔은 가신들에게 토지를 지급하고 말을 기르게 하여 기병으로서 전쟁에 참가케 하는 봉건제도를 실시하였다.

이후 스페인을 지배하고 있던 이슬람 세력이 732년 피레네산맥을 넘어 프랑크 왕국으로 쳐들어오자, 카를 마르텔이 기병을 이용하여 격퇴하면서 궁재의 위세가 더욱 커져 갔다.

카를 마르텔이 사망하자 그의 아들 피핀이 대를 이어 프랑크 왕국의 궁재가 되었고, 마침내 751년 궁재 피핀이 무능한 국왕 힐데리히 3세를 몰아내고, 새로운 왕조를 세웠다.

카롤링거 왕조와 서로마제국 부활

메로빙거 왕조의 마지막 국왕을 몰아낸 궁재 피핀은 751년 카롤링거 왕조(751년~843년)를 세우고 왕위에 올랐다.

왕권을 찬탈한 피핀(재위: 751년~771년)은 로마 가톨릭 교황으로부터 왕권의 정당성을 인정받고자 하였고, 또 교황도 서로마제국 멸망 이후 로마 가톨릭의 권위가 추락하고, 성상숭배 금지령이 내려진 동로마제국의 보호에 불안을 느끼고 있었기 때문에 자신들을 보호해 줄 대상을 강성해진 프랑크 왕국에서 찾고자 하면서, 교황과 피핀은 의기투합하였다.

마침 교황은 교황령인 이탈리아반도 중동부에 위치한 라벤나 지역이 롬바르드족에 의해 점령당하자 프랑크 왕국의 피핀에게 지원을 요청하였고, 피핀은 756년 롬바르드 왕국으로부터 라벤나 지역을 되찾아 '피핀의 기증지'로서 교황에게 바쳤다. 이후 이 지역은 교황이 군주로서 직접 지배하는 교황령 국가가 되었다. 이어 그의 아들 카를왕은 774년 이탈리아반도 북부에 위치한 롬바르드 왕국(568년~774년)에 쳐들어가 그 영토를 프랑크 왕국에 병합시켜 버렸다.

프랑크 왕국과 교황청 사이에 밀접한 관계가 형성되면서 교황 레오 3세는 800년 12월 25일 로마 성 베드로 성당을 찾은 카를왕에게 서로마제국의 황제의 관을 씌워 주었다. 이로써 서로마제국은 476년 멸망한 후 324년 만인 800년에 프랑크 왕국으로 부활하였으며, 카를왕은 카를 대제가 되었고, 프랑크 왕국은 이때부터 동로마제국을 대신해 교황청의 보호자가 되었다.

서로마제국의 부활은 제국이 몰락한 이후 정처 없이 방황하던 사람들에게 정체성을 확립시켜 주었고 오늘날의 서유럽을 탄생시킨 기원이 되었다.

카를 대제(재위: 771년~814년)는 게르만, 로마, 가톨릭 등의 여러 요소를 융합시켜 카롤링거 르네상스를 일으키며 민족 이동기의 쇠퇴했던 문화를 부흥시켰고, 영토로는 오늘날 영국과 스페인 등을 제외한 서유럽 대부분을 차지하며 로마에 버금가는 영토를 지배하였다.

프랑크 왕국의 분열과 멸망

카를 대제가 814년 사망하자 혼란이 이어지면서 프랑크 왕국은 843년 베르됭 조약에 의해 동, 서, 중프랑크 왕국으로 분할되었고, 이어 중프랑크 왕국의 북부 지역이 870년 메르센 조약에 의해 동, 서프랑크 왕국에 흡수되면서 중프랑크 왕국은 남부 이탈리아반도만 남게 되었다. 메르센 조약으로 그어진 경계선이 오늘날의 독일, 프랑스, 이탈리아의 기원이 되었다.

이렇게 프랑크 왕국들이 9세기 후반부터 분열과 혼란으로 쇠퇴하기 시작하자 안으로는 카를 대제에 의해 억눌려 있던 각지의 부족들이 다시 자립의 길을 모색하기 시작하였고, 밖으로는 이민족들이 제국 내부로 침입해 왔다. 특히 노르만족들의 침입은 거세었다.

　결국 중프랑크 왕국은 875년, 동프랑크 왕국은 911년, 서프랑크 왕국은 987년 소멸되었다. 이렇게 모든 프랑크 왕국이 소멸되면서 프랑크 왕국의 시대가 막을 내렸다.

　프랑크 왕국이 소멸되면서 중세 유럽 초기도 끝났다. 중세 유럽 초기는 프랑크 왕국의 시대였으며, 이때 서로마제국은 프랑크 왕국으로 부활하였다.

▌서로마제국 멸망 후 이탈리아반도

　서로마제국이 476년 멸망한 후 이탈리아반도 북부는 게르만족의 용병대장 오도아케르가 지배하였고, 중부 교황령과 남부 지역은 동로마제국의 지배를 받았다.

게르만족의 일족인 동고트족이 반도 북부에 쳐들어가 오도아케르를 죽이고 493년 그 지역에 동고트 왕국(493년~568년)을 세웠고, 또 게르만족의 일족인 롬바르드족이 568년 동고트 왕국을 멸망시키고 롬바르드 왕국(568년~774년)을 세웠다.

롬바르드 왕국이 교황령인 반도 중동부의 라벤나 지역을 빼앗자, 당시 강력한 힘을 가진 프랑크 왕국의 피핀은 교황의 요청으로 756년 그 지역을 되찾아 '피핀의 기증지'로서 로마 교황에게 바쳤고, 그의 아들 카를왕은 774년 롬바르드 왕국에 쳐들어가 그 영토를 프랑크 왕국에 병합시켰다. 이로써 반도 북부는 프랑크 왕국의 일부가 되었고, 9세기 들어 프랑크 왕국이 분열되면서 이 지역은 중프랑크 왕국이 되었다.

그리고 동로마제국의 지배하에 있던 반도 북동부 베네치아 지역에 697년 베네치아 공화국이 세워졌고, 시칠리아섬은 9세기 초부터 이슬람의 세계가 되었다.

9세기 이민족의 이동

유럽의 중심부를 차지하고 있던 프랑크 왕국은 9세기 후반부터 분열이 거듭되었고, 이민족의 침입이 잦아졌다. 북쪽으로부터 노르만족이, 동쪽에서는 마자르족이, 남쪽으로부터는 이슬람 세력이 물밀듯이 밀어닥쳐 무차별적인 학살, 폭행, 강간 등이 빈번히 발생했다.

스칸디나비아반도와 덴마크를 원주지로 하는 노르만족들은 8세기 말부터 이동을 시작하였고, 9세기에 이르러서 본격적으로 영국과 프랑크 왕국을 약탈하기 시작하였다.

그들의 침입과 약탈에 시달린 서프랑크 왕국의 왕은 그들에게 서프랑크 북서쪽 센강 하류 지역(노르망디)을 하사하여 912년 노르만 공국을 세우게 했다.

노르만족 일부는 862년에는 러시아 북서쪽 지역의 노브고로드에 정착하였고, 882년에는 우크라이나 지역에 키예프 공국을 세웠다. 또 일부는 아이슬란드와 그린란드에 정착했다.

서프랑크 왕국이 노르만족의 습격에 시달리고 있을 때 동프랑크 왕국은 헝가리인의 조상이며 아시아 계통의 유목민족인 마자르족의 침입에 시달렸고, 이슬람 세력은 711년부터 스페인 지역을, 9세기 초부터는 시칠리아섬을 지배하기 시작하였고, 9세기 중엽부터 아프리카 북쪽 카르타고를 근거로 하여 지중해의 여러 섬을 습격하고 약탈하였다.

노르만족과 마자르족은 원래 강력한 신앙이 없어 쉽게 가톨릭으로 교화되어 프랑크 왕국은 어느 정도 공포에서 벗어날 수 있었지만 철저한 일신교도인 이슬람 세력의 위협은 계속되어 후에 유럽 전체를 열기로 몰아넣었던 십자군 전쟁의 불씨가 되었다.

노르만족의 이동

봉건제도

봉건제도는 왕을 정점으로 영주와 가신들 간에 봉토를 매개로 하여 주종관계를 맺는 정치적인 제도이다. 봉건제도는 장원으로 구성되었고, 장원은 중세 농촌 경제생활의 기본 단위이다. 봉건제도는 두 가지 경우가 있는데 그 하나는 장원 내에서 땅 주인이 영주로서 농민의 생계를 책임지고 농민은 영주를 위해 땅을 경작해 주는 제도이고, 또 하나는 영주가 농민에게 토지를 빌려주고(봉토) 농민이 영주에게 군사력을 제공하는 제도이다.

8세기 초 프랑크 왕국의 궁재 카를 마르텔이 이베리아반도를 지배하고 있던 이슬람 세력의 침입에 대비하여 보병 대신 비용이 많이 들어가는 기병을 양성하였는데, 이때 가신들에게 토지를 지급하고 말을 기르게 하여 기병으로서 전쟁에 참가케 하였다. 이렇게 프랑크 왕국 카를 마르텔은 봉건제도를 처음으로 도입하였다.

봉건제도가 완성된 것은 9세기 초 카를 대제가 죽고 프랑크 왕국 내에서 분열과 혼란이 거듭되자, 이 틈을 타 노르만족, 이슬람 세력, 마자르족 등의 침입이 격심해졌던 9세기에서 10세기에 걸친 시기였다.

이때의 국왕들은 힘이 없어 이민족의 침입에 속수무책이었고, 마침 세력이 커진 지방 제후들에게 토지를 나눠 주고 그들로 하여금 왕을 위해 전쟁터에 나가 싸우도록 했다. 제후들은 공작, 백작으로서 지방의 실력자요, 실질적인 군주였고, 그 영역은 독립국가나 다름없었다. 이렇게 봉건제도가 완성되어 갔다.

한편 이즈음 이슬람 세력이 지중해를 장악함으로써 유럽 사회는 지중해를 상실하게 되었고, 이로 인해 상공업이 쇠퇴하고 도시가 소멸되면서 자급자족하는 폐쇄적인 자연경제로 돌아갔다. 이렇게 유럽 사회는 경제적인 면에서도 토지가 가장 중요한 자산이 되는 봉건사회로 갈 수밖에 없었다.

봉건사회에서 군신관계는 연쇄적으로 이어져 국왕을 정점으로 그 밑에 공작, 백작, 기사 등이 있는 피라미드형의 계층제가 형성되었다. 이러한 봉건적 계층제의 구성원은 상하의 구별이 있고, 토지를 얼마나 많이 가지고 있느냐에 따라 신분적인 위치의 차이가 있지만, 누구나 봉토를 가지고 있는 한 자신의 영지 안에서는 군주와 같은 특권을 행사할 수 있었다.

이러한 장원들이 지역에 집중됨으로써 영주권이 강화되었고, 영주권이 왕권과 대립하면서 지방분권화 경향이 나타났다. 한편 가톨릭도 교회령을 가지게 되면서 교황의 권력이 강화되었다.

〈이슬람교와 그 세력〉

  서로마제국 멸망 후 유럽 지역에 프랑크 왕국이 세워졌지만 아직 본격적인 기틀을 잡지 못하고, 유럽의 동쪽에 위치한 동로마제국도 점차 쇠퇴하여 동방에서도 별 힘을 쓰지 못하게 될 즈음 아라비아반도에서는 거센 이슬람의 열풍이 불어오기 시작하였다.

  570년경 아라비아의 메카(사우디아라비아의 헤자즈 지방)에서 마호메트라는 사내아이가 태어났다. 그는 태어난 지 2개월 만에 아버지를 잃었고, 6살 되던 해에 어머니마저 잃자 작은아버지 밑에서 자라게 되었다. 마호메트가 25살이 되었을 때 카디자라는 부유한 미망인과 결혼했으나 사치에 빠지지 않고 오히려 동굴 속에 들어가 단식을 하며 삶의 진리를 얻으려 했다.

  그는 결혼 전 여행하면서 들은 '하나님은 오직 한 분이며, 그분은 인간에게 사랑을 베푸신다'는 그리스도교의 교리가 인상 깊었다. 동굴 속에서 진리를 탐하던 중 그리스도교의 교리를 생각해 내고 아라비아인들이 믿고 있던 알라 신을 생각해 냈다. 그러고는 '알라와 하나님은 같다'는 진리를 터득했다.

  610년 마호메트가 40살이 되었을 때 알라의 예언자가 되었다. 마호메트가 알라에 대하여 설교를 시작하자 그의 설교는 많은 사람들의 마음속에 깊이 파고들었고, 그를 따르는 신도의 수는 계속 늘어 갔다.

  그러자 메카를 지배하고 있던 유력한 사람들이 마호메트의 진리는 엉터리라며 마호메트를 위협했다. 마침 메카로부터 멀리 떨어진 메디나(사우디아라비아에 위치)라는 도시에서 마호메트의 설교를 듣기 위해 초청해 와 마호메트는 메카 사람들의 위협을 피해 메디나로 갔다. 그가 메디나에 도착했을 때 시민들은 환호하며 그를 맞이하였고, 그들은 이미 그의 가르침을 받아들이고 있었다. 이 해가 622년이었고 그해를 이슬람교에서는 '헤지라'라고 부르며 이슬람교의 원년으로 삼고 있다.

그가 태어난 메카에서 박해를 받았던 마호메트는 메디나에서 소신껏 자신의 가르침을 펼 수가 있었다. 이때에 제자들은 마호메트가 하는 설교를 정리하였는데 이것을 모은 것이 이슬람교의 경전인 '코란'이 되었다.

마호메트는 메디나에서는 마음껏 가르침을 펼 수 있었지만 자기가 태어난 메카에서는 그의 가르침을 받아들이지 않자 언젠가 메카에서도 알라의 신앙을 받아들이게 할 것을 결심하였다. 이러한 마호메트의 생각이 메카에 전해지자 메카의 사람들이 군사를 몰고 와 결국 메카와 메디나가 바드르에서 전투를 벌이게 되었고 결과는 알라신을 위해 목숨을 내놓은 신도들로 구성된 메디나가 승리하였다. 이로써 마호메트는 메디나에 이어서 메카의 지도자가 되었다.

이렇게 메카와 메디나 두 도시의 지배자가 된 마호메트는 전지전능한 유일신인 알라를 전 아라비아에 전하기 위해 성전을 시작하였다. 이후 마호메트는 이슬람에 의해 아라비아를 통일하였다.

마호메트 사후 이슬람 세력은 이에 멈추지 않고 아라비아반도 밖으로 뻗어나갔다. 그동안 동로마제국이 점유하고 있던 시리아를 636년에, 사산조 페르시아(이란)를 641년에, 아프리카의 이집트를 642년에, 그리고 해상으로 나와서 키프로스를 점령하였다. 이리하여 동로마제국은 7세기 중엽에 동방 세계와 동부 지중해에 대한 통제권을 거의 상실하였다.

이후 이슬람은 북아프리카와 이베리아반도에도 그 세력을 넓혀 갔다. 이슬람은 697년 동로마제국의 최후의 거점 카르타고를 함락시키고, 지중해를 건너 711년에는 그동안 서고트족이 지배하고 있던 이베리아반도(스페인)를 점령하였다.

이 기세를 몰아 이슬람 세력은 732년 이베리아반도 북부 피레네산맥을 넘어 프랑크 왕국으로 쳐들어갔다. 그러나 이슬람 세력은 프랑크 왕국의 궁재 카를 마르텔에 의해 격퇴당했다. 이로써 이슬람 세력의 서방 진출을 향한 맹

보다 더 알기 쉬운 유럽사 연대기

렬한 기세가 꺾이게 되었다. 하지만 7세기 동부 지중해에 이어 8세기 서부 지중해마저 이슬람 세력으로 넘어가면서 이제 지중해는 '이슬람의 바다'가 되었다.

이러한 이슬람 세력에 의한 지중해의 해상봉쇄체제는 프랑크 왕국이 지배하는 서유럽에 심각한 영향을 주었다. 해상봉쇄로 무역의 통로가 막히면서 상인층이 사라지고 따라서 도시경제도 쇠퇴해 갔다. 이로 인해 유럽 사회는 자급자족하는 자연경제로 돌아가게 되었고, 따라서 토지가 가장 중요한 재산이 되었다.

중세 신성로마제국
독일 왕 시대

프랑크 왕국들이 소멸된 후 동프랑크 지역에서는 911년 콘라트 1세가 왕으로 선출되면서 독일 왕국이 탄생하였고, 서프랑크 지역에서는 987년 로베르 가문의 위그 카페가 프랑스 왕국을 탄생시켰으며, 중프랑크 지역에서는 887년 베렝가리오 1세가 이탈리아 왕국을 탄생시켰다.

　영국은 1066년 윌리엄 1세가 노르만 왕조를 세웠고, 스페인은 711년부터 이슬람 세력의 지배를 받고 있었는데, 북쪽 가톨릭 국가들이 꾸준히 레콘키스타(국토회복운동)를 펼치고 있었다. 그리고 러시아 지역에는 루스족(노르만족)이 882년 키예프(우크라이나)에 러시아 최초의 국가인 키예프 공국을 세웠다.

　이렇게 중세 유럽 중기에 들어서면서 프랑스, 영국 등이 본격적으로 역사를 시작하였고, 유럽의 중심부에 위치한 독일 왕 오토 1세가 961년 이탈리아왕국을 병합하고, 962년 서로마제국의 부활인 신성로마제국의 황제가 되면서, 중세 유럽 중기는 신성로마제국(독일 왕 시대, 대공위 시대)을 중심으로 프랑스, 영국 등이 경쟁하면서 역사가 흘러갔다.

　이 시기 교황권이 강해짐에 따라 이를 바탕으로 유럽 세계가 이슬람 국가에 대해 십자군 전쟁을 일으켰다. 그러나 십자군 전쟁이 실패로 끝남에 따라 봉건제도의 기반이 무너지고 가톨릭이 약화되면서 중세의 몰락이 시작되었다.

신성로마제국

독일 왕국 탄생

동프랑크 왕국이 911년 소멸되자 곧이어 동프랑크 지역(독일)의 프랑켄, 슈바벤, 바이에른, 작센 등 공국들이 모여 카롤링거 모계 혈통인 프랑켄 공작 콘라트 1세를 왕으로 선출하면서 독일 왕국이 시작되었다.

그러나 사실상 독일 왕국은 작센 공작 하인리히 1세가 918년 왕위에 오르면서 시작되었는데, 이는 하인리히 1세가 프랑크인도, 카롤링거가도 아닌 독일 지역의 작센 공작으로 순수 독일인이었기 때문이다.

하인리히 1세(왕위: 918년~936년)는 그동안 영토 분할과 분쟁으로 인해 분열을 초래했던 프랑크 왕국의 전통적인 분할 상속제 대신 적자 상속제를 택하여 그의 아들 오토 1세가 왕위를 계승하도록 하였다.

오토 1세(왕위: 936년~973년)는 과거 프랑크 왕국의 카를 대제가 만든 전국적 교회 조직을 이용하여 통일 국가를 수립하는 데 필요한 전국적 행정 조직을 갖춰 나갔다. 그는 또 성직자를 국가의 고급 관료로 등용하고, 개인 교회 영지와 수도원 영지에 대하여 관세의 권리, 시장의 권리, 화폐 주조의 권리까지 부여하면서 주교의 선임권을 장악하였고, 대외적으로는 혼인과 전쟁을 통해 영토 확장 정책을 펼쳐 프랑크 왕국의 카를 대제에 버금갈 정도로 영토를 확장시켰다.

서로마제국의 부활, 신성로마제국

중프랑크 왕국 멸망 이후 이탈리아반도 북부에 세워진 이탈리아 왕국이

960년 반도 중부에 위치한 로마 교황의 영지로 쳐들어오자, 오토 1세는 교황 요하네스 12세의 요청으로 961년 이탈리아로 쳐들어가 베렝가리오 2세를 물리치고 이탈리아 왕국(887년~961년)을 병합하였다.

오토 1세가 이탈리아 왕국을 병합하며 강력한 힘을 갖자 교황 요하네스 12세는 962년 오토 1세에게 신성로마제국의 황제의 관을 씌워 주었다. 이로써 오토 1세(황제: 962년~973년)는 신성로마제국의 초대 황제가 되었고, 신성로마제국의 독일 왕 시대를 열었다. 서로마제국은 프랑크 왕국에 이어 또 신성로마제국으로 부활하였다.

이렇게 중세 유럽 중기는 신성로마제국 독일 왕 시대를 시작하게 되었고, 그 중심이 갈리아 지역(프랑스)에서 독일 지역으로 이동되었다.

오토 1, 2, 3세에 이은 오토 왕조(작센)의 마지막 왕인 하인리히 2세가 1024년 후계자 없이 죽자, 독일 제후들은 오토 1세 딸의 증손자인 잘리어 왕조의 프랑켄 공작 콘라트 2세를 독일 왕으로 선출하였다.

콘라트 2세(황제: 1024년~1039년)에 이어 그의 아들 하인리히 3세(황제: 1046년~1056년)도 오토 왕조의 제국 교회 정책을 이어받아 유력한 주교 영지를 직할령으로 만들며 왕의 영지를 확대하고, 독일 내부의 권력 기반을 공고히 하며 해외 원정을 통해 폴란드, 보헤미아, 헝가리를 복속시키고, 독일의 경계선을 도나우강까지 확장시켰다.

오토 1세에서 하인리히 3세까지는 신성로마제국과 황제의 전성기였고, 교황청은 황제의 보호 아래 있었다.

10세기 후반에 이르자 그동안 기승을 부렸던 노르만족 및 이슬람교도들의 침입도 점차로 약해지고, 장원제를 바탕으로 한 봉건제도가 발달하면서 유럽 사회는 전반적인 안정세를 보이기 시작하였다. 또 농업 생산력이 커지고 인구가 증가했으며 규모는 작지만 남은 농산물 처리를 위해 지방 단위의 시장이 생겨나고 도시가 교역의 중심지로서 부각되기 시작하였다.

교황청의 부흥 그리고 서임권 투쟁

　하인리히 3세가 1056년 39세의 젊은 나이에 사망하자 그의 아들 하인리히 4세(황제: 1056년~1105년)가 6살의 나이로 황제로 즉위하였고, 어머니 아그네스가 섭정하였다. 이때 교황 그레고리우스 7세가 교황이 되면서 성직자 임명권을 놓고 황제와 교황 간의 충돌이 벌어졌다.

　성직자는 한편으로는 교황 휘하의 성직자이면서 다른 한편으로는 황제의 봉신(영주)이었으므로 황제와 교황은 서로 주교와 수도원장 등 고위 성직자에 대한 자신들의 권리, 즉 서임권을 주장하였다. 그것은 경제적 이해관계와 권위 문제와도 연결되어 있었다.

교황 그레고리우스 7세는 1075년 로마에서 종교회의를 열고 황제의 서임권을 인정하지 않는다고 선언하였다. 이에 황제 하인리히 4세가 반발하였지만 황제와 이해관계가 상충하는 귀족들이 황제에게서 등을 돌리자, 하인리히 4세는 교황에게 항복하고 1077년 이탈리아의 북부 카노사성으로 찾아가 교황 그레고리우스 7세에게 용서를 구했다. 이것이 '카노사의 굴욕' 사건이다. 교황 권력이 황제 권력보다 우위에 서게 되는 전환기에 벌어진 상징적인 사건이었다.

하지만 이후 하인리히 4세는 독일에서의 권력 장악에 성공한 후, 1084년 로마를 탈환하여 교황을 폐위시키고 복수하였다.

이후에도 서임권 투쟁은 20여 년간 지속되다가 1122년 교황 칼릭스투스 2세와 잘리어 왕조의 마지막 황제 하인리히 5세(황제: 1111년~1125년) 사이에 '성직자의 서임권은 교황에게 있다'는 내용의 보름스 협약을 통해 일단락되었다.

이로써 그레고리우스 7세가 시작한 서임권 투쟁은 교황 쪽의 승리로 끝이 났다. 그럼에도 불구하고 서임권 투쟁은 계속되었다.

서임권 투쟁이 계속되자 1152년 독일 왕에 즉위한 호엔슈타우펜 왕조의 '붉은 수염왕' 프리드리히 1세(황제: 1155년~1190년)는 1153년 교황과 콘스탄츠 협약을 맺어 '황제는 교황의 교회 지배권을 인정하고 보호하며, 교황은 황제의 권위를 지지한다'는 원칙에 합의하였다.

이로써 프리드리히 1세는 서임권 문제에서 교황에게 원칙적 양보를 하는 한편 왕권 강화의 발판을 마련하였다.

독일 왕국의 분열과 독일 왕 시대의 끝

프리드리히 2세(황제: 1220년~1250년)는 독일의 대주교, 주교 등 성직자들을 자기편으로 끌어들이기 위해 1220년 그들에게 교회 영지 영역을 지배할 수 있는 권한을 주고 제후로 인정하겠다는 협약을 맺었다. 또 1231년에는 이러한 세속 제후들에게 대폭적인 권한을 부여하는 '제후의 이익을 위한 협정'을 체결하였다. 이로써 독일은 무수한 영방 국가로 분열되었다.

프리드리히 2세의 아들 독일 왕 콘라트 4세가 1254년 죽으면서 962년 이래 290여 년간 지속되었던 신성로마제국의 독일 왕 시대가 끝났다.

1095년부터 시작된 십자군 전쟁에 신성로마제국에서는 콘라트 3세가 제2차 십자군 전쟁에, '붉은 수염왕' 프리드리히 1세가 제3차 십자군 전쟁에, 프리드리히 2세가 제6차 십자군 원정에 참여하였다.

신성로마제국의 독일 왕 시대가 몰락한 것은 황제가 교황과 지나치게 불화를 겪은 데다 역대 황제들이 이탈리아 지방에 지나치게 집착하였기 때문이다. 특히 이탈리아 지역 시칠리아에서 태어난 프리드리히 2세는 시칠리아에 주재하며 통치의 기반은 이탈리아라고 생각하였고, 정작 독일 본토는 제후들에게 맡겨 버렸다. 그리고 교황과의 잦은 대립으로 여러 차례 파문을 당했고, 각지의 반란에 직면해야 했다.

독일 왕 시대의 신성로마제국은 중앙 유럽에서 발달한 다민족 영토 복합체이며 오늘날의 독일, 오스트리아, 이탈리아 북부, 헝가리, 체코, 스위스, 네덜란드, 벨기에 등을 포함하고 있다.

프랑크 왕국이 중앙집권을 향해 발달한 것에 비해 독일 왕 시대의 신성로마제국은 수백 개의 왕국, 공국 등의 영방 국가들로 이루어지게 되었다. 따라서 신성로마제국의 황제의 권력은 제한적이었고 여러 공작, 후작 등은 자신의 영토 안에서 독립적 지위를 누렸다.

대공위 시대

신성로마제국의 마지막 독일 왕 콘라트 4세가 1254년 죽자 신성로마제국은 1273년까지 19년간 신성로마제국 황제의 추대가 제대로 행해지지 않은 대공위 시대(1254년~1273년)를 맞이하였다. 대공위 시대는 명목상의 국왕만 있을 뿐 실질적인 지배자가 존재하지 않았던 시기를 말한다.

대공위 시대를 맞이하자 제후의 세력은 한층 신장되고 제국은 통일을 잃어 여러 영방으로 나뉘었고, 이익에 따라 이합 집산하는 성과 속 세력이 이른바 대립 왕을 선출하여 내부 혼란과 정치적 무질서가 극에 이르렀다.

이렇게 난국에 처하자 교회를 지켜 줄 황제의 장기간 부재라는 현실에 매우 불안을 느낀 교황 그레고리오 10세의 요청으로 3인의 대주교와 4인의 선제후들(라인 궁중 백작, 작센 비텐베르크 공작, 브란덴부르크 변경 백작, 보헤미아 왕)은 1273년 프랑크푸르트회의에서 제국의 세력 균형을 뒤흔들 만한 강력한 군주는 피한다는 원칙하에 당시 신성로마제국 변방에 위치한 보잘것없어 보이는 스위스 합스부르크 가문의 루돌프 1세를 독일 왕이자 신성로마제국 황제로 선출하였다.

이로써 신성로마제국은 19년간의 혼란스러웠던 대공위 시대를 끝내고 스위스 지역에 기반을 둔 합스부르크 왕가의 시대를 열었다.

십자군 전쟁

'카노사의 굴욕' 사건 이후 강력한 교황권을 바탕으로 유럽 세계가 이슬람 국가에 대한 반격을 가하게 되었다. 이것이 십자군 전쟁으로 나타났다.

11세기 중엽 중앙아시아를 장악한 셀주크튀르크(1040년~1157년)족이 예루살렘을 정복하면서 기독교의 성지인 예루살렘에 대한 성지순례를 방해하기 시작하였고, 또 셀주크튀르크족이 동로마제국을 위협하자 동로마제국의 황제 알렉시우스 1세가 교황 우르반 2세에게 지원을 요청하면서 1095년 십자군 전쟁(1095년~1291년)이 시작되었다.

교황 우르반 2세는 이번 기회에 신성로마제국 황제로부터의 위협을 떨치고, 또 1054년에 동서로 대분열되었던 동방교회(정교회)를 로마 가톨릭 관할권 아래로 통합시켜 교황의 권위를 높이고자 했다. 이러한 이유로 교황 우르반 2세는 십자군 원정 지원에 적극적이었다.

제1차 십자군 전쟁(1095년~1099년)은 프랑스 영주들이 주축이 되어 이탈리아 도시들의 영주와 귀족들의 도움을 받아 예루살렘으로 쳐들어가 그곳을 함락시키고 가톨릭 왕국인 예루살렘 왕국을 건설하였다.

또 십자군은 예루살렘 왕국을 보호할 기사단도 창설하였다. 순례자 보호를 목적으로 하는 템플기사단, 이교도들을 색출해 내는 튜턴기사단(독일기사단) 그리고 치료를 담당하는 성 요한기사단이 창설되었다. 예루살렘은 십자군 기사단의 보호 아래 기독교의 성지로 거듭났다.

12세기 들어 예루살렘 탈환을 성전으로 생각한 이슬람 세력권이 반격을 가하기 시작하자 프랑스 왕 루이 7세와 신성로마제국 콘라트 3세가 십자군을 조직하여 제2차 십자군 전쟁(1145년~1148년)을 시작하였으나 이슬람 세력에 의해 대패하였다.

또 이슬람 세계를 통합한 이집트와 시리아의 위대한 지도자 살라딘이 1187년 가톨릭의 예루살렘 왕국을 멸망시키자, 이에 성지를 탈환하고자 신성로마제국의 '붉은 수염왕' 프리드리히 1세, 영국의 '사자왕' 리처드 1세, 프랑스의 '존엄왕' 필리프 2세 등 당대 유럽의 내로라하던 군주들이 십자군을 결성하여 직접 제3차 십자군 전쟁(1189년~1192년)에 참여했으나 프리드리히 1세는 강을 건너다 물에 빠져 죽었고, 필리프 2세는 초기 전쟁에서 승리하고 철수해 버렸고, 영국의 리처드 1세는 홀로 고군분투하며 예루살렘을 차지하였으나 영국 왕위가 불안해지자 살라딘과의 협상을 통해 기독교인들의 예루살렘 순례를 허락받고 점령했던 땅을 돌려줌으로써 전쟁을 끝냈다.

이로써 제1차 십자군 전쟁으로 예루살렘을 탈환했고, 제2차 십자군 전쟁으로 다시 예루살렘을 빼앗겼고, 제3차 십자군 전쟁으로 기독교인들이 다시 예루살렘 성지순례를 하게 되었다.

이슬람 세력의 지도자 살라딘이 1193년 죽자, 13세기 초 교황권의 절정을 이룩한 강력한 교황 인노첸시오 3세는 신정정치를 실현하기 위한 첫걸음으로 예루살렘의 재탈환을 선택하였다.

인노첸시오 3세는 기독교 세력을 모두 동원해 가장 강력한 십자군을 만들고자 하였으나 각국의 왕들은 재정난 등 그동안 겪은 전쟁의 피로감으로 십자군을 기피하였다. 이에 프랑스의 일부 영주들만이 예루살렘 재탈환을 위해 나섰다.

이들의 1차 목표는 예루살렘이 아니라 이슬람 세력의 강자 이집트였다. 프랑스 십자군은 이집트로 가기 위해 베네치아로부터 식량과 배를 지원받아야 했고, 베네치아는 십자군에게 이 대가로 같은 기독교 세력이었으나 껄끄러운 관계였던 헝가리의 지배하에 있는 자라를 침공해 달라고 요청하였다. 이에 십자군은 자라를 침공해 도시를 약탈하고 파괴해 버렸다.

또 십자군과 베네치아는 1204년 동로마제국의 전 황태자인 알렉시오스 4세의 제안으로 역시 같은 기독교 세력인 동로마제국을 공격하였고, 알렉시오스 4세는 자신의 아버지로부터 재위를 찬탈한 큰아버지를 몰아내고 자신의 아버지에 이어 본인이 황제가 되었다. 그러나 알렉시오스 4세가 제안에 대한 대가를 지불하지 못하자, 십자군은 알렉시오스 4세를 폐위하고, 수도 콘스탄티노플을 처참하고 무자비하게 유린하였다. 이후 이집트에 대한 원정은 중단되었다.

이러한 십자군의 탈선행위는 십자군 운동의 본래 취지인 신앙심과는 거리

보다 더 알기 쉬운 유럽사 연대기

가 멀었고 결국 가장 추악하고 바보스러운 실패한 제4차 십자군 전쟁(1202년~1204년)이 되었다.

이로 인해 동방교회의 서방교회에 대한 불신은 더욱 커지면서 동서 교회의 분열은 더욱더 가속화되었다. 한편 십자군과 함께 동로마제국을 함락시킨 베네치아는 전리품으로 동로마제국의 많은 땅을 차지하며 향후 해상강국으로 떠오르게 되었다.

제4차 십자군의 탈선이 있은 지 8년 후인 1212년 성지 탈환을 위해 프랑스와 독일의 소년, 소녀들을 중심으로 '소년 십자군'이 결성되었다. 배를 타고 원정을 떠난 소년 십자군은 파도에 배가 난파되어 대부분 휩쓸려 사라졌고, 살아남은 소년 십자군은 나쁜 선주들에 의해 이집트로 노예로 팔아넘겨졌다. 이렇게 해서 소년 십자군 전쟁도 실패했다.

제5차 십자군 전쟁의 실패에 이어, 제6차 십자군 전쟁은 이슬람에 우호적인 호엔슈타우펜 왕조의 신성로마제국 마지막 황제인 프리드리히 2세(황제: 1220년~1250년)가 출전해서 전투를 치르지 않고 외교력으로 예루살렘을 탈환하여 예루살렘 국왕까지 되었다. 이는 1차 십자군 이후 두 번째로 성공한 십자군 원정이었다.

마지막 두 번의 7차, 8차 십자군 전쟁은 프랑스의 루이 9세에 의하여 시도되었으나 오히려 자신이 포로가 되어 막대한 포상금을 지불하고 풀려나는 등 별다른 성과를 거두지 못하고 1291년 가톨릭교도들의 마지막 보루 아크레(이스라엘 북부 항구도시)가 함락되자 마침내 십자군 전쟁은 종말을 고하게 되었다.

프랑스

프랑스 왕국의 시작, 카페 왕조

서프랑크 왕국이 소멸되면서 그 지역에 987년 로베르 가문의 위그 카페가 카페 왕조(987년~1328년)를 열며 본격적인 프랑스의 역사가 시작되었다.

왕조 초기에는 그 세력이 파리 주변에 한정된 작은 영토였으나 12세기 전반 루이 6세(재위: 1108년~1137년) 무렵부터 직할 지배령이 증가하여 왕권이 집중되기 시작하였다.

필리프 2세(재위: 1180년~1223년)는 제3차 십자군 전쟁(1189년~1192년)에 출전하여 예루살렘까지 갔으나 무더위와 건강상의 이유로 이내 곧 되돌아와 영국의 리처드 1세 그리고 그의 동생 존왕과 싸워 프랑스 내에 있는 아키텐 지역을 제외한 영국령들을 정복하며 영토를 최대로 늘렸고, 그동안 봉건주의적이었던 프랑스 왕국을 강력한 왕권 중심의 정치 공동체로 바꾸어 놓았다. 필리프 2세는 13세기 프랑스 대번영의 기초를 확고히 다진 왕이었고, 로마제국 초대 황제인 아우구스투스에 비견될 정도의 '존엄왕'이었다.

루이 9세(재위: 1226년~1270년)는 마지막 7, 8차 십자군 원정을 직접 이끌며 가톨릭적인 대의에 충실하면서 왕권을 중심으로 한 왕국의 통합을 이루어 냈다. 그의 치세 시 프랑스는 농업 생산량이 늘어나고 교역이 활발하게 전개되었으며 인구가 증가했다. 문화적으로는 고딕 양식의 건축물과 조각상들이 왕국 곳곳을 수놓았고, 파리대학은 서유럽 가톨릭 세계의 학문적 중심지로서 그 명성이 더해 갔다. 이러한 번영은 14세기 초 그의 손자 필리프 4세 때까지 지속되었다.

보다 더 알기 쉬운 유럽사 연대기

영국

　기원전 100년경 켈트족들이 영국섬에 들어와 이전 주민들을 정복하고 정착하면서 켈트족들의 시대(BC 100년~BC 55년)가 시작되었다. 켈트족은 원래 프랑스 남부 지방에 살던 유목민족으로 기원전 7~3세기에는 북유럽 대부분 지역에 정착하였다.

　켈트족이 흩어져 살고 있던 영국은 기원전 55년 로마의 카이사르의 침략으로 로마의 시대(BC 55년~410년)가 시작되었고, 47년 클라우디우스 황제 때 정식으로 속주가 되었다. 이때부터 영국은 로마로부터 파견된 총독에 의해서 통치되었고, 로마는 정복 이후 전 영토를 통괄하는 군사도로를 건설하고 도로 곳곳에 요새를 만들어 정규군을 주둔시켰다.

　고대 로마제국이 혼란을 거듭하며 4세기 후반부터 급격히 쇠퇴하자 367년경부터 대륙의 게르만족의 일족인 앵글로색슨족이 침입하였고, 결국 고대 로마제국은 410년 영국에서 물러났다.

　고대 로마제국과 함께했던 켈트족들이 침입한 앵글로색슨족들에 의해 쫓겨남으로써 도로와 도시가 퇴락해 갔고 정부체제와 라틴어 모두 사라져 버렸다. 그래도 고대 로마제국 시대에 전파된 기독교는 로마인이 떠난 후에도 살아남았다.

　영국은 410년부터 앵글로색슨족들의 시대(410년~925년)가 되었다. 그리고 9세기 후반 앵글로색슨 7왕국 중 하나인 웨섹스 왕국의 알프레드 대왕이 앵글로색슨족을 하나로 뭉치게 하여 수차례 바이킹족의 침입을 물리치고 사실상 영국을 통일하였다.

　알프레드 대왕이 899년 죽은 후 바이킹(노르만족)을 비롯한 이민족의 침입이 계속 이어졌고, 결국 925년 앵글로색슨족들의 시대가 끝났다. 이후 노르만 왕조가 세워지기까지 정복 왕조가 계속되었다.

영국 역사의 시작, 노르만 왕조

프랑스 서북쪽에 위치한 노르망디 공국 공작 윌리엄 1세는 1066년 영국을 침략하여 앵글로색슨족을 물리치고 노르만 왕조(1066년~1154년)를 세웠다. 이때부터 영국의 역사가 본격적으로 시작되었다.

정복왕 윌리엄 1세(재위: 1066년~1087년)는 국토를 왕령으로 선포하고 귀족들을 봉신으로 삼아 강력한 왕권에 입각한 봉건제를 수립하였고, 조세 징수를 위해 전 국토의 토지대장을 만들어 영국의 중앙집권체제의 토대를 만들었다. 이어 윌리엄 2세, 헨리 1세가 왕위에 올라 왕권을 강화하여 갔다.

플랜태저넷(앙주) 왕조와 십자군 전쟁 참여

헨리 1세가 사망하고 우여곡절 끝에 그의 외손자인 헨리 2세(재위: 1154년~1189년)는 1154년 프랑스 앙주 백작인 그의 부친의 성을 따 플랜태저넷 왕조(앙주)(1154년~1399년)를 열었다. 이로써 영국은 프랑스의 노르망디에 이어 앙주까지 영토를 넓혔다. 그는 유럽의 거의 모든 언어를 구사할 수 있었으며 지적인 토론을 즐겼고, 특히 역사와 문학에 관심이 깊었다. 또 그는 매우 활동적으로 나라를 통치하는 일에 전념하여 즉위한 지 반년이 채 지나지 않아 전임 왕 스티븐 시대의 혼란과 무질서에 종지부를 찍었다.

헨리 2세의 셋째 아들인 사자왕 리처드 1세(재위: 1189년~1199년)는 부왕을 상대로 반란을 일으켜 왕위에 올랐다. 그는 왕이 된 뒤 10년의 재위 기간 동안 영국에 머물렀던 기간은 6개월에 불과할 정도로 국민들은 전혀 돌보지 않았다. 그는 제3차 십자군 전쟁에 참전하여 주도적인 역할을 하며 수차례 전투에서 신화를 남겼지만 끝내 예루살렘은 탈환하지 못했다. 또 프랑스 왕 필리프 2세와 싸워 프랑스 내 영국령을 많이 빼앗겼다.

첫 헌법 마그나 카르타와 영국 의회의 시작

리처드 1세의 동생 존 왕(재위: 1199년~1216년)은 프랑스 왕 필리프 2세와의 전쟁에서 패하면서 프랑스 지역의 노르망디 공국을 비롯한 영국령을 프랑스에 다시 뺏기는 등 실정을 거듭하였다. 하지만 그는 1215년 왕에게서 세금을 거둘 권리를 크게 제한한 대헌장 마그나 카르타를 제정하여 선포하였다. 이는 영국의 첫 헌법이며 현대 민주주의의 주춧돌이 되었다.

이후 존왕의 장남 헨리 3세(재위: 1216년~1272년)가 독선과 실정을 거듭하자 그의 매부인 프랑스인 시몽 드 몽포르는 그를 체포하여 감옥에 가두었다.

권력을 쥔 시몽 드 몽포르는 1265년 영국 역사상 처음으로 각계각층의 대표들이 참여한 의회를 소집하였는데 이것이 영국 의회의 시작이며 오늘날 의회민주주의의 시초가 되었다. 그러나 그는 곧 헨리 3세의 아들 에드워드가 일으킨 반란으로 전사하였다.

▌러시아

키예프 공국

스칸디나비아반도에 살던 노르만족(바이킹)의 일파였던 루스족이 8세기 말부터 바다를 건너와 현 러시아 상트페테르부르크 인근 라도가 호수 주변에 정착하기 시작하였다. 이들은 차차 강을 따라 내륙으로 진출하며 현지 토착 슬라브족들을 정복하며 그 정착지를 넓혀 나갔다.

류리크 왕조의 류리크가 862년 루스인을 이끌고 노브고로드에 들어와 정착하였고, 그의 후계자인 올레크가 드네프르강을 따라 다시 남하해 882년 키예프를 정복하고 그곳에 키예프 공국을 세웠다. 키예프 공국은 루스족(노르만족)이 세운 러시아 최초의 국가이다.

키예프 공국은 11세기 중반까지 동로마제국과 발트해 지역을 잇는 교역을 중개하고, 북쪽의 백해에서 남쪽의 흑해에 이르는 지역의 슬라브인 부족들을 통합하여 크게 번성하였다.

하지만 동로마제국이 쇠퇴하면서 키예프 공국도 점차 쇠락하여 갔다. 십자군 전쟁 이후 흑해와 드네프르강을 잇는 교역로의 중요성이 낮아지고 지중해 무역국가들이 성장하였고, 11세기 말에는 흑해 연안에 살던 튀르크계 민족인 쿠만인들이 침공해 큰 혼란을 겪기도 했다. 류리크 왕조의 분할 상속 등으로 12세기에는 키예프 공국이 여러 공국으로 분열되면서 키예프 공국의 영토와 정치적 영향력은 크게 줄었다.

12세기 중반 이후 루스인들의 정치·문화 중심지가 점차 키예프에서 오늘날의 모스크바 일대로 바뀌어 갔고, 결국 키예프 공국은 1243년 몽골족의 침입으로 멸망하였다.

▌스페인

스페인은 40만 년 전 아프리카에서 이베리아반도 남동쪽으로 이주해 온 이주민들의 문명으로부터 시작되었다.

지중해 동안의 페니키아인들이 아프리카 북부에 세운 카르타고(튀니지)가 기원전 535년 코르시카의 알레리아 해전에서 스페인에 승리하면서 스페인은 카르타고의 속국(BC 535년~BC 146년)이 되었다.

카르타고는 로마와 기원전 3세기부터 거의 1세기에 걸쳐 벌인 세 차례의 포에니 전쟁에서 패배하면서 멸망하였고, 스페인은 또 로마의 속국(BC 146년~415년)이 되었다.

스페인에 가톨릭이 1세기 중엽 전래되었으나 본격적으로 가톨릭이 전파된 계기는 예수의 제자이며 스페인의 수호 성자인 사도 산티아고 덕분이었다.

초기 가톨릭의 전도는 토착 원시 신앙을 가진 이교도들의 거센 저항에 부딪혔으나 4세기 초부터 칙령에 의해 가톨릭이 공인되었고, 380년에는 공식적인 종교가 되었다. 가톨릭은 후일 이슬람교도들의 침략에 따른 이베리아반도의 국토회복운동(레콘키스타)에 크게 이바지하였다.

5세기 초 서로마제국이 쇠퇴하자 북쪽의 게르만족의 침입으로 서로마제국이 퇴각하면서 다시 스페인은 게르만족이 지배하게 되었다. 게르만족의 일족인 서고트족은 이베리아반도로 들어와 쇠퇴하던 로마를 몰아내고 415년 서고트 왕국(415년~711년)을 세웠다.

서고트 왕국은 왕위 세습제가 확립되지 않아서 왕위 계승 문제로 혼란에 빠지게 되었고, 이렇게 내부의 갈등이 심해지면서 711년 이슬람 세력의 침입으로 붕괴되었으며, 이때부터 스페인은 이슬람 세력들에 의해 지배받았다.

▌프랑크 왕국 멸망 후 이탈리아반도

9세기 들어 프랑크 왕국이 분열되었고, 분열되었던 이탈리아반도 지역의 중프랑크 왕국이 875년 소멸되자, 반도 북부에 베렝가리오 1세가 887년 이탈리아 왕국(887년~961년)을 세웠다. 그러나 이탈리아 왕국은 961년 독일 왕 오토 1세에 의해 정복되었고, 962년 오토 1세가 신성로마제국 황제가 되면서 이탈리아반도 북부는 신성로마제국의 일부가 되었다.

한편 노르만족들은 이슬람 세력을 물리치고 시칠리아섬과 반도 남부에 시칠리아 백국을 세운 데 이어 1130년 시칠리아 왕국을 세웠다. 그리고 반도 북동부에 위치한 베네치아 공화국은 동로마제국의 지배로부터 1082년 완전히 독립하였다.

중세 신성로마제국
합스부르크 왕가 시대

유럽이 중세 후기로 들어가면서 신성로마제국은 혼란스러웠던 대공위 시대를 끝내고 합스부르크 가문이 지배하기 시작하였고, 프랑스의 필리프 4세는 선대가 이루어 놓은 중앙집권적인 강력한 왕권을 바탕으로 국가 체제를 형성시켜 나갔다. 영국은 그동안 왕족이나 귀족들 대부분이 프랑스 왕족들과 혈연관계에 있었으나 에드워드 1세 때에 이르러 점차 영국화되기 시작하였다. 그리고 영국과 프랑스 사이에 1337년 프랑스 왕위계승전쟁인 백년전쟁이 일어났다.

　이슬람 세력에 의해 지배받고 있던 스페인은 북쪽 가톨릭 국가들에 의해 국토회복운동을 진행하였고, 러시아 지역의 키예프 공국은 몽골족에 의해 1243년 멸망되면서 몽골족이 세운 킵차크한국의 지배를 받게 되었다.

　중세 유럽은 십자군 전쟁과 백년전쟁의 연이은 전쟁으로 봉건제도의 기반이었던 기사 세력이 쇠퇴하고 교황의 권위가 실추되면서 교황권과 황제권을 대신해 왕권이 강화되기 시작하였다. 이렇게 봉건제도가 흔들리면서 유럽의 중세가 끝나 갔다.

　여기에 백년전쟁 중 발생한 흑사병(1347년~1353년)은 유럽의 인구를 현저히 감소시키면서 중세 유럽의 붕괴 과정을 더욱 단축시켰다. 결국 유럽의 중세도 1453년 백년전쟁의 종식과 함께 끝났다.

　한편 이슬람 세력의 공격을 막으며 서유럽의 방패가 되었던 동로마제국도 같은 해인 1453년에 오스만튀르크족에게 함락당하면서, 1453년은 중세와 근대를 가르는 분기점이 되었다.

　　　　　　　　보다 더 알기 쉬운 유럽사 연대기

중세 유럽은 동로마제국이나 이슬람 세계에 비해서 문화적으로 뒤떨어져 있었고, 민족 이동기의 혼란과 무질서 상태 때문에 암흑시대라고 불리기도 하지만 봉건제와 가톨릭을 축으로 발전하였다.

신성로마제국

합스부르크 왕가 시대의 시작

스위스의 작은 마을에서 시작한 합스부르크 가문의 루돌프 1세가 1273년 독일 왕이자 신성로마제국 황제가 되면서 신성로마제국은 대공위 시대를 마감하고 합스부르크 왕가 시대를 본격적으로 시작하였다.

루돌프 1세(황제: 1273년~1291년)는 로마 가톨릭과의 관계 개선을 추구하면서 자신의 지위를 이용하여 세속 선제후들과 정략결혼을 통해 가문의 영지를 적극적으로 확장해 갔다.

합스부르크 왕가의 본거지, 오스트리아

루돌프 1세는 1278년 뒤른크루트 전투에서 보헤미아의 오타카르 2세를 물리치고 보헤미아의 관할 아래 있던 오스트리아 공국을 접수하였고, 그의 장남 알브레히트 1세에게 넘겨주었다. 이로써 합스부르크 왕가는 오스트리아에 근거지를 마련하였고, 추후 오스트리아는 합스부르크 왕가의 본거지가 되었다.

합스부르크 왕가의 단절 그리고 부활

알브레히트 1세(황제: 1298년~1308년)는 1283년 오스트리아 공국의 단독 통치자가 되어 왕가의 권력 강화에 맞서는 빈 시민들의 무장 봉기를 진압하며 자신의 통치 권력을 강화하는 데 성공했다. 그러나 그는 1308년 상속 문제로 불만을 품은 조카에 의해 암살당했다.

이후 합스부르크 왕가는 신성로마제국 황제를 130년간 배출하지 못하였고, 신성로마제국 황제위는 룩셈부르크 가문과 비텔스바흐 가문이 이어 갔다.

보헤미아(체코) 룩셈부르크가 카를 4세(황제: 1355년~1378년)는 1356년 '황제는 3명의 대주교와 4명의 선제후에 의해 선출된다'는 금인칙서를 제정하여 신성로마제국 황제 선출에 대한 규정을 문서화했다. 이로 인해 황제의 선출권을 가진 선제후들에게 사실상 자신의 영지를 독립국가처럼 다스릴 수 있도록 특권이 부여되었고, 이것은 나중에 독일의 분열을 가져오는 원인이 되었다.

룩셈부르크가의 마지막 황제 지기스문트(황제: 1433년~1437년)는 자신의 본거지인 보헤미아에서 종교개혁의 선구자인 얀 후스를 불태워 죽이는 등 전대미문의 혼란을 불러일으켰으며 적자를 남기지 못하고 1437년 사망하였다. 이어 그의 사위인 합스부르크 왕가의 알브레히트 2세가 황제로 선출되었다.

이로써 카를 4세가 꿈꾸었던 룩셈부르크가의 영원한 신성로마제국의 황제 세습은 끝이 났고, 합스부르크 왕가는 알브레히트 1세가 1308년 사망한 이후 130여 년 만에 다시 황제위를 계승할 수 있었다.

프랑스

필리프 4세의 왕권 강화와 아비뇽 유수

필리프 4세(재위: 1285년~1314년)는 할아버지 루이 9세 때 성립된 제도를 이용하여 국가 체제를 잡아 갔고, 중앙집권을 위한 제도를 정비함으로써 프랑스가 강대국으로 발전할 수 있도록 초석을 닦았으며 강력한 왕권을 행사하였다. 또 국왕의 영지를 넓히기 위해 프랑스 내에 영지를 가지고 있는 영국 세력을 내몰고자 영국의 에드워드 1세와 전쟁을 시작하였다.

그는 전비를 충당하기 위해 1302년 사제, 귀족, 평민을 3부 대표로 하는 왕의 자문 기구인 삼부회를 소집하여 교회에 대한 과세를 시도하면서 교황 보니파시오 8세와 심각한 갈등을 일으켰다.

이후 우여곡절 끝에 프랑스 출신 클레멘스 5세가 교황이 되었고, 1309년 9월 교황청이 로마에서 아비뇽으로 옮겨지는 '아비뇽 유수'가 일어났다. 왕권이 교황권 위에 서는 순간이었다. '아비뇽 유수'는 이후 70년간 지속되었으며 이 기간 동안 가톨릭은 프랑스 왕권에 완전히 장악되었다.

필리프 4세는 또 왕권 강화를 위해서는 경제력 확보가 우선이라 생각하고, 당시 상당한 재산을 가진 유대인과 십자군 전쟁 동안 엄청난 부를 축적한 템플기사단에 눈을 돌렸고, 결국 유대인들을 국외로 추방시키고 템플기사단을 해체하여 그들의 재산을 몰수하였다.

필리프 4세는 이렇게 영지를 확장하고 재정을 튼튼히 하며 왕권을 중심으로 한 통일 체제를 갖추어 나갔다. 하지만 그가 1314년 낙마 사고로 사망하자 그의 세 아들들이 왕위를 계승했지만 오래가지 못했고, 왕위 계승의 위기를 맞이하면서 결국 카페 왕조는 1328년 막을 내렸다.

한편 1309년 시작된 '아비뇽 유수'는 70여 년이 지난 1377년 샤를 5세(재위: 1364년~1380년) 때 교황 그레고리오 11세에 의해 교황청을 다시 로마로 이전하며 끝이 났다.

그러나 교황 그레고리오 11세가 1378년 죽은 뒤 로마와 아비뇽에서 각각 교황이 즉위하면서 교회가 대분열되었고, 가톨릭은 '아비뇽 유수 시대'에 이어 '교회의 대분열 시대'(1378년~1417년)를 맞이하였다.

우여곡절 끝에 1417년 마르티누스 5세가 교황으로 선출되면서 '교회의 대분열'은 40여 년 만에 막을 내렸으나 교회와 교황의 권위는 말할 수 없이 손상을 입었다.

프랑스 왕위계승전쟁, 백년전쟁

카페 왕조의 마지막 왕인 필리프 4세의 막내아들 샤를 4세가 직계 없이 사망하자, 그의 사촌 형제인 필리프 6세가 1328년 왕위에 올라 카페 왕조의 방계인 발루아 왕조를 열었다.

이에 샤를 4세의 외조카인 영국 왕 에드워드 3세가 본인이 프랑스 왕위 계승자가 되어야 한다고 주장하며 필리프 6세(재위: 1328년~1350년)의 왕위 계승에 대하여 이의를 제기하였다.

프랑스와 영국은 이전부터 프랑스 지역 내에 있는 영국 소유의 가스코뉴 지방과 영국 양모의 주요 시장이었던 플랑드르 지방의 영토 문제로 다툼이 그치지 않았는데, 영국 왕 에드워드 3세가 프랑스 경제를 혼란에 빠뜨리기 위하여 플랑드르 지방에 수출해 오던 양모 공급을 중단하자, 프랑스 왕 필리프 6세가 프랑스 내의 영국 영토이자 포도주 주산지인 가스코뉴 지방을 몰수해 버렸다. 이에 에드워드 3세가 1337년 프랑스 왕위를 요구하며 필리프 6세에게 선전포고를 하면서 백년전쟁(1337년~1453년)이 시작되었다.

전쟁 초반인 1339년 두 나라 사이의 바다에서의 전투와 1346년 노르망디 상륙을 통해 시작된 육지에서의 전투 모두 영국군이 대승을 거두었다. 그러나 1347년부터 흑사병이 대유행하자 전쟁은 일시 중단되었다.

전쟁은 1356년 재개되었고 이때 영국군은 에드워드 3세의 아들 흑태자 에드워드의 활약으로 프랑스 필리프 6세에 이어 왕위에 오른 장 2세를 포로로 잡는 등 또 대승을 거뒀다. 이후 전쟁은 한동안 소강상태가 되었다.

영국의 헨리 5세는 1415년 프랑스의 격심한 혼란 상태를 틈타 프랑스 아쟁쿠르 전투에서 프랑스군을 격파하고 프랑스의 샤를 6세와 프랑스 왕위계승권에 대한 '트루아 조약'(영국 왕 헨리 5세가 프랑스 왕 샤를 6세의 딸 캐서린과 결혼함으로써 프랑스의 왕위계승자가 되는 것을 확인받음)을 체결하였다.

그러나 1422년 프랑스 샤를 6세와 영국 헨리 5세가 잇따라 사망하자 생후 9개월밖에 되지 않은 영국 헨리 6세(헨리 5세와 샤를 6세의 딸 캐서린의 아들)가 영국과 프랑스 왕위를 겸하는 상태가 되었다. 이에 프랑스는 1422년 '트루아 조약'의 무효를 선언하였다.

이에 다시 영국은 프랑스 전체를 지배할 목적으로 대군을 이끌어 오를레앙을 포위하였다. 프랑스군의 거듭되는 패전에 프랑스의 운명은 그야말로 풍전등화 격이었다. 이때 기적과도 같이 나타난 것이 성녀 잔 다르크였다.

1428년부터 오를레앙에 대한 영국군의 총공격이 시작되어 그 주변의 성이 함락되고 보급로도 차단된 채 오를레앙은 고립 상태에 있었다. 이때 잔 다르크는 오를레앙 구출을 위한 출정에 앞장섰다. 잔 다르크 일행이 오를레앙에 도착하자 프랑스군의 사기는 충천했고 이 기세를 놓치지 않고 영국군을 공격하였다. 이 필사적인 결전에서 영국군은 패퇴하면서 오를레앙의 포위망이 뚫렸다. 이 전투의 승리로 프랑스는 역전의 전기를 마련하게 되었다.

그로부터 1년여 후 영국군은 전열을 가다듬고 영국에 우호적이었던 부르고뉴 공국(프랑스 왕국 내 공국이었으나 프랑스 왕국 이상의 부를 지니고 있어 프랑스 왕국에 비우호적이었음)과 다시 결탁하여 콩피에뉴를 공격했다. 이 전투에서 부르고뉴군은 잔 다르크를 붙잡아 영국군에게 팔아넘겼다. 그리고 잔 다르크는 마녀로 몰려 재판에 회부되어 화형에 처해졌다.

그러나 잔 다르크가 화형당한 이후의 전세는 프랑스에 유리하게 전개되었다. 프랑스 왕 샤를 7세(재위: 1422년~1461년)는 부르고뉴 공국과 화해하고 힘을 합쳐 영국군이 점령하고 있던 성과 도시를 하나씩 함락시키고 1450년에는 프랑스 북서부 지역에 위치한 노르망디에서 승리를 거두었고 1452년에는 가스코뉴 지방의 보르도에서 결정적인 승리를 거두어 영국의 기세를 완전히 꺾어 기나긴 백년전쟁도 1453년에 끝났다.

프랑스는 이 전쟁의 승리로 칼레를 제외한 영국이 지배하고 있던 프랑스 지역 내 전 영토를 되찾았다.

이로써 1066년 프랑스 노르망디 공작 윌리엄의 영국 원정으로 시작된 영국 왕과 프랑스 왕 사이에 4백여 년간 이어 온 지독한 인연의 빌미가 모두 청산되었다.

백년전쟁으로 영국과 프랑스 양국 모두 기사층이 몰락하고 조세 제도의 확립과 관료제의 출현으로 왕의 세력이 커지면서 봉건시대가 무너졌다.

성녀 잔 다르크

프랑스의 국민적 영웅이자 로마 가톨릭교회의 성인이며 오를레앙의 성처녀라고도 불린다. 프랑스 북동부 지방 동레미에서 농부의 딸로 태어난 잔 다르크(1412년~1431년)는 17세의 나이에 프랑스를 구원하라는 하나님의 계시를 받아 백년전쟁에 참전하여 프랑스군을 승리로 이끌었다. 나중에 부르고뉴 시민들에게 사로잡혀 현상금과 맞바꾸어 영국군에 넘어가게 되었고, 영국은 잔 다르크를 재판장에 세워 반역과 이단의 혐의를 씌운 후 화형에 처하였다. 그녀의 나이 19세였다.

그로부터 25년 후 종교재판소가 잔 다르크에 대한 심사를 재개하여 그녀에게 내린 혐의는 모두 무혐의이며 따라서 무죄라고 최종 판결을 내렸다. 그리고 그녀를 순교자로 선언하였다.

공포의 흑사병

1346년경에 크림반도(우크라이나 남쪽) 남부 연안에서 생겨나 흑해를 거쳐 지중해 항로를 따라 1347년에 이탈리아를 강타한 흑사병(1347년 ~1353년)은 1348년에는 프랑스 전체를 휩쓸었고, 1349년에는 영국 전체를 공포에 몰아넣었다. 그리고 1350년에는 북부 유럽을 거쳐 아이슬란드나 러시아에까지 이르렀고, 1353년까지 이어졌다. 이렇게 흑사병이 빠르게 퍼진 이유는 당시 활발한 무역에 의한 잦은 왕래와 도시의 비위생적인 환경 때문이었다.

수년간에 걸친 흑사병의 유행은 전 유럽에 엄청난 결과를 몰고 왔다. 유럽 인구의 삼 분의 일이 감소하였으며 그 이후에도 전염병이 심심치 않게 발생하여 1400년경 유럽 인구는 흑사병의 발생 이전에 비하여 거의 절반으로 줄었다.

결국 흑사병은 유럽의 인구를 현저히 감소시키고 또 유럽인들의 사기를 전반적으로 저하시키는 데 결정적인 역할을 하며 중세 유럽의 붕괴 과정을 더욱 단축시켰다.

▌영국

영국 최초의 국민적인 왕, 에드워드 1세

에드워드 1세(재위: 1272년~1307년)는 왕세자 시절인 1271년 십자군 전쟁 원정 중 아버지 헨리 3세가 서거하자 왕위에 올랐다. 그는 대내적으로는 영국 중앙집권화의 기반을 마련하였고, 본격적으로 영국 의회를 창설하여 그 기초를 닦았으며, 대외적으로는 웨일스를 침략하여 영국에 복속시켰다.

헨리 3세 때까지는 영국 왕족이나 귀족들 대부분이 프랑스계로 사실상 영국인이라기보다는 오히려 프랑스인에 가까웠으나 에드워드 1세가 왕위에 올랐을 즈음 영국 소유의 프랑스 봉토가 크게 줄어들고 또 왕족과 귀족들도 점차 영국화되기 시작하였다. 이로써 에드워드 1세는 1066년 노르만 정복 왕조 이래 영국 최초의 국민적인 왕이라 불린다.

백년전쟁의 시작

에드워드 2세에 이어 왕위에 오른 에드워드 3세(재위: 1327년~1377년)는 할아버지 에드워드 1세의 유업을 이어받아 왕권과 국력 신장에 주력하였다. 또 대외적으로는 스코틀랜드에 쳐들어가 영국에 복속시켰고, 프랑스와 1337년 프랑스 왕위계승전쟁인 백년전쟁을 시작하여 존왕 때 잃어버린 프랑스 서남부와 칼레의 영유권을 되찾았다.

백년전쟁 당시 그의 아들 흑태자 에드워드의 활약이 대단했다. 그러나 흑태자는 오랜 전투로 몸은 쇠약해지고 지병이 악화되어 일찍 사망하였다.

흑태자 아들인 리처드 2세(재위: 1377년~1399년)는 1381년 일어난 농민의 난을 무자비하게 진압하는 등 공포정치를 하였고, 이후 의회와의 충돌로 의회파의 우두머리 격인 5인의 청원파들을 투옥, 살해, 추방하는 등 공포정치를 강화해 갔다.

이러한 불안한 정국 속에서 리처드 2세가 1399년 아일랜드를 방문하는 틈을 노려 프랑스로 추방되었던 그의 삼촌 곤트의 존의 아들 헨리가 돌아와 공포정치의 화신이었던 리처드 2세를 폐위시키고 1399년 헨리 4세로 왕위에 올랐다. 이로써 영국은 플랜태저넷 왕조가 끝나고 랭커스터 왕조가 시작되었다.

영국 의회

에드워드 1세는 시몽 드 몽포르가 1265년에 도입했던 의회제도 개념을 수용하여 1275년과 1285년에 걸쳐 법령으로 성문화하고 1295년 모델의회라는 제도를 도입하면서 본격적으로 영국 의회를 시작하였다.

에드워드 3세는 상원, 하원의 기초를 닦았으며 14세기 후반에는 상원, 하원의 양원제가 채택되었고, 15세기 들어서면서 크게 발전하였다.

영국 의회는 프랑스의 삼부회와 달리 지방의회 없이 전국적인 의회만 존재하였고 하급귀족들의 진출이 활발하였다.

랭커스터 왕조와 백년전쟁의 종결

리처드 2세로부터 왕위를 찬탈한 헨리 4세에 의해 개창된 랭커스터 왕조(1399년~1461년)는 60여 년의 통치기에 3명의 군주를 배출했으며, 왕위 찬탈로 가문을 세웠기 때문에 군주들은 각기 왕조의 정통성을 세우는 데 매진했다.

헨리 4세(재위: 1399년~1413년)는 대내외 반란 진압과 안정성 확보에, 헨리 5세(재위: 1413년~1422년)는 백년전쟁 중 대프랑스전을 통한 국력 결집과 왕조의 명예에, 헨리 6세(재위: 1422년~1461년, 1470년~1471년)는 교육과 종교적 유산 확보에 힘을 쏟았다.

헨리 6세는 백년전쟁 막바지 전투에서 패배하면서 영국이 가지고 있던 프랑스 서북부 지역의 칼레를 제외한 거의 모든 지역을 프랑스에 넘겨주고 1453년 백년전쟁을 끝냈다.

영국은 백년전쟁이 끝난 후 곧이어 1455년 피비린내 나는 동족 간의 내전인 장미전쟁이 일어났다.

▌러시아

킵차크한국(몽골)의 시대

몽골족이 1243년 키예프 공국을 점령하고 남러시아 킵차크 초원 일대에 킵차크한국을 세웠다. 킵차크한국(1243년~1480년)은 루스 지역에 자리 잡고 있던 여러 공국들을 속국으로 편입하였고, 루스인들은 일정 부분 자치를 인정받는 대가로 공물과 나아가 필요시 군대까지 지원해야 했다.

킵차크한국은 신흥 강자로 부상하고 있는 모스크바 공국의 이반 1세(재위: 1325년~1340년)에게 대공의 지위를 부여하고, 루스 공국들의 효과적인 지배를 위해 다른 공국들에게서 공물을 징수할 수 있는 권한을 주었다. 이로 인해 모스크바 대공국은 더욱 빠르게 성장하여 갔다.

모스크바 공국(1283년~1547년)은 류리크 왕조의 알렉산드로비치가 1283년 모스크바를 수도로 하며 건국하였다.

모스크바 대공국의 성장과 독립

킵차크한국은 14세기 중반에 들어 흑사병이 유행하고, 1360년 이후 20여 년간 대혼란을 겪게 되었다. 이런 상황에서 모스크바 대공국이 점차 세를 키워 가면서 킵차크한국의 영향력에서 벗어나려 하였다.

모스크바 대공 이반 3세(재위: 1462년~1505년)는 1478년 노브고로드 공화국을 합병하는 등 팽창 정책을 펼쳤고, 마침내 모스크바 대공국은 1480년 킵차크한국으로부터 분리 독립하였다. 이로써 240여 년의 몽골의 시대도 끝났다.

스페인

이슬람 왕국과 레콘키스타

　동고트 왕국을 물리친 이슬람 세력에 의해 지배된 스페인에서는 정복 초기에 이슬람교도들 사이의 알력이 끊이지 않았고, 스페인에 이미 정착해 있던 토착 귀족들의 세력이 여전히 남아 있어 이슬람교도의 통치력이 반도 전체에는 미치지 못했다. 스페인은 중부와 남부는 이슬람교도들이 지배하는 이슬람 국가로, 북부 산악지대는 기독교인들이 지배하는 가톨릭 국가로 나뉘게 되었다.

　이슬람 왕국(711년~1492년)으로는 코르도바의 안달루시아 왕국에 이어 세비야의 아바스 왕국 그리고 끝으로 그라나다의 나스르 왕국이 세워졌다.

가톨릭교도들은 722년부터 이슬람교도들을 축출하기 위한 국토회복운동 (레콩키스타)을 시작하였다. 북부 산악지대에 세워진 최초의 가톨릭 왕국인 아스트리아 왕국은 레콩키스타로 영토를 계속해서 확대해 나갔다. 11세기에는 가톨릭 세력들이 여러 개의 백작령과 왕국들을 세워 이슬람 세력과 대치하였고, 12세기에는 카스티야-레온 왕국, 아라곤 왕국, 나바라 왕국 등 가톨릭 왕국들이 세워졌다.

결국 가톨릭 국가들인 카스티야 왕국의 이사벨라 여왕과 아라곤 왕국의 페르난도왕은 1492년 이슬람교도들의 마지막 왕국인 그라나다의 나스르 왕국을 정복하고 이슬람 세력을 축출하였다. 이로써 비로소 스페인은 이슬람 세력의 800여 년의 지배가 종식되었고, 통일된 가톨릭 국가로 거듭나게 되었다.

카스티야의 이사벨라 여왕과 아라곤의 페르난도왕이 결혼함으로써 두 왕국이 통합되었으며 그로 인해 중세에 스페인에 있던 모든 가톨릭 왕국들이 통합되는 계기가 되었고, 그 힘으로 스페인에서 이슬람 세력을 종식시킬 수 있었다.

스페인은 이슬람 지배 시기에 이슬람 왕국과 가톨릭 왕국들이 수많은 전쟁을 치르고 때로는 화해하며 발전해 나갔고 그 과정에서 유럽에서 유일무이한 독특한 문화를 형성했다. 개방과 포용 정책을 펼쳤던 이슬람 왕국에서는 이슬람교는 물론 기독교, 유대교가 어우러진 문화가 형성되었다.

▌이탈리아반도

962년부터 신성로마제국의 지배를 받고 있던 이탈리아반도 북부에 11세기에서 14세기에 걸쳐 과거 고대 로마 공화정을 모델로 밀라노 공국, 피렌체 공화국, 제노바 공화국 등 여러 도시국가들이 생겨나기 시작하였고, 이 도시국가들은 신성로마제국의 영향력 아래 사실상 독립적인 도시국가로서 발전하여 갔다.

1454년 피렌체 주도 아래 북부의 베네치아, 밀라노, 중부의 교황령, 남부의 나폴리(시칠리아 왕국과 동군연합) 등 다섯 개 도시국가들이 이른바 상호 방위 조약인 이탈리아 동맹을 결성하였고, 이후 이 동맹은 1494년 이탈리아 전쟁이 일어날 때까지 지속되었다.

한편 노르만족이 시칠리아섬과 반도 남부에 세운 시칠리아 왕국은 후계가 단절되면서 1194년부터 신성로마제국이 지배하였고, 또 왕위가 단절되자 1266년부터 프랑스 앙주 가문이 지배하였다. 또 1282년 시칠리아 만종 반란으로 스페인 아라곤 왕국이 앙주가를 몰아내고 스페인 지배 시대를 열었다.

시칠리아섬에서 물러난 프랑스 앙주가는 1302년 이탈리아반도 남부에 나폴리 왕국(1302년~1443년)을 세웠다. 그런데 스페인 아라곤 왕국의 왕이며 시칠리아 왕국의 왕인 알폰소 5세가 1443년 나폴리 왕국을 침공하여 동군연합의 양시칠리아 왕국을 성립시켰다.

▍중세 유럽 몰락의 시작과 근대 유럽의 태동

11세기 말부터 시작된 십자군 전쟁은 약 200여 년 후 끝이 났다. 그동안 전쟁에 참여한 제후들과 기사들은 전쟁 비용을 조달하느라 가산을 탕진하였고, 사망하고 부상에 시달리면서 세력이 현저히 약해졌으며, 이로 인해 봉건 제도의 기반이 흔들리게 되었다. 또 전쟁의 실패로 일반 신도들은 더 이상 신이나 성직자를 절대적인 존재로 보지 않았으며 더욱이 교황 권위의 하락으로 인해 교회의 위신이 치명적인 손상을 입게 되었다.

이와 같이 지금까지 중세 유럽을 떠받치고 있던 두 기둥 중 하나이자 경제적인 기반이었던 봉건제도가 흔들리고, 또 하나의 기둥이자 정신적 지주였던 가톨릭 세력이 약화되면서 전 유럽에 걸쳐 중세의 몰락이 시작되었다.

또 14세기 중반에 유행했던 흑사병, 기근 그리고 잦은 전쟁 등으로 인구가 현저히 감소하고 농촌이 황폐해지자 농민들의 반란이 이어졌고, 도시에서도 12, 13세기에 이르러 상공업이 발달함에 따라 많은 재산을 축적한 자본가들은 당시 통일 국가로서의 왕권을 강화시키고자 했던 유럽의 국왕들과 결탁하여 봉건 영주들의 세력을 약화시켰다.

이러한 현상은 영국과 프랑스의 백년전쟁(1337년~1453년)에 의해서 더욱 촉진되어 귀족들은 약해졌으며 교황권도 쇠퇴해 갔고, 상대적으로 왕권이 강력해져 갔다.

1453년 백년전쟁이 끝나면서 중세 유럽도 끝이 났다. 마침 동로마제국도 같은 해인 1453년 멸망하였다.

중세 유럽의 문화

중세 유럽의 문화는 그리스도교의 교리와 가치관이 지배하는 그리스도교 문화였다. 이 시기에는 모든 것이 신에 의해 설명되었기 때문에 인간과 자연에 대하여 어떠한 자유로운 해석도 허락되지 않았고, 인간성에 대한 이해나 개성의 창조력에 대해서도 무관심한 시대였다. 오직 그리스도적 전통과 신의 권위만을 강조하는 신학만이 발전했으며 교육은 물론 건축, 문학, 미술 등도 그리스도적 범주 안에서만 발달하였다.

중세 유럽에서의 철학은 신학의 시녀였다. 한마디로 신학이 모든 학문 중에 으뜸이었다. 그리고 신을 우선으로 여겼던 중세에 여러 가지 지식을 다뤘던 사람은 성직자들뿐이었다. 그러나 11세기 말부터 200여 년에 걸쳐 일어 났던 십자군 전쟁 이후 이슬람의 수학, 과학과 그리스의 철학이 들어오면서 학문이 다양해졌고, 그리스도교 신학에 영향을 주었다. 그래서 스콜라 철학 이 발달하였다. 스콜라 철학은 그리스도교 신앙을 학문적으로 정리하고자 했 던 중세 유럽의 철학이었다.

교회와 수도원 등에서만 하는 학문은 연구와 교육의 한계가 있어 대학이 세 워지게 되었다. 이때 80여 개의 대학이 세워지게 되었는데 볼로냐대학, 파리 대학, 살레르노대학, 옥스퍼드대학 등이 있다. 이들 대학에서 공부한 학생들 은 교사, 법률가, 성직자, 관리가 되어 중세 문화 발전에 크게 기여하였다.

중세 유럽 초기 건축 양식으로는 로마네스크 건축 양식이 유행했는데 밖에 서 볼 때는 별다른 장식이 없고, 천장은 반원 모양의 무거운 돌로 만들어졌 다. 이러한 건축 양식은 매우 안정적이어서 교회나 수도원이 장엄해 보이도 록 해 주었다. '피사의 사탑'이 대표적인 건물이다.

13~15세기에 이르면 유럽의 북부를 중심으로 고딕 양식이 발달한다. 신 에게 가까이 닿으려는 소망으로 기둥은 가늘고 지붕은 하늘을 찌를 듯 높게 만들어졌고, 나아가 그 위에 뾰쪽한 철탑까지 세우고, 창문을 많이 만들었 다. 또 창문에 스테인드글라스로 화려한 그림을 장식하여 그 색을 뚫고 들어 온 빛이 교회 안을 다양한 색으로 비추어 신비스러운 느낌까지 주게 하였다. 대표적인 건축물이 '노트르담 대성당'이다.

문학으로는 성경, 전설, 서사시, 신학서 등이 있다. 성경은 그리스도교의 경전으로 중세 유럽 문학의 중요한 토대가 되었다. 전설은 역사적 인물이나 사건을 바탕으로 한 이야기이며 중세 유럽의 민중 문화를 반영하고 있다. 서 사시는 영웅의 모험을 그린 이야기로 중세 유럽 문화의 문학적 걸작으로 평 가받고 있다. 신학서는 그리스도교 교리를 설명한 책으로 중세 유럽의 지식 과 사상을 반영하고 있다. 작품으로는 기사들의 충성심과 영웅담을 그린 〈아서왕 이야기〉, 원시 게르만족의 전설을 노래한 〈니벨룽겐의 노래〉, 카를 대제와 기사들의 무훈을 그린 〈롤랑의 노래〉 등이 있다.

예술은 종교적 주제를 주로 다루었는데, 회화는 성경의 장면이나 종교적인 이야기를 주제로 한 그림이 많고, 조각은 성당이나 교회의 장식물로 사용되었으며 성인이나 천사 등의 형상을 표현하였고, 공예는 금속, 세공, 목공, 유리 공예 등이 발달하였으며 종교적인 용품이나 장식품으로 사용되었다.

▌동로마제국(비잔틴 제국)

유럽과 소아시아의 경계선에 있는 비잔틴은 원래 고대 그리스의 식민지였다. 로마 황제 콘스탄티누스가 330년 비잔틴으로 수도를 옮겨 황제의 도시라는 뜻에서 콘스탄티노플이라 명명하고 동로마라는 새로운 영역의 중심이 되기 시작하였다.

로마제국은 395년 테오도시우스 황제가 죽으면서 동서로 나뉘었고, 동로마제국은 476년 서로마제국이 멸망한 이후 1453년 오스만튀르크에 의해 멸망할 때까지 천여 년을 더 유지하였다.

동로마제국은 정치적으로 로마의 이념과 제도를 이어받았고, 종교적으로 가톨릭을 국교로 삼았다. 문화적으로는 헬레니즘 문화를 기조로 했으며 언어, 문화, 생활 면에서 그리스의 전통을 많이 따랐다. 따라서 그리스를 중심으로 소아시아와 이탈리아 해안의 여러 섬들을 포함하여 강력한 중앙집권적 국가로 성장했다.

유스티니아누스 1세(재위: 527년~565년)는 재임 기간 북아프리카의 반달 왕국, 이탈리아반도를 지배하던 동고트 왕국의 나폴리, 로마 그리고 수도 라벤나를 비롯해 시칠리아, 사르데냐, 코르시카 등 지중해의 주요 섬들까지 점령함으로써 옛 로마제국의 전성기의 판도를 많이 회복하였다. 그리고 그는 동서로 분열된 교회를 통일하였고, 훗날 《로마법 대전》으로 불리는 법전을 편찬하였다.

악정을 펼치던 황제 포카스로부터 610년 재위를 찬탈한 헤라클리우스(재위: 610년~641년)는 622년 사산 왕조 페르시아 원정을 시작하여 페르시아 왕으로부터 화평을 요청받고 이집트, 시리아, 팔레스타인, 메소포타미아 등지를 비롯한 여러 지역을 반환받았으나, 마침 남쪽에서 발흥한 이슬람 세력에 의해서 다시 잇따라 상실하였다.

하지만 그는 중앙행정기구 개혁과 더불어 속주 행정에 군관구제를 도입하여 주둔 지역의 민정을 군사령관에게 맡기는 속주 행정의 군사화를 시도하여 동로마제국을 새로운 기초 위에 올려놓았다. 그는 또 공용어를 라틴어에서 그리스어로 바꾸었다. 그의 시대는 동로마제국의 전성기였다.

동로마제국은 이사우리아 왕조(717년~820년)에서 아모리아 왕조(820년~867년)에 이르는 약 150년간 역대 황제들의 성상파괴운동으로 최대의 종교적 내분을 겪었다.

성상파괴운동은 동로마제국을 양분시켜 내전을 초래했고, 이러한 운동은 동로마 황제의 간섭에서 벗어나고자 했던 로마 교황에게는 좋은 명분이 되었다. 여기에 정치적, 문화적 요인까지 겹쳐 결국 가톨릭이 동방 정교회와 서방 로마 가톨릭으로 서로 갈라서는 최초의 교회 분열로 이어졌다.

867년 마케도니아 왕조(867년~1056년)가 들어선 이후 동로마제국은 최전성기를 맞이하였다. 2세기에 걸친 마케도니아 왕조 시대에 제국은 군사적으로 눈부신 발전을 하였고, 동방의 속주에서는 상업이 크게 발전했으며 도시 내에서도 길드 조직의 발달과 무역로로 비단길을 확보했다.

11세기 들어 제국 동쪽에서는 1055년 페르시아를 멸망시킨 셀주크튀르크족이 득세하면서 이슬람의 보호자로 등장하여 동로마제국을 위협하기 시작하였고, 서유럽에서는 노르만족이 남부 이탈리아를 정복한 후 아드리아해를 건너 밀려들어 오며 동로마제국은 더 이상 버틸 수 없이 위기를 맞이하였다. 결국 동로마제국이 이탈리아에 있던 최후의 근거지를 잃음으로써 동방 비잔틴과 서방 로마 사이는 완전히 분열되었다.

그리고 동, 서 교회인 동방교회(정교회)와 서방교회(가톨릭)가 1054년 최종 분열되었다. 이러한 동서 교회의 최종적 분열은 종교적, 정치적으로 동로마제국에게는 일대 전환기를 의미했다.

이 분열 이후 로마 가톨릭은 11세기에 개혁을 단행해 교황청의 보편적 역할을 내세우면서 교리와 예식 면에서 동방교회와 양립할 수 없다고 선언하고 황제권보다 우위인 교황권을 내세워 세속정치를 펴 나갔다.

동로마제국은 이슬람 세력의 셀주크튀르크의 위협에 대응하고자 로마 교황청에 도움을 요청하였다. 이로 인해 십자군 전쟁이 시작되었다.

십자군 전쟁은 동로마제국의 요청으로 로마 교황청이 동로마제국을 이슬람 세력으로부터 보호하고자 일으킨 전쟁인데, 특히 제4차 십자군 전쟁(1202년~1204년) 이후 콘스탄티노플은 옛날의 위용을 잃고 더 이상 회복하지 못했다. 제4차 십자군 전쟁은 인노첸시오 3세 교황이 이집트를 공격하여 이슬람 세력을 축출하려 했던 원래의 목적과는 달리 1204년 동로마제국의 수도 콘스탄티노플을 함락시키고 도시를 처참하고 무자비하게 유린한 전쟁이 되어 버렸다. 결국 십자군 전쟁으로 동로마제국은 이득보다는 엄청난 대가를 치러야 했다. 12세기부터 동로마제국은 서유럽에서 근거지를 잃고 겨우 발칸반도에서만 통제권을 유지하게 되었다.

13세기에 들어서면서 소아시아 지역은 다시 아시아의 새로운 이민족인 몽골족의 침입을 100여 년 동안 받게 되었고, 또 14세기 초 오스만튀르크에 의해 국토가 정복당함으로써 동로마제국은 발칸반도의 삼분의 이를 잃는 상황이 되었다. 여기에 1340년에서 1350년 사이에 각 도시에서의 반란과 흑사병 유행으로 동로마제국은 쇠퇴의 길로 가고 있었다.

결국 오스만튀르크에 의해 1453년 1월 콘스탄티노폴리스가 함락되면서 천여 년 동안 찬란한 가톨릭 문화와 그리스 문화를 융합시켰던 동로마제국의 역사는 막을 내렸다.

르네상스 시대

영국과 프랑스의 백년전쟁이 1453년 끝나면서 유럽은 중세의 제후 중심의 지방분권적인 봉건사회가 무너지고, 안정적이고 강력해진 왕 중심의 중앙집권적인 정치체제가 등장하면서 근대가 시작되었다.

　중세 봉건사회의 쇠퇴는 새로운 사회체제와 새로운 문화를 형성시켰는데, 이것이 곧 르네상스, 종교개혁, 신대륙 발견, 과학혁명 등으로 구체화되었다.

　르네상스는 중세의 신 중심의 세계관을 인간 중심의 세계관으로 대체시키며 근대 문화를 열었다. 루터로부터 시작된 종교개혁은 천여 년 동안이나 지속되었던 가톨릭의 권위를 부정하고 오직 성경에 의한 신앙운동으로 시작하였다. 또 신대륙 발견으로 유럽은 아메리카에 이어 아시아로 진출하였다. 과학혁명으로 그동안 전통과 권위에 의지하여 지배권을 장악하였던 봉건세력은 합리성, 논증, 법칙을 추구하는 시민층의 도전에 밀려 나갔다.

　중세 유럽이 프랑크 왕국과 신성로마제국이 유럽의 중심이 되어 흘러갔다면, 근대 유럽은 독일, 오스트리아 등 여러 제후국으로 구성된 신성로마제국의 위상이 흔들리고, 영국, 프랑스, 스페인 등 다른 유럽 국가들이 부상하면서 세력의 견제와 균형을 이루며 발전해 갔다.

　신성로마제국은 합스부르크 왕가의 카를 5세가 스페인 왕의 대가 끊기면서 1516년 스페인 왕위에 올랐고, 이어 1519년 신성로마제국 황제가 되었다.

　이로써 합스부르크 왕가는 기존의 신성로마제국 내 오스트리아 계열에 이어 스페인까지 그 영토를 넓혔다. 독일에서는 1618년 종교전쟁인 30년 전쟁이 일어났다.

프랑스는 영국과의 백년전쟁이 끝난 후 1494년 이탈리아 전쟁을 일으켰고, 이탈리아 전쟁이 종료된 지 3년 후 1562년 또 한 번 종교전쟁인 위그노 전쟁에 휩싸였다.

영국은 1453년에 끝난 백년전쟁에 이어 1455년 랭커스터가와 요크가의 동족 간 내전인 장미전쟁이 일어났다.

네덜란드에서는 종교전쟁인 네덜란드 독립전쟁이 일어났고, 1648년 독일의 30년 전쟁과 같이 전쟁이 끝나면서 네덜란드는 스페인으로부터 독립하였다.

스페인은 1492년 이슬람 세력을 완전히 물리치고 가톨릭 국가로 통일되었다. 카를 5세가 1516년 스페인 왕이 됨으로써 스페인에도 신성로마제국의 합스부르크 왕가의 시대가 열렸다.

이탈리아반도의 각 도시국가들은 신성로마제국, 프랑스, 스페인의 영향력 아래 있었지만 사실상 독립적인 도시국가로 발전하여 가다가 1494년 이탈리아 전쟁에 휩싸였다.

르네상스

　고대 그리스, 고대 로마 문명의 재생이라는 의미를 갖는 르네상스는 중세 유럽을 신 중심의 시대, 즉 인간성이 상실된 암흑시대로 파악하고, 중세의 신 중심의 사고로부터 탈피하여 고대 그리스, 고대 로마의 인간 중심의 문화를 부활시킴으로써 새로운 문화를 창출해 내려는 문화운동이다. '다시 태어나다'라는 의미를 지닌 르네상스는 인간의 재발견 그리고 합리적인 사유와 생활태도의 길을 열어 주었다.

　스위스 역사가 야콥 부르크하르트는 조토에서 미켈란젤로까지의 시기, 즉 14세기에서 16세기 중엽까지를 르네상스 시대로 규정하였다.

　이탈리아에서 14세기에 시작된 르네상스는 15세기에 전성기를 이루다가 16세기 초 이탈리아 전쟁으로 쇠퇴하면서 알프스를 넘어 네덜란드, 프랑스, 독일, 영국 등으로 전파되었고, 또 동로마제국이 1453년 멸망하면서 이곳을 피해 서유럽으로 왔던 비잔틴 출신 학자와 기술자들이 가지고 온 문헌과 책들이 향후 서유럽의 르네상스에 크나큰 영향을 주었다.

　이탈리아의 르네상스가 도시 시민을 바탕으로 하고, 유력한 전제군주의 후원을 받았으나, 그 기본 성격이 세속적이었던 것에 비하여 다른 서유럽 국가들의 르네상스는 보다 신 중심으로 그리스도적 인문주의였다.

　르네상스는 15, 16세기에 걸쳐 꽃을 피우며 종교개혁의 원동력이 되었고, 나아가 신대륙의 발견과 진출을 가능하게 했다.

　이렇게 근대 유럽은 르네상스로부터 시작되었다.

르네상스의 시작, 이탈리아

이탈리아는 고대 로마의 옛 영토로서 이미 많은 유적과 유물을 간직하고 있었으며, 13세기 이전에 이미 봉건제도가 쇠퇴하기 시작하였고, 십자군 전쟁(1095년~1291년)의 영향으로 발달한 항구도시들이 14세기 들어 지중해 무역을 독점하면서 그 지배층인 상인들의 세력이 커졌다.

이렇게 무역에 의해 큰 세력을 키운 도시들과 그 지배층인 상인들이 바로 이탈리아 르네상스를 가능하게 하였다. 여기에 지리적으로 가까운 동방으로부터 비잔틴과 이슬람의 문화가 유입됨으로써 이탈리아는 르네상스를 먼저 시작할 수 있었다.

북부의 베네치아 공화국, 피렌체 공화국, 밀라노 공국, 중부의 교황령, 남부의 양시칠리아 왕국(나폴리 왕국) 등이 경쟁적으로 학자들과 예술가들을 후원해 많은 건축물과 예술 작품을 남겼다. 특히 유명한 후원자로 피렌체 공화국의 메디치가와 밀라노 공국의 스포르차가가 있다.

이탈리아 르네상스의 특징은 인문주의다. 인문주의는 신을 연구하는 것이 아니라 그리스와 라틴 고전을 연구하는 것으로 자연스럽게 '인간' 연구에 중점을 두어 세속주의 정신이 발전하였다.

문학으로는 13세기 피렌체 출신 단테(1265년~1321년)의 서사시 〈신곡〉, 사랑을 문학의 주제로 승격시킨 〈신생〉, 아리스토텔레스 철학과 스콜라 철학을 정리한 〈향연〉 등이 있다. 그리고 아름다운 사랑을 노래한 애인에게 보낸 서간문 페트라르카(1304년~1374년)의 〈칸초니에레〉와 최초의 근대 소설 보카치오(1313년~1375년)의 〈데카메론〉이 있다.

미술, 건축, 조각 분야에서는 단축법, 투시법, 명암을 이용해 평면에 입체감을 표현한 최초의 인물로서 이탈리아 르네상스 미술의 선구자 조토(1267년~1337년), 〈최후의 만찬〉, 〈모나리자〉의 레오나르도 다빈치(1452년

~1519년), 〈최후의 심판〉, 〈다비드상〉의 미켈란젤로(1475년~1564년), 바티칸 궁전의 벽화, 〈그리스도의 매장〉 그리고 〈성모자상〉의 라파엘로(1483년~1520년)가 있다. 라파엘로는 미켈란젤로에게 영향을 받았으며 르네상스 미술의 이상인 조화, 균형, 절제의 미덕을 가장 잘 구현하였다고 평가받는다.

정치사상 분야에서는 마키아벨리(1469년~1527년)의 《군주론》이 있다. 마키아벨리는 오늘날 정치학의 고전으로 불리는 《군주론》을 통해 세속적이며 현실적인 사상을 주장하며 분열하고 있던 이탈리아의 통일을 호소하였다.

이탈리아 르네상스는 14세기에 시작하여 15세기에 최고의 전성기를 맞이하였으나 프랑스와 스페인 간의 이탈리아반도에서 일어난 '이탈리아 전쟁'(1494년~1559년)으로 이탈리아는 황폐해지고, 이탈리아 르네상스는 끝이 났다.

메디치 가문

메디치가는 13세기 피렌체에서 상업과 은행업으로 성공해 교황청 재산을 관리하면서 재력가문이 되었다. 메디치 가문의 피렌체 지배의 포문을 연 인물은 코시모 데 메디치(1389년~1464년)였다. 피렌체 공화국의 번영과 이탈리아 르네상스 발전에 기여한 공로로 그를 국부라 칭하였다.

그의 손자 로렌초 데 메디치(1449년~1492년)는 피렌체와 메디치 가문의 전성기를 일군 인물이다. 북부 이탈리아 도시국가들 사이의 세력 균형을 통해 평화를 유지하는 정책을 추진하였으며 많은 예술인들을 후원하였다. 이렇게 피렌체를 유럽의 경제와 예술의 중심지로 키운 공로로 '위대한 로렌초'로 불리기도 하였다. 그러나 피렌체의 공화정을 사실상의 전제정치로 바꾸어 놓았다는 비판도 받았다.

이 시기 메디치가는 대학의 한계를 뛰어넘는 인문학을 태동시키고 사고의 전환을 위해 플라톤 철학을 도입하고 파격적으로 예술가를 후원함으로써 르네상스 발전에 기여했다.

스포르차 가문

스포르차가는 밀라노의 명문 귀족 가문으로 프란체스코 스포르차가 권력을 장악한 1450년부터 신성로마제국 황제 카를 5세에게 독립을 상실하게 된 16세기 초까지 밀라노를 실질적으로 지배한 가문이다.

프란체스코 스포르차는 전형적인 용병대장이었으면서도 한편으로 문예를 보호하고 장려하여 밀라노를 북이탈리아의 문화 중심지로 육성하였다. 이 가문의 후원을 받아 밀라노 성당과 파비아의 체르토사 등 많은 교회와 궁전이 건립되었다.

서유럽 국가들의 르네상스

서유럽에서 가장 먼저 르네상스를 받아들인 나라는 네덜란드다. 네덜란드의 인문주의자 에라스무스(1466년~1536년)는 그의 저서 《우신 예찬》을 통하여 교회와 성직자의 타락을 비판하였다.

프랑스는 국왕 샤를 8세가 15세기 말 '이탈리아 전쟁' 중 이탈리아의 발달된 문화에 매료되어 막대한 전리품과 함께 이탈리아 기술자들을 데려와 프랑스 르네상스를 이끌었고, 16세기 초 프랑수아 1세 때는 이탈리아 예술가들이 궁전에 초빙되었고, 학교를 세워 인문학을 전수받는 등 프랑스 르네상스의 절정을 이루었다.

라블레(1494년~1553년)는 그의 소설 〈가르강튀아와 팡타그뤼엘〉에서 아버지와 아들의 모험을 이야기하며 '하고 싶은 대로 하라'는 자유분방한 르네상스적 생활신조를 표현하였고, 철학자 몽테뉴(1553년~1592년)는 그의 저서 《수상록》에서 지식의 목적은 현세에서 더 올바르게 더 생산적으로 더 행복하게 살아가는 법을 가르치는 것이라고 했다.

스페인 르네상스는 카스티야의 이사벨라 여왕과 아라곤의 페르난도왕이 1492년 이슬람 세력을 이베리아반도에서 몰아내고 스페인을 통일하면서 시작되었고, 16세기에 걸쳐 이루어졌다.

스페인의 소설가이자 시인이며 극작가인 세르반테스(1547년~1616년)는 첫 근대 소설이라 평가받는 〈돈키호테〉에서 중세의 기사를 동경하는 돈키호테를 어리석고 우스꽝스럽게 묘사해 당시 스페인의 사회를 암시적으로 비판하고 있다.

독일의 르네상스는 르네상스적인 요소와 후기 고딕적 요소가 결합되어 있는 것이 특징이다. 그것은 다른 지역보다 르네상스가 늦게 들어왔기 때문이다.

영국의 르네상스는 1453년 백년전쟁이 끝나고 바로 장미전쟁이 1455년부터 30년간 이어지면서 다른 나라에 비해서 늦어졌다.

영국의 르네상스는 16세기 초 튜더 왕조의 헨리 8세 때 시작되었는데 그는 영국 국교회(성공회)를 세웠으며, 식민지를 개척하면서 경제적 번영을 이루며 이탈리아로부터 불어온 르네상스의 물결을 받아들였고, 이는 16세기 말 엘리자베스 1세 때까지 이어졌다.

영국의 르네상스는 이미 퇴조기에 접어든 16세기에 전파되어 종교개혁과 거의 동시에 받아들여져 오히려 이 운동이 종교와 밀접한 관계를 가지게 되었으며, 당시 인문주의자들은 영국 교회 개혁 운동에 앞장서게 되었다.

영국의 르네상스는 미술이나 건축보다는 문학 분야에 집중되었는데, 토마스 모어(1478년~1535년)는 그의 저서 《유토피아》에서 그가 꿈꾸는 이상적인 사회는 사회의 모든 구성원이 재산을 공유하면서 공동의 복지를 실현시키는 공산체적인 사회라고 역설하였고, 〈햄릿〉, 〈오셀로〉, 〈로미오와 줄리

엣〉, 〈리어왕〉, 〈베니스의 상인〉 등 불멸의 작품을 남긴 셰익스피어(1564년~1616년)는 영문학의 위치를 세계 최정상에 올려놓았을 뿐만 아니라 인간 본성에 대한 깊은 통찰력을 잘 나타냈다.

신대륙 발견

　유럽인들은 동양과 서양의 중간에 위치한 이슬람 문명에 의하여 제약받으며 15세기 초까지 지구의 다른 문명과 접촉하지 못했다. 그러나 11세기 말에서 13세기 말까지 벌어졌던 십자군 전쟁으로 동방에 대한 지식이 많아졌고, 14세기 초 베네치아 출신 마르코 폴로의 《동방견문록》은 유럽인들의 호기심과 모험심을 자극하였다.

　항해를 통해 신대륙 발견의 꿈을 지니고 있던 이탈리아 출신의 콜럼버스는 스페인의 여왕 이사벨라의 도움으로 1492년 신대륙을 발견하였다. 그러나 그가 처음 발견하려고 했던 마르코 폴로의 《동방견문록》에 나오는 인도의 어느 곳인 황금의 섬 '지팡구'는 아니었다. 이곳은 오늘날의 서인도제도이다. 그 후 1498년 포르투갈의 바스코 다 가마가 남아프리카의 희망봉을 돌아 인도에 도착함으로써 인도항이 개척되었다.

　또 포르투갈 출신이며 스페인으로 귀화한 마젤란은 1519년 8월 스페인을 출발하여 브라질을 거쳐 남아메리카 남단을 돌아 태평양에 진입하여 필리핀까지 도착하였다. 아쉽게도 마젤란은 필리핀에서 원주민과의 전투에서 사망하였지만 그 후 나머지 일행은 아프리카 남쪽 희망봉을 돌아 1522년 스페인에 도착함으로써 마젤란 일행은 세계 최초로 세계일주 항해를 하였다.

　신대륙 발견과 새로운 인도 항로의 개척이 유럽에 미친 영향은 광범위했다. 우선 감자, 담배, 코코아, 설탕, 커피 등의 유입으로 유럽인들의 생활수준을 향상시켰고, 특히 감자는 흉년기에 구황식물로 많은 가난한 사람들의 생명을 구했다.

그러나 신대륙으로부터 금과 은이 대량으로 유입되어 유통되면서 물가가 오르고 돈의 가치가 떨어지는 인플레이션 현상이 일어났다. 이리하여 신흥 도시 상공업자들은 물가 상승을 기회로 재력을 축적하게 되었고, 기존 봉건 특권층은 고정 수입이 하락하는 처지에 놓이게 되었다.

그렇게 부를 기반으로 하여 사회에서 점차 부각되기 시작한 시민층과 기존 봉건 특권층이 대립하게 되었고, 이 두 세력의 균형 위에 절대왕정이 싹트게 되었다.

신대륙 발견과 인도 항로의 개척으로 거대한 시장이 출현하게 되었고, 그로 인해 상인과 제조업자들의 활동이 활발해졌다. 또 그들의 경제활동을 원활하게 하기 위해 주식회사와 금융조직들이 생겨나게 되었다. 이를 후일 18, 19세기의 산업혁명을 예비한 15, 16세기의 상업혁명이라 한다.

지리상의 발견 이후 이탈리아 도시국가들과, 그리고 이들과 긴밀한 관계에 있던 독일의 도시들이 쇠퇴하기 시작한 반면 이베리아반도(포르투갈, 스페인)의 항구도시들은 성장하였다.

세계사 무대의 중심이 지중해에서 대서양으로 옮겨짐으로써 유럽은 15, 16세기 이후 근대 세계의 패권을 장악하게 되었다.

종교개혁

　종교개혁이 일어나게 된 역사적 배경과 중세 말기 유럽 사회의 변화는 깊은 관계가 있다. 중세의 정신세계를 다스려 온 가톨릭과 봉건사회 체제는 천여 년 동안 밀착되어 있었다.

　봉건사회의 체제는 지방분권이었는데, 이 체제의 특징은 강력한 중앙 권력이 없다는 것으로서 왕의 명령이 지방 곳곳에 전달되지도 않았고 또 명령을 집행할 힘도 없었다.

　국왕 권력이 힘과 영향력을 행사하지 못하게 되자 지방의 영주들은 자기의 영토에서 입법, 사법, 행정 등의 모든 권력을 외부의 간섭 없이 지역 주민들에게 행사하게 되었다.

　세속 권력이 힘을 집중하지 못하고 분산되어 서로 반목하고 있는 동안 가톨릭 조직은 전 유럽에 걸쳐서 통일된 단 하나의 권위체제로서 종교적인 동시에 정치적인 조직을 만들 수 있었다. 가톨릭은 지역 또는 민족의 단위로 구분되는 정치체제를 초월하는 보편적이고 초국가적이며 초민족적인 가톨릭인들의 세계관을 확립하였다.

　그러나 왕권을 중심으로 강력한 중앙집권적 통일 국가가 중세 후기 이후 성립하게 되자, 보편적 기독교 세계관을 내세우는 가톨릭은 그 기반을 상실하게 되었다. 14세기에 있었던 '아비뇽 유수'나 '교회의 대분열'은 왕권이 교황권 위에 있음을 보여 주는 것이었다.

　교황권의 실추는 각국에서 국가가 종교를 장악하게 했고 종교개혁은 이러한 연관성 안에서 가능하였다. 하지만 종교개혁의 직접적인 계기는 가톨릭의 부패에서 비롯되었다.

영국의 위클리프, 보헤미아(체코)의 후스, 네덜란드의 에라스무스 등이 바로 종교개혁의 선도적 역할을 행한 사람들로서 이들은 1517년 독일의 마르틴 루터의 종교개혁을 예비하였던 것이다.

개신교 개혁의 영향을 가장 크게 받은 곳은 마르틴 루터에 의한 독일 지역이었지만, 영국은 칼뱅파의 교리를 일부 빌려 성공회를 만들어 독립하였고, 프랑스도 위그노 전쟁 이후 발루아 왕조가 몰락하고 부르봉 왕조가 등장하게 되는 기원이 되었다.

독일에서 비롯되어 전 유럽으로 확산된 종교개혁은 가톨릭 조직을 동요시켰다. 교황도 말썽의 씨앗인 면벌부 판매를 금지하고, 성직 매매, 성직자의 도덕적 타락 등 가톨릭의 부패를 우선 없애기 위해 내부 수술을 단행하였다.

가톨릭 개혁의 선봉에는 스페인 군인 출신 로욜라(1491년~1556년)가 1534년 창립한 예수회가 있었다. 예수회는 중세 수도원의 엄격한 계율을 지키고 신학 연구와 복음 전도를 그 본무로 삼고 가톨릭의 세력 확장을 위하여 많은 노력을 하였다.

이로 인해 이탈리아, 스페인에는 개신교가 발을 붙이지 못하고 남부 독일, 폴란드 등지도 가톨릭 세력으로 남게 되었다. 예수회 활동 외에도 가톨릭은 종교재판제도를 강화하여 개신교의 확대를 억제하였다.

이렇게 개신교의 종교개혁에 대하여 가톨릭도 가톨릭의 개혁으로 대응하며 기독교 세계가 분열되었고, 16~17세기에 걸쳐 100여 년간의 종교전쟁(프랑스 위그노 전쟁, 네덜란드 독립전쟁, 독일의 30년 전쟁)의 광풍이 불었으며 이에 따라 유럽의 국제 질서가 종교적 입장에 따라 재편되었다. 또 종교개혁은 개인주의, 자유주의, 관용 등 근대 사상을 발전시켰고 근대 국가 발전에 크게 기여하였다.

독일 종교개혁

마르틴 루터(1483년~1546년)는 독일의 종교 개혁가이다. 루터가 살아가던 16세기는 아주 끔찍한 시대였다. 사람들은 종일토록 일했고 그렇게 힘들여 생산한 얼마 안 되는 수확물도 지주와 통치자들에게 바쳐져 기근에 시달렸고 또한 전쟁과 질병으로 많은 사람들이 고통을 당하며 죽어 갔다. 사람들은 무지해서 이생에서는 희망이 없었고, 다만 약속된 내세의 희망만 있을 뿐이었다.

이때 로마 가톨릭은 '돈으로 구원을 살 수 있다'며 면벌부 판매를 하였다. 이에 격분한 마르틴 루터는 목회적 양심으로 이를 비판하였다. 그러나 이 문제가 전혀 개선되지 않자 1517년 95개 논제를 게시함으로써 기존 교회와 본격적인 논쟁을 시작했으며, 이것이 종교개혁의 시발점이 되었다.

루터는 가톨릭의 부패와 잘못된 교황의 권위에 항거하여 가톨릭의 교리를 논박하고 기독교 신앙에서 성서가 지니고 있는 최고의 권위와 그리스도에 대한 오직 믿음과 하나님의 전적인 은혜를 통한 구원을 강조했다.

루터의 주장은 '오직 성경, 오직 믿음, 오직 은혜, 오직 그리스도, 오직 하나님께 영광'이라는 '오직 다섯(다섯 솔라)'으로 함축할 수 있다.

루터는 1520년 교황 레오 10세로부터 모든 주장을 철회하라는 요구를 받았지만 오직 성경의 권위를 앞세우면서 거부하였다. 또 1521년 신성로마제국의 황제인 카를 5세에 의하여 소집된 보름스 국회에서 루터는 황제로부터 역시 모든 주장을 철회하라는 요구를 받았지만 또다시 거부함으로써 결국 교황에게 파문당했다.

그러나 그로 인해 개신교가 탄생했고, 마침 활판 인쇄술(구텐베르크에 의해 1450년경 발명됨)의 발달로 새로운 사상과 견해가 더 빨리 대량으로 유포되었고, 이로 인해 사회와 역사가 크게 변화되는 엄청난 결과를 가져왔다.

보다 더 알기 쉬운 유럽사 연대기

한편 루터는 독일 농민전쟁(1524년~1525년) 당시 사회 변혁을 추구하는 농민들의 봉기를 아무런 근거가 없는 부당한 것으로 몰아붙이고 통치자에게 항상 복종해야 하며, 저항은 신의 질서에 반한다는 주장을 펼쳐 농민의 지지를 잃었다.

프랑스 종교개혁

프랑스는 프랑수아 1세(재위: 1515년~1547년) 때 칼뱅(1509년~1564년)에 의해 1536년 종교개혁이 일어났다. 칼뱅은 기독교 사상 중 하나인 칼뱅주의(개혁주의)를 개창함으로써 독일의 마르틴 루터, 스위스의 츠빙글리가 시작한 종교개혁을 완성시켰다.

칼뱅은 1536년 그의 저서 《그리스도교 강요》를 통해 개신교의 새로운 교리를 확립하였다. 칼뱅 주장의 핵심은 예정설인데 그 내용은 즉 인간의 구원은 오직 신에게 달려 있고, 인간의 어떠한 덕행으로도 신의 뜻을 바꿀 수 없다는 것이다.

신의 도구임을 자처하는 칼뱅주의자들은 스스로의 구원에 확신을 가지고 삶은 경건하고 금욕적이며, 모든 사치와 낭비를 버리고 검소, 절제, 근면하게 생활하여 남의 모범이 되고, 자기의 직업을 천직으로 생각하여 충실하게 살아야 한다고 주장했다. 그 결과로서 나타나는 재물의 풍성함을 하나님의 축복으로 여기는 칼뱅의 예정설은 당시 사회에 점차 대두되고 있던 중산 계층의 호응을 받아 근대적 직업관과 윤리관에 큰 공헌을 하였다.

칼뱅주의는 후에 프랑스에서는 위그노파, 스코틀랜드에서는 장로파, 영국에서는 청교도, 네덜란드에서는 고이센 등으로 분파되며 유럽으로 확산되었다.

영국 종교개혁

　영국의 종교개혁은 헨리 8세(재위: 1509년~1547년)의 이혼 문제가 발단이 되었다. 헨리 8세는 교황청의 반대를 무릅쓰고 캐서린(메리 1세 여왕의 어머니)과 이혼하고 앤 불린(엘리자베스 여왕의 어머니)과 결혼하였다.

　이로 인해 그는 1534년 로마 교황청과 결별을 선언하고, 국왕이 교회의 수장이 되는 수장령을 선포하고 영국 국교회(성공회)를 설립하였다.

　영국 국교회 설립이라는 형태의 종교개혁은 결과적으로 가톨릭과 프로테스탄트의 중간적 교회를 탄생시킴으로써 훗날 칼뱅주의에 영향을 받은 청교도 혁명을 경험하게 되었다.

　　　　　　　　　　　　　　　　　　보다 더 알기 쉬운 유럽사 연대기

신성로마제국

다시 합스부르크 왕가 시대

룩셈부르크가의 마지막 황제 지기스문트의 사위인 합스부르크 왕가의 알브레히트 2세(황제: 1437년~1439년)가 1437년 황제로 선출되면서 신성로마제국은 다시 본격적으로 오스트리아에 근거지를 둔 합스부르크 왕가 시대를 열었다.

합스부르크 가문은 지난 130여 년 동안 와신상담 오스트리아를 중심으로 그 인근에서 기반을 다지며 스위스를 비롯한 독일 남동부 일대를 장악하고 신성로마제국 내에서 막강한 제후 세력으로 도약해 왔다.

알브레히트 2세의 사촌 프리드리히 3세(황제: 1452년~1493년)는 게을렀고 아둔했지만 아들과 손자들이 강력한 통치자로 성장하였다. 그는 오스트리아 공국을 대공국으로 승격시켰다.

막시밀리안 1세의 결혼 정책과 기적

막시밀리안 1세는 아버지 프리드리히 3세가 1493년 사망하자 독일 왕위에 올랐다. 그는 1494년 프랑스 샤를 8세가 이탈리아전쟁을 일으키자 1495년 나폴리 왕국을 점령한 프랑스에 대항하기 위하여 교황청, 베네치아, 밀라노, 스페인과 동맹을 체결하여 전쟁에 참여했고, 프랑스를 나폴리 왕국에서 철수하게 하였다. 그는 한편 1495년 영구 란트 평화령을 발포하여 제국 내 사적인 전투를 금지시키고 제국재판소를 설치하는 등 제국 개혁을 시도하였다.

1508년 막시밀리안 1세(황제: 1508년~1519년)는 교황에 의해 대관을 받지 않은 채 스스로 선출황제임을 선언하고 황제가 되면서 황제 선출에서 교황의 간섭을 완전히 배제시켰다.

황제가 된 그는 안정된 황권을 바탕으로 적극적인 결혼 정책을 펴며 부르고뉴 공국, 스페인 왕국, 헝가리 왕국, 크로아티아 왕국, 슐레지엔을 포함한 보헤미아 왕국 등과 혼인을 차례로 성사시켰는데, 훗날 기적과도 같이 이 가문들의 부계가 끊기면서 이들의 영토는 합스부르크 가문의 소유가 되었다.

카를 5세, 아우크스부르크 종교화의, 이탈리아 전쟁

막시밀리안 1세 사후 그의 손자 카를은 1519년 프랑스의 프랑수아 1세와 치열한 경쟁 끝에 신성로마제국 황제로 선출되었고, 카를 5세가 되었다. 그는 이미 1516년 카를로스 1세로서 스페인 왕이 되었다.

카를 5세(황제: 1519년~1556년)는 1517년에 시작된 루터의 종교개혁 운동이 독일 전체의 정치, 경제 문제로 확산되자 1521년 4월 제국의회인 보름스 국회를 열어 국회에 소환된 루터에게 그가 제시한 모든 주장을 철회하도록 종용하였다. 루터가 이를 거부하자 카를 5세는 그를 독일에서 추방하였고, 그해 5월 보름스 칙령을 공표하며 루터를 이단자로 선고하고 그의 저서를 소각할 것을 포고하였다. 카를 5세는 이렇게 신교의 확산을 막고, 루터에 맞서 반종교개혁 운동을 펼치며 기독교 세계의 통합을 위해 노력하였다.

그러나 프로테스탄트와 가톨릭교도의 대립은 깊어 갔고, 결국 카를 5세는 1555년 아우크스부르크 종교화의를 통해 신교인 루터교를 인정함으로써 1519년부터 줄기차게 추진한 자신의 가톨릭 보편제국 건설의 꿈은 물거품이 되었다. 한편 카를 5세는 프랑스와의 이탈리아 전쟁(1494년~1559년) 도

중 1525년 벌어진 파비아 전투에서 신성로마제국 황제 자리를 두고 경쟁하였던 프랑스의 프랑수아 1세를 포로로 잡았고, 나아가 1527년 로마의 약탈을 감행하였다.

카를 5세는 막시밀리안 1세의 친손자이며, 스페인 왕들인 카스티야 여왕 이사벨라와 아라곤 왕 페르난도의 외손자이다.

카를 5세의 신성로마제국의 영토는 영국과 프랑스를 제외한 거의 전 유럽에 걸쳐 있었고, 해외로는 스페인령 아메리카 대륙에 이르는 대제국이었다.

카를 5세는 1556년 퇴위하면서 신성로마제국의 힘이 확대되는 것을 바라지 않는 프랑스 등 주변 열강들의 우려를 의식해 그의 아들 펠리페 2세에게는 스페인 왕위를, 그의 동생 페르디난트 1세에게는 오스트리아를 근거지로하는 신성로마제국 황제위를 물려주었다.

이로써 합스부르크 왕가는 스페인 계열과 오스트리아 계열로 나누어졌다.

페르디난트 1세, 합스부르크 제국의 시작

페르디난트 1세는 1556년 신성로마제국 황제가 되면서 오스트리아 계열 합스부르크 가문의 영토에 합스부르크 제국(1556년~1918년)을 시작하였다.

페르디난트 1세는 이미 1521년부터 합스부르크 왕가의 본령이자 재위의 근거인 오스트리아 대공위에 올라 있었고, 이어 1531년 독일 왕위에까지 올랐다. 그리고 스페인에 있는 형인 카를 5세를 대신해 신성로마제국의 제국 통치평의회 의장직을 수행하는 등 카를 5세의 대리인으로 활동하고 있었다.

페르디난트 1세(황제: 1556년~1564년)는 행정의 중앙집권화를 이룩했으며 자신의 영토에 로마 가톨릭을 부활시키려고 노력하였고, 형 카를 5세의 그늘에 가려져 있었지만 가장 성공적인 16세기 합스부르크 제국 통치자였다.

그의 아들 막시밀리안 2세(황제: 1564년~1576년)는 종교개혁과 반종교개혁 간의 극심한 대립 시대에 가톨릭에 강한 애착을 가졌던 다른 합스부르크 통치자들과는 달리 프로테스탄티즘에 지대한 호의를 가지고 있었고, 종교 간 타협의 중재자임을 적극 표방했다.

그는 인문주의 사상에 심취한 르네상스 군주답게 많은 지식인들과 교류하여 학문, 미술, 음악, 자연과학의 발전에 크게 기여하였다. 이런 그의 노력으로 왕립도서관이 탄생되었고, 수도인 빈은 르네상스의 전성기를 맞게 되었다. 그는 시대를 앞서간 군주였다.

루돌프 2세(황제: 1576년~1612년)는 군주로서 유달리 많은 지식과 재능을 지녔고, 그래서 정치보다는 예술과 과학에 몰두했던 황제였다. 그는 종교문제에 관대했던 아버지 막시밀리안 2세와는 달리, 보헤미아와 헝가리에서 가톨릭 강화 정책을 펼침으로써 각지의 반발을 일으켰고, 13년 동안이나 계속된 오스만튀르크와의 전쟁에서도 패배하였다.

이렇게 제국정치의 실패로 드러난 황제로서의 무능함과 형제들과의 불화로, 루돌프 2세는 그의 동생 마티아스에 의해 연금되었다. 그 후 루돌프 2세가 죽고 7년 후 마티아스마저 죽자, 그의 사촌인 페르디난트 2세가 1619년 황제가 되었다.

30년 전쟁과 독일 영방의 분열

마르틴 루터의 종교개혁 이후 독일 내 가톨릭과 개신교의 영방 제후들은 세속 권력에 의지하며 병존하며 지내왔으나 17세기 초에 이르러 개신교 제후들이 프로테스탄트 연합을 결성하자, 이에 가톨릭도 바이에른을 중심으로 가톨릭 동맹을 결성하면서 대치 상태에 들어갔다.

이때 예수회에서 자란 완고한 가톨릭교도였던 페르디난트 2세(황제: 1619년~1637년)가 1617년 보헤미아 왕국의 왕위에 올라 신교도들을 탄압하자 보헤미아 신교도들이 반발하면서 1618년 30년 전쟁이 일어났다.

30년 전쟁(1618년~1648년)은 처음에는 종교적으로 로마 가톨릭을 지지하는 국가들과 개신교를 지지하는 국가들 사이에서 벌어진 전쟁이었으나, 전쟁이 지속될수록 종교적 색채가 옅어지고 정치적 색채가 짙어져 결국은 신성로마제국의 오스트리아 합스부르크 왕가와 프랑스의 대결 구도로 바뀌었다.

전쟁 중 재위를 이어받은 페르디난트 3세(황제: 1637년~1657년)는 그의 아버지 페르디난트 2세와 마찬가지로 반종교개혁을 이어 가며 전쟁에 임했으나 전세가 불리해지자 신교도 세력과의 타협에 나섰고, 마침내 참가국들과 1648년 베스트팔렌 조약을 맺고 전쟁을 종식시켰다. 이 조약으로 루터파에 이어 칼뱅파에도 가톨릭과 동등한 신앙의 자유가 주어졌다.

전쟁은 대부분 독일 지역에서 일어나 독일 전역을 기근과 질병으로 파괴시켰고, 큰 폭으로 인구를 감소시켰으며 농촌과 도시는 황폐화되었다.

신성로마제국 내 독일 지역은 프랑스에 의해 300여 개의 영방으로 갈라졌고, 신성로마제국 내 합스부르크 왕가의 세력은 오스트리아 내로 그 영역이 제한되면서 신성로마제국은 유명무실화되었고, 사실상 해체되었다. 이후 신성로마제국은 합스부르크 제국에 의해 연명되어 갔다.

향후 독일 영방의 강력한 두 세력인 신성로마제국 영역 밖의 프로이센과 신성로마제국 오스트리아가 독일 통일을 향한 주도권 경쟁을 벌이게 된다.

전쟁의 승자인 프랑스는 유럽의 새로운 강자가 되었고, 스위스가 신성로마제국으로부터 독립하였다.

30년 전쟁은 유럽뿐만 아니라 인류의 전쟁사에서 가장 잔혹하고 사망자가 많은 전쟁 중 하나였으며 사망자 수는 무려 800만 명에 이른다.

30년 전쟁으로 황제와 교황의 권력은 약화되었으며, 정치는 종교의 영향에서 벗어나 세속화되어 국가 간의 세력 균형으로 질서를 유지하는 새로운 체제가 자리 잡았다. 이는 유럽의 근대화와 절대주의 국가의 성립에 매우 커다란 영향을 끼쳤다.

⟨신성로마제국과 합스부르크 제국⟩

신성로마제국

독일 왕 시대

동프랑크 왕국이 911년 소멸되자 곧이어 그 지역에 독일 왕국이 탄생하였다. 콘라트 1세, 하인리히 1세에 이어 오토 1세가 왕위에 올랐다.

오토 1세(왕위: 936년~973년)는 혼인과 전쟁을 통해 영토 확장을 해 나가던 중, 반도 북부에 위치한 이탈리아 왕국이 반도 중부에 위치한 로마 교황의 영지로 쳐들어오자 교황 요하네스 12세의 요청으로 961년 이탈리아 왕국으로 쳐들어가 이탈리아 왕국(887년~961년)을 독일 왕국에 병합시켰다. 이에 교황 요하네스 12세는 962년 독일 왕 오토 1세에게 신성로마제국 황제의 관을 씌워 주었다.

이로써 오토 1세(황제: 962년~973년)는 신성로마제국(962년~1806년)의 초대 황제가 되었고, 신성로마제국의 독일 왕 시대(962년~1254년)를 열었다. 서로마제국은 프랑크 왕국에 이어 또 신성로마제국으로 부활되었다.

독일 왕 시대의 신성로마제국은 유럽의 중앙에 위치하며 독일 왕국을 중심으로 이탈리아 왕국, 보헤미아 왕국(체코), 부르군트 왕국의 연합체 형식으로 시작하였다.

오토 1세에서 하인리히 3세(황제: 1046년~1056년)까지의 시기는 주변 나라들을 복속시키며 독일의 경계선을 도나우강까지 확장시키는 등 황제의 전성기였고, 교황은 황제의 보호 아래 있었다.

그러나 하인리히 4세(황제: 1056년~1105년)가 어린 나이에 재위에 오르자 교황 그레고리우스 7세와 성직자 임명권을 놓고 충돌이 벌어졌고, 결국 1077년 카노사의 굴욕 사건이 벌어졌다. 이는 교황 권력이 황제 권력 위에서는 전환기에 벌어진 상징적인 사건이었다.

이후 유럽은 강력한 교황권을 바탕으로 이슬람 국가에 대한 반격을 가하는 십자군 전쟁을 일으켰다. 신성로마제국에서는 콘라트 3세가 제2차 십자군 전쟁에, 붉은 수염왕 프리드리히 1세가 제3차 십자군 전쟁에, 프리드리히 2세가 제6차 십자군 원정에 참여하였다.

시칠리아에서 태어난 프리드리히 2세(황제: 1220년~1250년)는 시칠리아에 주재하며 통치의 기반은 이탈리아라고 생각하였고, 독일 본토는 제후들에게 맡겨 버렸다. 이로써 독일 지역은 무수한 영방 국가로 분열되었고, 그의 아들 콘라트 4세가 1254년 사망하면서 962년 이래 290여 년간 지속되었던 신성로마제국 독일 왕 시대가 끝났다.

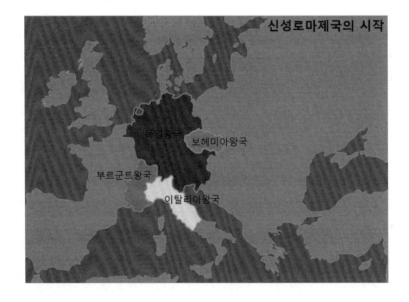

대공위 시대

콘라트 4세가 사망하자 신성로마제국은 황제의 추대가 제대로 행해지지 않은 대공위 시대(1254년~1273년)가 이어졌다.

이 시기 성과 속 세력이 이른바 대립 왕을 선출하며 내부 혼란과 정치적 무질서가 극에 달하자, 교황 그레고리오 10세의 요청으로 3인의 대주교와 4인의 선제후들은 1273년 신성로마제국 변방에 위치한 스위스의 합스부르크 가문의 루돌프 1세를 독일 왕이자 신성로마제국 황제로 선출하였다. 이로써 신성로마제국은 19년간의 혼란스러웠던 대공위 시대를 끝내고 합스부르크 왕가의 시대를 열었다.

합스부르크 왕가 시대

스위스 합스부르크 왕가의 루돌프 1세(황제: 1273년~1291년)가 1273년 신성로마제국 황제가 되면서 신성로마제국은 합스부르크 왕가의 시대를 열었다.

황제가 된 루돌프 1세는 1278년 보헤미아의 관할 아래 있던 오스트리아 공국을 접수하여 그의 장남 알브레히트 1세에게 넘겨주었다. 알브레히트 1세(황제: 1298년~1308년)가 1298년 황제가 되면서 합스부르크 왕가는 오스트리아에 그 근거지를 마련하였고, 추후 오스트리아는 합스부르크 왕가의 본거지가 되었다.

알브레히트 1세는 1283년 오스트리아 공국의 통치자가 되어 권력을 강화하는 데 성공했으나 1308년 상속 문제로 불만을 품은 조카에 의해 암살당했다. 이로써 합스부르크 왕가는 향후 130여 년간 황제를 배출하지 못하다가 1437년 룩셈부르크가 지기스문트의 사위 알브레히트 2세(황제: 1437년~1439년)가 재위에 오르면서 다시 신성로마제국은 오스트리아 합스부르크 왕가의 시대를 열었다.

1508년 재위에 오른 막시밀리안 1세(황제: 1508년~1519년)는 안정된 황권을 바탕으로 적극적인 결혼 정책을 펼치며 부르고뉴 공국, 스페인 왕국, 헝가리 왕국, 크로아티아 왕국, 보헤미아 왕국 등과 혼인을 차례로 성사시켰는데, 훗날 기적과도 같이 이 가문들의 부계가 끊기면서 이 가문들의 영토는 합스부르크 가문의 소유가 되었다.

막시밀리안 1세의 손자 카를은 1516년 카를로스 1세로서 스페인 왕이 되었고, 막시밀리안 1세가 죽자 카를로스 1세는 카를 5세(황제: 1519년~1556년)로서 1519년 신성로마제국 황제가 되었다. 카를 5세는 할아버지 막시밀리안 1세로부터 위와 같은 영토를 상속받으면서 스페인 왕에 이어 신성로마제국 황제가 되었다.

카를 5세는 1556년 퇴위하면서 그의 아들 펠리페 2세에게는 스페인 왕위를, 그의 동생 페르디난트 1세에게는 오스트리아를 근거지로 하는 신성로마제국 황제위를 물려주었다. 이로써 합스부르크 왕가는 스페인 계열과 오스트리아 계열로 나뉘었다.

이후 신성로마제국 합스부르크 왕가의 시대는 합스부르크 제국으로 이어진다.

합스부르크 제국

페르디난트 1세(황제: 1556년~1564년)가 1556년 그의 형 카를 5세로부터 스페인과 네덜란드 등을 제외한 유럽 대륙 내 신성로마제국 영지 대부분을 물려받으면서 오스트리아에 근거지를 둔 합스부르크 제국을 건설하였다.

합스부르크 제국의 각 영지는 서로 독립적으로 상속된 동군연합(동일 군주 아래 여러 국가가 결합) 상태로 지역의 독자성을 상당 부분 유지하며 비교적 폭넓은 자치권을 누렸다. 하지만 대외적으로 이들 합스부르크 제국의 각 영지들은 하나의 단일한 공동체로 작용했다.

합스부르크 제국과 신성로마제국은 오스트리아 대공국과 보헤미아 왕국 등 겹치는 영토도 있었으나 서로 별도의 제국이었다. 합스부르크 제국의 통치자는 오스트리아 대공국, 헝가리 왕국, 보헤미아 왕국, 크로아티아 왕국 등의 국왕 또는 대공이었으며 또 신성로마제국 황제였다.

페르디난트 1세의 아들 막시밀리안 2세(황제: 1564년~1576년)는 종교개혁과 반종교개혁 간의 극심한 대립 시대를 살면서 종교 간 타협의 적극적인 중재자였다. 그러나 그의 아들 루돌프 2세(황제: 1576년~1612년)는 가톨릭 강화 정책을 펼침으로써 보헤미아와 헝가리 등에서 반발을 샀다.

완고한 가톨릭교도였던 그의 사촌 페르디난트 2세(황제: 1619년~1637년)가 1617년 보헤미아 왕위에 올라 가톨릭교회의 재건을 위해 신교도들을 탄압하자 보헤미아 신교도들이 반발하면서 1618년 종교전쟁인 30년 전쟁(1618년~1648년)이 일어났다.

전쟁은 신성로마제국의 오스트리아 합스부르크 왕가와 프랑스의 대결 구도로 흘러갔고, 결국 전쟁 중 재위를 이어받은 페르디난트 3세(황제: 1637년~1657년)는 1648년 베스트팔렌 조약을 맺고 30년 전쟁을 종결시켰다.

30년 전쟁이 종결되면서 신성로마제국 내 독일 지역은 프랑스에 의해 300여 개의 영방으로 갈라졌고, 현저한 인구 감소와 함께 독일 지역은 폐허가 되었다.

30년 전쟁이 끝난 후 재위에 오른 레오폴트 1세(황제: 1658년~1705년)는 30년 전쟁 이후 폐허가 되었던 독일을 재건하고 향후 100여 년 동안 평화를 구가하는 데 결정적 역할을 하였다.

신성로마제국의 합스부르크 왕가 남성 계보의 마지막 황제 카를 6세(황제: 1711년~1740년)가 1740년 사망하자 그가 발효한 법령 국사조칙에 의해 그의 장녀인 마리아 테레지아가 23세에 오스트리아 왕위를 계승하였다. 이로써 오스트리아는 마리아 테레지아 시대를 열었다.

마리아 테레지아(왕위: 1740년~1780년)는 프로이센의 이의 제기로 오스트리아 왕위계승전쟁에 휘말렸고, 이어 그녀는 7년 전쟁을 일으켰다. 결국 두 전쟁에서 패하면서 마리아 테레지아는 오스트리아 왕위는 이어받을 수 있었지만 슐레지엔 지역을 프로이센에 넘겨주어야만 했다. 그리고 신성로마제국의 황제는 여성이 승계할 수 없었기 때문에 마리아 테레지아의 남편 프란츠 1세(황제: 1745년~1765년)가 신성로마제국의 명목상의 황제로 즉위하였다.

이후 마리아 테레지아는 쇠약해진 오스트리아의 국가 개혁을 성공적으로 이끌었으며, 18세기 유럽 열강의 세력 각축전에서 오스트리아를 견고히 지켜낸 뛰어난 정치가였다.

프랑스 대혁명 후 황제가 된 나폴레옹이 오스트리아를 침공하자 1806년 오스트리아 제국의 프란츠 2세(황제: 1792년~1806년)는 신성로마제국을 해체시켰다.

합스부르크 제국은 1804년 프란츠 2세에 의해 오스트리아 제국이 되었고, 오스트리아 제국은 독일 통일전쟁인 보오 전쟁에서 1866년 패하면서 독일 연방에서 탈퇴하였고, 이어 1867년 오스트리아-헝가리 제국이 되었다. 그리고 오스트리아-헝가리 제국 황태자 프란츠 페르디난트가 세르비아 청년에 의해서 1914년 암살당하자 1차 세계대전이 일어났고, 1918년 1차 세계대전이 끝나면서 합스부르크 제국이었던 오스트리아-헝가리 제국도 소멸되었다.

보다 더 알기 쉬운 유럽사 연대기

프랑스

이탈리아 전쟁과 르네상스

영국과의 백년전쟁이 끝나고 샤를 7세에 이어 즉위한 발루아 왕조의 루이 11세(재위: 1461년~1483년)는 왕권을 중심으로 강력하게 통합된 프랑스 왕국을 구축하면서 근대를 시작하였다.

그의 아들 샤를 8세(재위: 1483년~1498년)는 나폴리 왕국의 왕위가 궐위되자 나폴리 왕위에 대한 프랑스 앙주 가문의 승계를 명분으로 이탈리아 전쟁(1494년~1559년)을 일으켰다.

샤를 8세는 1494년 직접 대군을 이끌고 알프스산맥을 넘어 이탈리아를 침공하였다. 그는 거의 저항을 받지 않고 피렌체를 점령하고 로마로 진격한 뒤, 이듬해에는 나폴리를 점령하였으나 곧이어 신성로마제국 합스부르크 왕가의 스페인을 주축으로 밀라노, 피렌체, 베네치아 등이 참여하는 대프랑스 동맹의 반격이 시작되면서 프랑스는 1495년 나폴리에서 물러났다.

샤를 8세의 갑작스러운 사망으로 1498년 왕위에 오른 루이 12세(재위: 1498년~1515년)는 사법체계와 조세제도를 개혁하며 통치체계를 정비한 다음 이탈리아 원정을 시작하였다. 그는 나폴리뿐만 아니라 밀라노에 대한 계승권까지 주장하며 이탈리아 원정에 나섰다. 그는 초반 나폴리 왕국을 정복하기도 하였으나 1510년 교황청을 중심으로 결성된 대프랑스 동맹에 패배하면서 밀라노에서도 후퇴할 수밖에 없었다.

프랑수아 1세(재위: 1515년~1547년)는 신성로마제국 내의 루터파를 원조하고 이슬람 국가인 오스만제국과도 결탁하여 신성로마제국 카를 5세를 주축으로 한 대프랑스 동맹을 위협하였지만, 오히려 1525년 파비아 전투에서 카를 5세에 의해 포로로 잡혔고, 카를 5세는 1527년 로마의 약탈을 감행하며 프랑스에 대항하면서 이탈리아 전쟁은 절정에 다다랐다.

결국 프랑스의 앙리 2세(재위: 1547년~1559년)가 1557년 생캉탱 전투에서 스페인의 펠리페 2세에게 대패하면서 1559년 이탈리아 전쟁이 종식되었다.

이탈리아 전쟁이 프랑스의 패배로 끝남에 따라 프랑스는 이탈리아에 대한 종주권을 모두 포기하고 스페인의 이탈리아 종주권을 인정했다.

한편 샤를 8세는 전쟁 중 이탈리아의 발달된 문화에 매료되어 이탈리아로부터 프랑스에 르네상스를 도입하였고, 프랑수아 1세 때 피렌체의 레오나르도 다빈치를 프랑스에 초청하는 등 프랑스 르네상스가 절정을 이루었다. 그리고 프랑스는 1536년 칼뱅(1509년~1564년)에 의해 종교개혁이 일어났다.

종교개혁과 위그노 전쟁

이탈리아 전쟁으로 인한 국력 낭비와 종교개혁에 따른 국내 분열이 격화되면서, 프랑스에서는 이탈리아 전쟁이 끝나고 3년 후 1562년 샤를 9세 때 종교전쟁인 위그노 전쟁이 일어났다.

10살의 어린 나이에 왕위에 오른 샤를 9세(재위: 1560년~1574년)는 어머니 카트린 드 메디시스의 섭정을 받았다. 이탈리아 출신이었던 카트린 드 메디시스는 프랑스 내부에서의 입지를 강화하고자 가톨릭 귀족 가문인 기즈가와 결탁하였다.

가톨릭 세력과 위그노들의 대립이 심해지는 가운데 가톨릭 세력이었던 기즈 공작이 1562년 성 바르톨로메오 축일 예배를 올리던 위그노들을 기습 공격(바시의 학살)하였고, 이를 시작으로 위그노 전쟁이 시작되었다.

보다 더 알기 쉬운 유럽사 연대기

36년에 걸친 위그노 전쟁(1562년~1598년) 중 가톨릭 세력에 의해 위그노들에 대한 대학살극이 이어졌고, 또 1589년 가톨릭 세력들에 의해 발루아 왕조의 마지막 왕 앙리 3세(재위: 1574년~1589년)마저 살해되었다.

그의 후사가 없자 발루아 왕조는 끝이 났고 부르봉 왕조의 앙리 4세가 1589년 왕위에 올랐다. 앙리 4세는 프랑스 서남부에 위치한 나바라 왕국의 왕이었다.

위그노 수장이었던 앙리 4세(재위: 1589년~1610년)는 프랑스를 재통일하기 위해 가톨릭으로 개종하고 1598년 위그노(칼뱅파)들에게 신앙의 자유를 인정하는 낭트 칙령을 발표하여 위그노 전쟁을 종식시켰다.

앙리 2세의 세 아들들이 통치한 30년(1559년~1589년) 동안 프랑스는 광기에 찬 종교전쟁인 위그노 전쟁을 경험해야 했다.

앙리 2세는 1559년 이탈리아 전쟁이 끝난 후 마상 시합에 참여했다가 사고로 사망했고, 장남 프랑수아 2세 또한 즉위한 지 1년 만에 사망하였으며, 이어 차남 샤를 9세가 어린 나이에 1560년 왕위에 올라 위그노 전쟁을 치렀으며, 삼남 앙리 3세는 전쟁 중 1589년 살해되었다.

발루아 왕조가 집권을 하고 있었던 14~16세기의 프랑스는 전대미문의 대격변의 시대였다. 유럽의 중세 말기에서 근대 초기에 이르는 이 기간 동안에 프랑스는 흑사병, 백년전쟁, 이탈리아 전쟁, 르네상스, 종교개혁 그리고 위그노 전쟁이라는 영광과 고난을 동시에 경험해 나갔다. 이러한 내외의 위기들로 프랑스는 왕권의 약화와 강화를 번갈아 경험했고, 이때 구축한 제도적, 사상적 기반은 이후 부르봉 왕조의 프랑스에 절대주의적 왕권을 탄생시키는 데 큰 역할을 하였다.

영국

장미전쟁과 왕권 강화

영국은 백년전쟁이 실패로 끝나자 큰 혼란이 일어났고 랭커스터 가문의 헨리 6세와 요크 가문은 영국 왕위를 놓고 1455년 피비린내 나는 동족 간의 내전인 장미전쟁(1455년~1485년)을 시작하였다. 장미전쟁이란 이름은 랭커스터가가 붉은 장미를, 요크가가 하얀 장미를 각각 문장으로 한 데서 따온 것이다.

랭커스터 왕가의 마지막 왕 헨리 6세는 백년전쟁의 패배로 인한 재정의 악화와 정신 이상 증세에 시달리고 있었기 때문에 왕비 마거릿은 아들의 왕위 계승에 불안을 느꼈고, 이에 당시 정당한 왕위 상속권자이며 유능한 관리였던 요크가의 리처드 공을 경계했다.

이로 인해 양가의 견제는 내전으로 이어졌고, 요크가의 리처드 공의 아들 에드워드가 랭커스터가에 승리를 거두고 1461년 에드워드 4세로서 요크 왕가 시대를 열었다.

에드워드 4세(재위: 1461년~1483년)는 뛰어난 지략과 결단력, 군주다운 강인함을 보여 주었고, 특히 왕실 재정을 튼튼히 함으로써 훗날 튜더 왕조의 성공에 기여했다. 그러나 그가 사망하자 여러 세력 간의 다툼이 일어났고, 그의 아들인 에드워드 5세가 즉위했지만 2개월 만에 그의 삼촌인 리처드 3세에게 왕위를 찬탈당했다.

조카로부터 왕위를 찬탈한 리처드 3세(재위: 1483년~1485년)는 조카들을 잔인하게 처리하고 반정의 동지들을 냉혹하게 숙청하면서 주변으로부터 신뢰를 잃었다. 이로 인해 그는 1485년 11월 프랑스에 망명해 있던 랭커스터가에 속하는 헨리 튜더와의 전투에서 패해 전사하였다. 이로써 장미전쟁은 랭커스터가의 승리로 끝났고 24년의 짧은 요크 왕가의 시대도 끝났다.

이렇게 백년전쟁과 장미전쟁이 끝나자 영국은 봉건적 제후와 기사가 몰락하고 국왕의 권력이 한층 강화되어 갔다.

▌스페인

가톨릭 국가로의 통일

가톨릭 왕들인 이사벨라와 페르난도는 이베리아반도를 800여 년간 지배했던 이슬람 세력을 1492년 이베리아반도에서 완전히 축출하고, 이베리아반도를 가톨릭 국가로 통일하였다.

가톨릭 왕들은 안으로는 이베리아반도의 완전한 통합을 위해 이교도들을 처형하고 추방했으며, 밖으로는 콜럼버스를 통한 신대륙의 발견을 지원했다. 또 이들은 유럽에서 스페인의 입지를 확고히 하기 위해 결혼을 통해서 유럽 각국과 동맹을 이어 갔다.

1504년 이사벨라 여왕에 이어 1516년 페르난도왕이 후사 없이 죽자, 스페인의 왕위계승권은 딸인 후아나와 합스부르크 왕가의 신성로마제국 황제인 막시밀리안 1세의 아들 펠리페 사이에서 낳은 아들 카를로스 1세에게 돌아갔다.

스페인에도 합스부르크 왕가 시대

1519년 신성로마제국 황제인 막시밀리안 1세가 서거하자 스페인 왕 카를로스 1세는 합스부르크 왕가의 모든 영토를 물려받으며 카를 5세(황제: 1519년~1556년)로서 신성로마제국 황제가 되었다. 스페인에도 신성로마제국의 합스부르크 왕가의 시대가 열린 것이다.

카를 5세는 스페인과 유럽의 주도권은 물론이고 신대륙의 통치권과 1513년에 발견된 필리핀까지도 장악하게 되었다. 이처럼 신성로마제국의 카를 5세는 근대에 존재했던 모든 제국들 중에서 가장 거대한 지역을 지배하게 되었다. 그리고 그는 프랑스가 일으킨 이탈리아 전쟁(1494년~1559년)에서 1527년 로마의 약탈을 감행하였다.

합스부르크 왕가의 카를 5세는 1556년 퇴위할 때 동생 페르디난트 1세에게는 신성로마제국의 황제위를, 장남 펠리페 2세에게는 스페인 왕위를 넘겨주었다. 이로써 합스부르크 왕가는 신성로마제국의 오스트리아 계열과 스페인 계열로 완전히 양분되었다.

▌네덜란드

네덜란드 지방은 기원전 50년경부터 로마의 지배를 받다가 476년 서로마제국이 멸망하면서 프랑크 왕국의 영토가 되었다. 9세기 초부터 프랑크 왕국이 분열되고, 분열되었던 서프랑크 왕국이 9세기 말 멸망하면서, 이곳 네덜란드 지방에는 여러 도시국가들이 생겨났다.

13세기 말 프랑스 남동쪽에 위치한 부르고뉴 공국이 이곳을 침략하여 지배권을 차지하였는데, 부르고뉴 공국 통치하에서 네덜란드 지방은 모직물공업과 중계무역으로 번영하였으며, 도시는 광범위한 자치권을 가지며 자유의 바람이 넘쳐 났었다.

15세기 말 부르고뉴 상속녀 마리와 신성로마제국 황제 합스부르크가의 막시밀리안 1세가 결혼함으로써 네덜란드 지방은 다시 신성로마제국의 속국이 되었고, 카를 5세가 1519년 할아버지 막시밀리안 1세로부터 상속받았다. 이어 신성로마제국 합스부르크 왕가가 1556년 오스트리아 계열과 스페인 계열로 분리되면서 네덜란드는 스페인 펠리페 2세의 지배를 받게 되었다.

16세기 초 종교개혁 이후 네덜란드 북부 여러 주에 칼뱅파의 신교도 수가 급증하자, 1556년 카를 5세에 이어 스페인 왕위를 계승한 펠리페 2세가 가톨릭의 수호자임을 호언하면서 네덜란드의 신교도들을 탄압하기 시작하였다.

네덜란드 독립전쟁

펠리페 2세의 네덜란드 신교도 탄압에 1566년부터 신교도가 많은 네덜란드 북부는 물론 남부의 가톨릭을 신봉하는 시민 계급까지 항거하기 시작하였다.

이에 1567년 네덜란드 총독으로 부임해 온 알바 공이 신교도들을 잔악하게 탄압하자 계속해서 항거하였고, 1572년에 들어서면서 네덜란드인의 저항운동은 독립전쟁의 양상으로 바뀌었으며 1576년에는 남과 북 여러 주가 브뤼셀 동맹을 결성하여 네덜란드 독립전쟁(1567년~1648년)을 본격화했다. 전쟁이 이어지면서 1578년 가톨릭교도들이 많은 남부의 주들은 스페인에 굴복하였고, 신교도들이 주류를 이루는 북부의 7개 주는 항전을 계속하며 1581년 독립을 선언하고 북부에 네덜란드 공화국을 세웠다.

스페인의 무적함대(1571년 오스만튀르크와의 레판토 해전에서 승리한 함대)가 1588년 북부의 네덜란드 공화국을 지원하는 영국 함대에 대패함으로써 스페인은 국제적 지위가 하락하였고 재정적으로 궁핍한 데다 1598년 펠리페 2세가 사망함으로써 북부의 네덜란드 공화국은 독립전쟁에서 결정적으로 유리한 고지를 차지하게 되었다.

이에 남부 네덜란드(현재의 벨기에, 룩셈부르크, 프랑스의 노르파드칼레)는 이미 독립을 선언한 북부의 네덜란드 공화국과 동맹을 맺고 프랑스의 루이 14세의 지원을 받아 스페인에 대항하였다.

네덜란드 독립전쟁은 1618년부터는 독일에서 있었던 30년 전쟁의 일부가 되어 국제전으로 변하였고, 1648년 독일에서의 30년 전쟁이 끝나면서 맺은 베스트팔렌 조약에서 국제적 승인을 얻음으로써 네덜란드 독립전쟁도 끝났다.

전쟁이 종결된 후 네덜란드는 북부 7개 주가 독립하였고, 남부 네덜란드의 상당 부분이 프랑스의 영토가 되었고, 오늘날의 벨기에와 룩셈부르크 지역은 계속해서 스페인의 지배를 받게 되었다.

네덜란드 독립전쟁은 영국 청교도혁명, 미국 독립전쟁, 프랑스 대혁명에 앞선 시민혁명이었다.

▌러시아

모스크바 대공국, 러시아 통일

1480년 몽골 킵차크한국으로부터 독립한 모스크바 대공국의 이반 3세(재위: 1462년~1505년)는 여러 공국으로 나뉘어 있던 러시아를 통일하였고, 전제군주제를 확립하였다. 그는 또 그리스 정교의 수장임을 주장하였으며, 1495년 크렘린궁을 건설하였다.

이반 4세(재위: 1533년~1584년)는 이반 3세의 손자로 3살에 즉위하여 어머니의 섭정을 받았다. 그는 여러 어려움을 극복하고 1547년 17세에 친정을 시작하면서 대관식을 올렸는데 최초로 차르라는 호칭을 사용하면서 모스크바 대공국을 러시아 차르(군주)국(1547년~1721년)(이반 4세~표트르 대제)으로 발전시켰고, 러시아 차르국은 오늘날 러시아의 전신이 되었다.

그는 친정 초반에는 개혁 정책을 추진하고 중앙정부를 강화하며 절대군주로서의 권력을 장악해 가면서 백성들에게도 환영을 받았으나, 집권 후반 '뇌제'(공포, 잔혹)라는 별명을 얻을 정도로 공포정치를 하였다. 그의 시대에 시베리아 정복이 시작되었다.

그가 사망하자 후계 문제로 모스크바 대공국은 혼란의 시대가 되었고, 결국 1610년 폴란드의 침입으로 류리크 왕조(1283년~1610년)가 단절되었다.

이후 3년여의 혼란의 시기를 거쳐 이반 4세의 조카인 로마노프 가문의 미하일 1세가 1613년에 왕위에 오르면서 로마노프 왕조가 시작되었다.

로마노프 왕조(1613년~1917년)의 제1대 차르(군주) 미하일 1세(재위: 1613년~1645년)는 대내적으로는 혼란의 시대(1610년~1613년)가 남긴 참혹한 유산을 정리하고 국가 경제를 정상적으로 복원하는 데 힘썼고, 대외적으로는 독일의 종교전쟁인 30년 전쟁으로 유럽의 정세가 혼란한 상황 속에서 시베리아 지역으로의 영토 확대와 남부 국경 지대의 국방력을 강화시켰다.

그는 로마노프 왕조의 개창자이며 표트르 대제의 할아버지다. 또한 그는 현재 러시아 영토의 80% 정도를 완성시킨 차르다.

▌이탈리아반도

나폴리 왕국 페르디난도 1세가 1494년 사망하자, 프랑스 왕 샤를 8세는 나폴리 왕국 왕위에 대한 프랑스 앙주 가문의 승계(앙주 가문이 통치했던 시기: 1302년~1433년)를 명분으로 나폴리 왕국 왕위를 물려받겠다며 1494년 이탈리아 원정에 나섰다. 이로써 프랑스와 스페인은 이탈리아반도 패권을 놓고 이탈리아 전쟁(1494년~1559년)을 벌였다. 페르디난도 1세는 스페인 아라곤 왕국의 알폰소 5세의 아들로 아버지에 이어 1458년부터 나폴리 왕국의 왕이었다.

결국 스페인 합스부르크 왕가의 펠리페 2세가 1559년 프랑스에 승리하면서 스페인은 그동안 지배하였던 양시칠리아 왕국에 이어 밀라노 공국, 피렌체 공국까지 손에 넣으며, 반도 북동부의 베네치아 공화국, 북서부의 제노바 공화국 그리고 중부의 교황령을 제외하고는 대부분의 이탈리아반도를 지배하게 되었다.

이후 프랑스의 부르봉 왕가와 오스트리아 합스부르크 왕가 연합과의 스페인 왕위계승전쟁(1701년~1714년)이 끝나면서 1714년부터 프랑스 부르봉 왕가는 스페인 왕위를 계승하였고, 오스트리아 합스부르크 왕가는 그동안 스페인령이었던 나폴리, 밀라노, 양시칠리아 등 대부분의 이탈리아반도를 스페인으로부터 양도받아 지배하게 되었다.

도시국가들

베네치아 공화국

5세기 고트족과 훈족 등 여러 이민족들의 약탈을 피해 이주해 온 고대 로마 출신 난민들이 이탈리아반도 북동부에 베네치아 공국(697년~1082년)을 세웠고, 베네치아 공국은 동로마제국의 지배를 받아 오다가 1082년 완전히 독립하면서 베네치아 공화국(1082년~1797년)이 되었다.

아드리아해에서 활발한 상업 활동을 전개하여 선진적인 동지중해 지역과 후진적인 서유럽 세계를 잇는 중개무역을 독점하면서 부를 쌓았고, 특히 12세기 십자군 전쟁 시 모든 물자와 병력이 베네치아와 제노바에 의해 수송되면서 많은 부를 쌓았다.

또 13세기 초 4차 십자군 전쟁 원정군과 결탁하여 동지중해 여러 지역에 영토를 획득하였으나, 13~14세기에 4차에 걸친 제노바 공화국과의 전쟁으로 많은 영토를 잃기도 했다.

지중해 무역으로 번영하던 15세기 많은 예술가들이 베네치아로 건너와 이탈리아 후기 르네상스의 중심지가 되었다.

제노바 공화국

제노바 공화국(1099년~1797년)은 이탈리아반도 서북부 해안에 위치하며 중세에 베네치아 공화국과 함께 유럽과 중동을 잇는 해상 강자로 군림했다.

제노바 공화국은 12세기 십자군 전쟁 시 발 빠르게 전쟁에 참여해 많은 이권들을 확보함으로써 동방 무역에 있어서 베네치아 공화국과 거의 동등한 위치를 차지하였다. 십자군 전쟁 시 모든 물자와 병력이 제노바와 베네치아에 의해 수송되면서 이탈리아 도시국가들의 위상은 갈수록 높아져 갔다.

피렌체 공화국, 피렌체 공국

피렌체는 토스카나 변경주에 속해 있었는데 토스카나 변경백인 마틸다가 1115년 후계자를 남기지 않고 사망하자 피렌체 시민들이 토스카나 변경백에 대항하여 피렌체 공화국(1115년~1532년)을 건립하였다. 피렌체 공화국은 로마 교황령 위 서북부 해안에 위치하고 있었다.

피렌체 공화국은 아르노강을 중심으로 양모, 제강, 무기 생산 등 상업에 두각을 드러냈고, 이탈리아 각지에서 상인들과 노동자들의 이주를 받아 급속히 팽창하며 번영을 누렸다. 1185년 신성로마제국 프리드리히 1세가 이탈리아를 침공하였을 때 신성로마제국의 지배를 받았지만 1197년 하인리히 6세가 죽은 뒤 다시 독립을 되찾았다.

13세기 들어 피렌체 공화국은 토착 귀족 세력과 신흥 세력 간의 쿠데타와 반쿠데타가 이어지면서 혼란이 이어졌고, 이 무렵 피렌체로 이주한 메디치가는 부동산, 금융업 등 상업을 통해 부를 쌓았고, 시민들의 지지를 받아 1434년 쿠데타를 일으켜 권력을 장악하였다.

피렌체 공화국은 르네상스가 처음 시작된 곳으로 상업과 은행업으로 재력을 쌓은 메디치 가문은 학문과 예술을 전폭적으로 후원하여 레오나르도 다빈치, 보티첼리, 미켈란젤로 등 위대한 예술가들이 수많은 작품을 남기는 데 결정적 역할을 하였다.

프랑스 샤를 8세가 1494년 이탈리아 전쟁을 일으켜 피렌체를 침공했을 때 메디치가의 굴욕적인 항복으로 메디치가가 권좌에서 내려왔지만, 이후 메디치가는 1512년에 이어 1531년 권력을 회복하였다.

신성로마제국 카를 5세는 이탈리아 전쟁 중인 1532년 이곳에 세습군주제를 도입하여 피렌체 공화국을 피렌체 공국(1532년~1569년)으로 바꿨다. 그리고 피렌체 공국은 1569년 토스카나 대공국(1569년~1859년)으로 바뀌었고, 토스카나는 이탈리아 통일의 일환으로 1860년 사르데냐에 합병되었다.

밀라노 공국

밀라노 공국(1395년~1797년)은 잔 갈레아초 비스콘티가 1395년 신성로마제국 황제로부터 공작의 작위를 받으면서 이탈리아반도 북부 지역에서 시작하였다.

밀라노 공국은 15세기 비스콘티가의 지배하에 영토를 확장하며 이탈리아 르네상스를 주도하였다. 1447년 비스콘티가의 후계가 끊기자 용병대장이었던 프란체스코 스포르차가 쿠데타를 일으켜 1450년 권력을 장악하여 세습군주(1450년~1535년)가 되었다. 이때 밀라노는 경제가 번영하면서 이탈리아의 르네상스 문화의 중심지가 되었고, 레오나르도 다빈치도 스포르차가의 후원을 받았다.

밀라노 공국은 신성로마제국 합스부르크 왕가와 프랑스 왕국의 70여 년에 걸친 이탈리아 전쟁으로 쇠락의 길을 걸었다.

시칠리아 왕국, 나폴리 왕국 그리고 양시칠리아 왕국

노르만족들이 9세기부터 이슬람 세력의 지배를 받고 있던 남쪽 시칠리아섬에 쳐들어가 그들을 몰아내고, 시칠리아섬과 이탈리아반도 남부에 1071년 시칠리아 백국을 세운 데 이어 1130년 시칠리아 왕국을 세웠다.

이후 노르만인들에 의한 시칠리아 왕위가 단절되면서 마침 혼인으로 인연이 있는 신성로마제국 호엔슈타우펜가에서 시칠리아 왕국을 지배(1194년~1266년)하였다. 또 얼마 후 호엔슈타우펜가의 왕위가 단절되자, 시칠리아 왕국은 1266년부터 교황청에 의해 프랑스 앙주 가문의 지배(1266년~1302년)를 받았다.

프랑스 앙주가의 지배를 받던 시칠리아 사람들이 앙주가의 억압정치에 불만을 품고 1282년 부활절 월요일 만종을 신호로 반란(시칠리아 만종 반란)을 일으키자, 스페인 아라곤 왕국은 프랑스 앙주가와 20년 전쟁 끝에 1302년 시칠리아섬에서 앙주가를 몰아내고 스페인 지배 시대를 열었다.

이때 시칠리아섬에서 물러난 프랑스 앙주가는 1302년 이탈리아반도 남부에 나폴리 왕국(1302년~1443년)을 세웠는데, 이후 나폴리 왕국이 왕위계승 문제로 내분이 일어나자 1443년 스페인 아라곤 왕국의 왕이며 시칠리아 왕국의 왕인 알폰소 5세가 나폴리 왕국을 점령하여 동군연합의 양시칠리아 왕국을 성립시켰다.

이후 프랑스가 이탈리아 전쟁을 일으켜 잠시 나폴리 왕국을 지배하였으나 1559년 이탈리아 전쟁이 프랑스의 패배로 종결되면서 스페인 합스부르크가의 지배를 받게 되었다.

로마 교황령

교황령은 교황의 세속적인 지배권이 미치는 영토를 가리키며, 756년 프랑크 왕국의 기증 때부터 1870년 이탈리아 왕국에 합병되기 전까지 천 년 넘게 이탈리아반도의 주요 도시국가 가운데 하나였다. 이탈리아반도 중부에 위치하며 로마에서 라벤나 지역에까지 이른다.

절대왕정 시대

르네상스와 종교개혁이 마무리되면서 16세기 들어 유럽의 각 나라들은 시차를 두고 절대왕정 시대를 맞이하였다.

정치적으로는 국왕에게 모든 권력이 집중되었다. 봉건시대 제후들에게 지방분권을 허용한 것과는 달리 국왕은 국가 통일, 행정, 사법, 군사 등 모든 면에서 절대 권력을 갖게 되었다.

사회적으로는 신분사회였다. 신분사회에서는 신분이 이미 출생, 가문에 의하여 결정되었으나, 도시가 번성하면서 시민들에게 신분 상승의 기회가 열렸다.

경제적으로는 중앙집권체제를 운영하는 데 많은 돈이 필요했으므로 국왕은 이를 위하여 조세제도를 만들고 중상주의 정책을 시행하면서 초기 자본주의가 정착되고 발전하여 갔다.

르네상스에서 나타난 근대 문화는 특권 계층인 귀족으로부터 부유한 시민층에게로 점차 확산되어 갔고, 시민층의 자유가 사상 분야뿐만 아니라 사회 모든 영역으로 번져 나갔으며, 자연과학의 발달로 종교는 계속해서 영향력을 상실해 갔다.

한편 국왕의 권력은 봉건적 세력에 의해서도 간섭받지 않았고, 시민 계급 또한 왕권을 통제할 실력을 갖추지 않았기 때문에 왕권은 막강한 권력을 행사할 수 있었다.

▍영국의 절대왕정

절대왕정 형성

영국은 유럽의 어느 나라보다 일찍이 중앙집권을 이룩하였다. 1066년 프랑스 지역 노르망디 공인 윌리엄이 영국 전역을 정복하고, 정복왕으로서 강력한 왕권을 확립하였다.

영국을 정복한 노르망디 공들은 프랑스를 떠나 영국에 정주하기를 원하지 않았기 때문에 관료제도를 만들어 이를 통하여 정복지를 관리하고자 하였다. 정복자인 노르망디 공들과 그의 측근들도 프랑스인으로서 모두들 영어를 배우려 하지 않았으므로 정복인들은 영국인 가운데 유능한 사람들을 관리로 임용하였다.

이리하여 성직자, 귀족, 시민들이 관리로 변신하는 경향이 있었고 이들은 왕에게 통치에 필요한 조언과 자문을 하는 역할을 수행하였다. 13세기에 이르러 이들의 자문회의는 팔러먼트라고 부르게 되었다. 팔러먼트는 후일 의회가 되었다.

영국 의회는 프랑스의 신분제 의회와 달리 지방의회가 아니라 전국의 의원들이 모인 국회였으며 의회 구성원이 신분에 따라 이루어지지 않았고, 재산이 있으면 누구나 의원이 될 수 있었다.

또한 영국에서는 관습을 중시하는 경향이 있어서 특정 지역에서만 유효한 봉건법이 아니라 영국 전역에서 유효한 보통법이 제정되어 왕이라도 마음대로 법을 바꿀 수 없었다. 이러한 역사적 전통은 영국이 절대왕정으로 갈 수 있는 길을 마련해 주었다.

절대왕정 기초 확립, 튜더 왕조

헨리 튜더는 장미전쟁에서 승리를 거두고 헨리 7세로 즉위하면서 튜더 왕조 시대(1485년~1603년)를 열었다.

헨리 7세(재위: 1485년~1509년)는 중앙집권체제를 확립하여 정치적 안정을 도모하였고, 귀족의 사병을 폐지하고 왕실 재정을 튼튼히 하는 등 절대주의 왕권의 기초를 확립하였다. 나아가 대양 진출과 식민지 개척의 기초를 마련하였다.

헨리 8세(재위: 1509년~1547년)는 스페인 공동 왕인 페르난도와 이사벨라의 딸 캐서린과 결혼했지만, 교황청의 반대를 무릅쓰고 캐서린과 이혼하고 앤 불린과 결혼하였다. 이로 인해 그는 1534년 로마 교황청과 결별을 선언하고 직접 교회의 수장이 되어 영국 국교회(성공회)를 설립하였다. 마침 당시 대중은 교황청의 과도한 간섭과 수도원의 부패에 염증을 느끼고 있었고 이를 대체할 새로운 종교를 갈구하고 있었다.

그는 또 수도원을 해산하고, 교회 재산을 몰수하여 왕의 지지자들에게 나누어 주는 한편 왕실 재정을 튼튼히 함으로써 영국 경제에 활력을 불어넣었다. 그리고 튜더 혁명이라고 일컬을 정도의 획기적인 행정 개혁을 단행하여 절대왕권을 확립하였다. 또 그는 1536년 웨일스와 아일랜드를 합병하였다.

그가 사망하자 그의 아들 에드워드 6세가 1547년 어린 나이에 즉위하였지만 요절하였고, 이어 그의 딸 메리 1세가 여왕으로 즉위하였다.

메리 1세(재위: 1553년~1558년)는 아버지 헨리 8세에게 이혼당하고 불행한 삶을 살았던 첫째 왕비인 어머니 캐서린의 명예를 회복하고자 어머니의 종교였던 가톨릭을 부활시켰으며 수많은 신교도들을 무자비하게 처형하여 '피의 메리'라고 불렸다.

스페인 펠리페 2세의 왕비이며 영국 여왕이었던 메리 1세는 스페인의 동맹군으로 이탈리아 전쟁(1494년~1559년)에 참여했다가 프랑스 지역에 마지막으로 남아 있던 영국령 칼레를 프랑스에 넘겨줘야만 했다.

절대왕정의 절정, 엘리자베스 1세

엘리자베스 1세(재위: 1558년~1603년)는 튜더 왕조의 마지막 군주이며, 헨리 8세의 두 번째 왕비인 앤 불린의 딸로서 언니 메리 1세와는 이복 자매다.

여왕은 성공회를 정착시키는 데 큰 업적을 세웠다. 여왕은 성공회를 가톨릭의 방식을 유지하면서 교리만 개신교로 바꾼 중도적 교회로 만들었고, 1599년에 영국의 국왕을 국교회(성공회)의 수장으로 선언하는 수장령을 선포하고 가톨릭을 억압하여 종교적인 통일을 꾀하였다.

이러한 여왕의 종교 정책은 국민들을 그에 순응하는 국교도와 불응하는 비국교도로 분열시켰고, 훗날 비국교도들 중에서도 청교도(퓨리턴)들은 아메리카 대륙으로 건너가거나 청교도혁명의 주역이 되었다.

여왕은 화폐개혁을 통해 물가를 억제하고 안정된 통화 질서를 확립하였고, 정부의 재정 지출을 억제하여 국가 재정을 건실하게 하였다. 또 1590년대 극심한 기근이 들자 1597년 빈민들을 구제하는 구민법을 새로이 제정하는 등 경제 전반을 안정시키는 데 노력하였다. 여왕은 또 네덜란드 독립전쟁(1567년~1648년) 당시 스페인 펠리페 2세의 무적함대를 물리쳐 스페인의 속국이었던 네덜란드의 독립에 일조하였다. 또 인도에 동인도회사를 세워 아시아 진출의 바탕을 마련하였으며, 헨리 7세 때 처음 시도되었던 북아메리카 식민지 개척도 재개하였다.

영국의 절대왕정은 엘리자베스 1세 때 최전성기였으며, 영국이 대영제국으로 발전할 수 있는 굳건한 토대가 만들어졌다. 엘리자베스 1세는 후대의 영국인들에게 역대 어느 왕보다 높은 찬미의 대상이 되었다.

튜더 왕조 시대는 헨리 7세, 헨리 8세, 에드워드 6세, 메리 1세, 엘리자베스 1세로 이어지는 영국의 절대왕정 시기였다.

영국, 스코틀랜드 공동 왕 시대

엘리자베스 1세 여왕이 후손 없이 죽자 스코틀랜드 왕 제임스 스튜어트가 영국에 스튜어트 왕조(1603년~1714년)를 열며 제임스 1세로 영국 왕이 되었다. 이로써 제임스 1세는 영국, 스코틀랜드, 아일랜드의 공동 왕이 되었다.

제임스 1세(재위: 1603년~1625년)는 재위 기간 동안 영국과 스코틀랜드의 통일을 추진하였고, 1707년 앤 여왕 때 통일 왕국이 되는 기초를 놓았다.

그는 왕은 법 위에 선다는 왕권신수설을 주장하여 영국 의회와 계속해서 갈등을 빚으며 의회의 특권과 관행을 무시했고, 가톨릭과 청교도들을 탄압하였다. 이에 가혹하게 탄압을 받은 청교도들은 완전한 프로테스탄트 교회를 열망하며 1620년 종교의 자유를 찾아 아메리카 대륙으로 건너갔다. 오늘날 미국 문명의 본격적인 출발은 이때 영국에서 시작되었다고 볼 수 있다.

찰스 1세(재위: 1625년~1649년)가 아버지 제임스 1세보다 더 심하게 전제정치를 하자, 의회는 1628년 의회의 동의 없이는 어떠한 과세나 공채도 강제되지 않는다는 것, 법에 의하지 않고는 누구도 체포, 구금되지 않는다는 것, 각종 자유권을 보장한다는 것 등의 내용을 담은 권리청원을 의회에서 통과시켜 찰스 1세의 승인을 받아 냈다. 하지만 이후 국왕과 의회의 갈등이 심해지면서 찰스 1세는 급기야 1년 후 의회를 해산시켰고, 이후 11년간이나 의회가 열리지 않았다.

청교도혁명에서 명예혁명까지

왕과 의회의 대립은 1642년 의회파와 왕당파 사이의 내전으로 발전하였다. 이 내란이 7년간 지속되었는데, 청교도의 크롬웰이 이끄는 의회파가 왕의 군대를 무찌르고 승리를 거두었다. 1649년 의회는 찰스 1세를 사형에 처한 후, 왕정을 폐지하고 공화국을 선포하였다. 이것을 청교도혁명(1642년~1649년)이라고 한다.

그러나 크롬웰이 엄격한 종교 정책과 군사 독재를 펼치자 국민의 불만은 커져 갔으며 결국 크롬웰이 죽자, 의회는 청교도혁명 때 네덜란드로 망명한 찰스 2세를 맞이하여 왕정을 복고시켰다. 이로써 영국에서는 청교도혁명 이후 영국 역사상 유일하게 실험했던 11년 동안의 공화국 체제가 종말을 고했고, 다시 왕정으로 복고되었다.

찰스 2세(재위: 1660년~1685년)는 즉위 초반 아버지 찰스 1세를 단두대로 몰았던 주동 인사들을 최소한의 선에서 처벌하는 등 과거 청산 작업을 최대한 간단히 매듭짓고, 의회와의 타협과 상생을 통해 국정 운영의 안정을 꾀하고자 하였다. 나아가 통치권 회복, 해군력 강화, 식민지 확장 등에 주력하였고, 종교 정책에 포용력을 펼치고자 했다.

그의 재위 시 1665년 런던에서 흑사병의 발발로 런던에서만 수만 명이 사망하였고, 1666년 런던 대화재로 도심의 열악한 가옥 구조를 이루고 있던 빈민가 일대가 전소되었으며 런던의 대표적 상징물이었던 세인트 폴 대성당을 비롯해 수많은 종교시설도 소실되었다.

한편 1665년에는 아메리카의 뉴암스테르담을 식민지로 만들며 뉴욕(동생 이름 요크 공에서 유래)이라 명명하였고, 그의 시대에 토리당(지주, 귀족)과 휘그당(시민층)이 탄생하였다.

그의 동생 제임스 2세(재위: 1685년~1688년)는 요크 공 시절부터 찰스 2세의 궁정에서 정치력을 인정받았고, 즉위 초반에는 통치 군주로서 확고한 면모를 보여 줬다. 그러나 프로테스탄트(신교도) 국가를 지향하는 영국에서 가톨릭 신자였던 그는 1688년 종교 관용령을 통해 모든 종교의 자유를 보장하며 전제정치를 계속해 나가면서 의회와 국민들의 반감을 사기 시작했고, 급기야 그의 외가인 프랑스로 도피하였다.

이에 의회는 1688년 12월 제임스 2세를 폐위하고 독실한 프로테스탄트인 그의 큰딸 메리 2세와 그녀의 남편인 네덜란드 오렌지 공 윌리엄 3세를 공동 왕으로 추대하였다.

공동 왕위에 오른 메리 2세(재위: 1689년~1694년)와 윌리엄 3세(재위: 1689년~1702년)는 1689년 2월 의회가 제정한 권리장전을 승인하고 왕위에 올랐는데 유혈사태 없이 정권 교체를 한 이 사건을 명예혁명이라 한다.

명예혁명은 영국의 의회 민주주의를 출발시킨 시발점이 되었다. 이후 어떠한 영국의 왕조도 의회를 무시하는 무소불위의 권력을 행사할 수는 없었다. 이때 '국왕은 군림하되 통치하지 않는다'는 입헌군주제가 수립되었다.

권리장전에 따르면 왕은 의회의 승인 없이는 법을 제정하거나 효력을 정지시킬 수 없고, 세금도 거둘 수 없으며 상비군도 유지할 수 없다. 나아가 의회의 선거는 자유로워야 하며 또한 의회 내에서 토론도 자유로워야 하고 소집도 자주 해야 하며 법은 공정하고 적절하게 운영되어야 한다는 것이다.

의회는 또 프로테스탄트 왕위를 수호하기 위하여 1701년 영국의 왕위는 오직 프로테스탄트에게만 승계되도록 하는 왕위 계승법을 통과시켰다.

1689년의 권리장전은 1215년의 마그나 카르타(대헌장), 1628년의 권리청원과 함께 영국 헌법의 성경이라 불린다.

이후 윌리엄 3세는 영국 내정은 의회에 맡기고, 당시 확대되는 프랑스 루이 14세의 유럽 지배를 막는 데 전념하였다.

스튜어트 왕조 마지막 군주인 앤 여왕(재위: 1702년~1714년)은 프랑스와 오스트리아 간 스페인 왕위계승전쟁(1701년~1714년)에서 오스트리아 편에 서서 프랑스와 싸웠다. 전쟁을 끝내면서 스페인 왕위는 프랑스가 가져갔지만 영국은 스페인의 지브롤터, 미노르카 등의 지역을 차지하며 주요 해상국으로 부상하였고, 식민지 체제를 확대해 나갔다.

또 앤 여왕은 1707년 영국과 스코틀랜드를 병합하여 그레이트브리튼 연합 왕국을 탄생시켰다. 앤 여왕은 제임스 2세의 둘째 딸이며 전임 공동 왕 메리 2세의 동생이다.

하노버 왕조 시작

앤 여왕이 후손이 없자 의회는 1714년 프로테스탄트이며 스튜어트 왕조를 연 제임스 1세의 손녀인 소피아 스튜어트의 아들 조지 1세에게 왕위를 부여하였다. 이때 조지 1세는 독일에 뿌리를 둔 하노버 공국의 선제후였다. 이로써 영국은 하노버 왕조 시대(1714년~1901년)를 열었다.

신성로마제국의 작은 하노버 공국을 통치하던 낯선 인물이었던 조지 1세(재위: 1714년~1727년)는 즉위 초 영국 국민들에게 외면당했고, 두 차례나 반란을 진압해야 했다.

또 50대 중반까지 독일 하노버 공국에서 절대군주로서 행세해 왔던 조지 1세로서는 의회 및 정부의 각료들과 정치적 소통을 일궈 나가야 하는 영국의 정치 풍토가 낯설었고, 따라서 국정 실무에도 소극적이었다. 그러나 이로 인해 오히려 내각은 재량껏 문제를 해결해 나갈 수 있었고, 영국은 내각책임제가 발달하였다. 특히 그가 임명한 초대 재상이자 수상이었던 월폴 경의 활약이 컸다. 그는 영어를 못했고 대부분 독일에서 보냈다.

한편 조지 1세의 딸 소피아 도로시아는 프로이센의 프리드리히 빌헬름 1세와 결혼했고, 그들의 아들이 후일 프로이센의 프리드리히 대제가 되었다.

조지 1세의 아들 조지 2세(재위: 1727년~1760년)는 33년의 긴 재위 기간 동안 유럽 및 해외 식민지에서 벌어진 여러 외교 전쟁에 가담해 실리를 적극적으로 챙겼고, 해외 무역에서도 영국의 이권을 증대시켜 나갔다.

조지 2세는 스튜어트 왕조 때부터 개척해 오던 북미 대륙에 1732년 자신의 이름을 딴 식민지 조지아주를 개척하였다. 그리고 그는 오스트리아 왕위 계승전쟁에 이어 1756년 발생한 7년 전쟁 시 프로이센과 연합해서 프랑스와 연합한 오스트리아에 대항하였다. 이때 해외 식민지에서 영국과 프랑스가 전쟁을 하였는데 영국이 프랑스에 승리하면서 프랑스가 가지고 있던 아메리카 신대륙과 인도의 광대한 영토를 획득했다.

이어 즉위한 그의 손자 조지 3세 시기에 산업혁명이 일어났다.

프랑스의 절대왕정

절대왕정 형성

프랑스 절대왕정은 1453년 영국과의 백년전쟁에서 승리하면서 시작되었다. 국왕은 전쟁을 수행해야 하는 비상 상황 속에서 그동안 왕권을 제약해 왔던 성직자, 귀족, 평민으로 구성된 신분의회인 삼부회를 무시하고 전쟁 경비 마련을 위하여 새로운 세금을 만들고, 새로운 법을 자의적으로 제정할 수 있없을 뿐만 아니라 거대한 군대도 보유할 수 있게 되었다. 또 교황이 국왕과 협의를 통해 교회 성직자를 임명하게 되면서 국왕은 교회를 완전히 장악할 수는 없었지만 통제권을 행사할 수는 있었다.

이렇게 발루아 왕조(1328년~1589년) 때 구축된 제도적, 사상적 기반은 부르봉 왕조의 절대주의적 왕권을 탄생시키는 데 큰 역할을 하였다.

절대왕정 기초 확립, 부르봉 왕조

발루아 왕조의 마지막 왕 앙리 3세가 남자 후사 없이 사망하자, 앙리 4세는 1589년 부르봉 왕조(1589년~1793년)를 열며 왕위에 올랐다. 그는 앙리 3세의 여동생 마르그리트의 남편으로 스페인 피레네산맥 북쪽에 위치한 나바라 왕 앙리 드 부르봉이었다.

앙리 4세(재위: 1589년~1610년)는 1598년 위그노 전쟁을 종식시켰고, 프랑스는 평화와 안정을 되찾았다. 그는 36년간의 내전으로 피폐해진 왕국의 재건에 온 힘을 쏟았지만 1610년 한 가톨릭 광신도에 의해 암살당했다.

아홉 살에 왕위에 오른 루이 13세(재위: 1610년~1643년)는 초반에는 모후 마리 드 메디치의 섭정을 받다가, 추기경 리슐리외 재상과 마자랭 재상의 도움을 받아 왕권 중심의 국가 체제를 형성해 갔다.

그는 대내적으로는 지방 대귀족과 개신교도들을 제압하고 대외적으로는 독일의 종교전쟁인 30년 전쟁(1618년~1648년)에 참여하는 등 신성로마제국 합스부르크 왕가를 견제하면서 프랑스 절대주의의 기반을 닦았다.

절대왕정의 절정, 루이 14세

선왕의 갑작스러운 서거로 1643년 5살의 나이로 왕위에 오른 루이 14세(재위: 1643년~1715년)는 초반 모후의 섭정과 재상 마자랭의 보필을 받았다.

그는 재위 초반 독일의 종교전쟁인 30년 전쟁이 끝나고 1648년에 일어난 프롱드의 난(1648년~1653년)으로 정치적 위기를 겪기도 했으나 재상 콜베르의 도움으로 1661년부터 친정을 시작하였다. 프롱드의 난은 자유적이고 공화주의적 사상을 가진 파리고등법원 법관들과 시민들이 왕권과 섭정 마자랭에 대해서 저항한 난으로 프랑스 최후의 귀족의 저항이며, 최초의 시민혁명의 시도라고 볼 수 있다. 이 시기 영국에서는 청교도혁명(1642년~1649년)이 일어났다.

그는 프랑스를 유럽 예술의 중심지로 만들었고 베르사유 궁전 건설로 화려한 왕실 문화의 극치를 보여 주었다. 그러나 그는 앙리 4세의 낭트 칙령을 철회해 대부분 수공업자들이었던 위그노들로 하여금 프랑스를 떠나게 하고, 많은 전쟁에 참여함으로써 국가 재정 상황을 최악의 상황으로 만들었다.

재위 후반에는 스페인 왕위계승전쟁(1701년~1714년)을 통하여 그의 손자 펠리페 5세로 하여금 스페인 왕위를 잇게 했고, 오랜 기간 왕위 유지로 아들과 손자가 요절하였고 이에 증손자인 루이 15세에게 왕위를 물려주고 사망하였다.

루이 14세는 왕권신수설을 신봉해 자신을 신의 대리자로 자청하며 절대 권력을 휘둘렀다. 또한 그는 프랑스 최전성기 왕으로 16, 17세기 유럽의 절대왕정 시대를 상징하며, 그 정점에 올랐던 태양왕이었다.

절대왕정의 쇠퇴

루이 15세(재위: 1715년~1774년)는 1715년 5세의 나이에 왕위에 올라 1725년까지 섭정을 받았고, 1726년부터 친정에 들어가 플뢰리에게 정사를 맡겨 재정 질서의 회복과 통화 안정, 무역 확대에 힘을 기울여 한때 국력이 회복되는 듯했다.

그러나 루이 15세는 프로이센과 연합해서 오스트리아와 오스트리아 왕위계승전쟁(1740년~1748년)을 치렀고, 이어 1756년 일어난 7년 전쟁(1756년~1763년)에서는 오스트리아와 연합해서 프로이센과 연합한 영국과 전쟁을 치르면서 국력을 많이 소모시켰다. 특히 7년 전쟁 시 프랑스는 해외 식민지인 미국과 인도에서 영국에 대패하면서 캐나다와 미시시피강 동쪽 전체를 영국에게 빼앗겼을 뿐만 아니라 인도 역시 영국에 넘겨주었다.

이렇게 루이 15세 때에 이르면서 전쟁으로 인한 재정 악화로 절대주의가 쇠퇴하고, 반면에 상업자본주의가 발달하면서 부르주아 계급이 새로운 세력으로 등장하기 시작하였다.

또 볼테르, 몽테스키외, 루소 등에 의하여 확산된 계몽주의의 영향으로 자유주의와 평등주의가 확산되어 귀족, 성직자 등 특권계층에 대한 피지배 평민 계층의 비판의식이 높아지고, 부패한 왕실에 대한 시민의 불만이 고조되었다.

프로이센의 절대왕정

프로이센 공국, 브란덴부르크-프로이센 공국

프로이센 지역에서는 13세기 십자군 원정에서 돌아온 튜턴기사단(독일기사단)이 이교도 원주민들을 정복하고 독일 농민들을 이주시켜 독일기사단국을 만들었다. 이후 독일기사단국이 쇠퇴하자 1525년 최후의 기사단장 알브레히트 폰 프로이센이 신교인 루터교로 개종하고 가톨릭과의 관계를 절연함으로써 이 영토를 세속화하여 프로이센 공국(1525년~1618년)을 세웠다.

이후 1618년에 프로이센 공국의 대가 끊기면서 브란덴부르크 선제후인 지기스문트가 프로이센 공국을 상속하며 동군연합인 브란덴부르크-프로이센 공국을 세웠다. 이로써 신성로마제국 영역 밖이었던 프로이센 지역이 신성로마제국 영역 안으로 들어왔다.

브란덴부르크-프로이센 공국(1618년~1701년)은 30년 전쟁이 한창이던 1640년 즉위한 프리드리히 빌헬름 대선제후(재위: 1640년~1688년) 때가 되어서야 유럽에서 주목받기 시작하였다.

브란덴부르크-프로이센 공국은 1648년 30년 전쟁이 끝나면서 맺은 베스트팔렌 조약으로 상당히 넓은 영토를 획득하였다. 이를 바탕으로 브란덴부르크-프로이센 공국은 국력을 강화하기 위하여 적극적인 중상주의 정책을 실시함과 동시에 군사력 강화에 매진하였다.

프리드리히 빌헬름 대선제후는 프랑스 루이 14세로부터 박해를 받는 위그노 난민 2만여 명과 유대인들을 받아들이고, 행정체계를 중앙집권화하여 봉건 제후들의 간섭을 배제하면서 절대왕정 체제를 위한 기반을 수립하였다. 이들 위그노와 유대인들은 30년 전쟁으로 폐허가 된 독일이 다시 일어서는 데 많은 기여를 하였으며, 19세기 독일 산업혁명의 주도 세력이 되었다.

그의 아들 프리드리히 1세 선제후가 1701년 스페인 왕위계승전쟁(1701년~1714년) 때 신성로마제국에 군사를 지원함으로써 브란덴부르크-프로이센 공국은 신성로마제국 레오폴트 1세에 의해 프로이센 왕국이 되었고, 그는 프로이센 왕국의 왕(재위: 1701년~1713년)이 되었다.

절대왕정, 프로이센 왕국

프리드리히 1세의 아들 프리드리히 빌헬름 1세(재위: 1713년~1740년)는 군인왕이라는 별명이 붙을 정도로 군사력을 강화하는 한편 관료제도를 정비하여 그 바탕 위에 절대왕정을 확립하였다. 그가 사망하자 1740년 그의 아들 프리드리히 2세가 왕위를 이어 갔다.

프리드리히 2세(재위: 1740년~1786년)는 선대가 이루어 놓은 막강한 군사력으로 오스트리아 왕위계승전쟁과 7년 전쟁에서 오스트리아에 승리하면서 슐레지엔 지역을 확보하는 등 영토를 확장하고 독일제국 내의 패권을 차지하였다. 그는 또한 계몽군주였다. 이후 프로이센은 오스트리아와 경쟁하면서 독일 통일을 주도하였다.

신성로마제국, 합스부르크 제국 오스트리아

1648년 30년 전쟁을 끝낸 페르디난트 3세의 아들 레오폴트 1세(황제: 1658년~1705년)는 전쟁 이후 폐허가 된 독일을 재건하고 향후 100여 년간 평화를 구가하는 데 결정적인 역할을 하며 합스부르크 제국의 중흥의 기반을 마련하였다. 그리고 헝가리와 크로아티아에 대한 오스만튀르크의 공격을 막아 냈고, 1701년에 시작된 스페인 왕위계승전쟁(1701년~1714년)에서 프랑스의 루이 14세의 팽창 정책에 맞섰다.

그는 동시대 인물인 프랑스의 루이 14세와 더불어 유럽 왕조 역사상 대제라고 불릴 정도로 많은 업적을 남겼다.

레오폴트 1세가 1705년 사망하자 그의 큰아들 요제프 1세가 재위를 이어받았지만 오래가지 못했고, 이어 그의 둘째 아들 카를 6세가 신성로마제국 황제가 되었다.

카를 6세(황제: 1711년~1740년)는 재위 중 스페인 왕위계승전쟁을 끝내면서 스페인 왕위는 프랑스에 빼앗겼으나, 스페인령이었던 밀라노 공국, 나폴리 왕국, 시칠리아 왕국 등 이탈리아반도 대부분과 스페인령 네덜란드를 획득하였다. 하지만 그의 치세 시대는 전쟁의 연속이었고, 재위 후반 폴란드 왕위계승전쟁에 섣불리 개입하면서 오히려 스페인 왕위계승전쟁 시 획득했던 이탈리아반도 대부분의 땅을 스페인에 돌려줘야 했고, 연이은 전쟁에서 패배하면서 영토가 현격하게 축소되었다.

카를 6세는 아들을 낳지 못하여 가문이 단절될 위기에 몰리자 살리카 법에 위배됨에도 불구하고 딸인 마리아 테레지아에게 왕위를 물려주기 위해 국사 조칙을 공표하였다.

보다 더 알기 쉬운 유럽사 연대기

마리아 테레지아 시대

카를 6세가 1740년 사망하자 그가 발효한 법령 국사조칙에 의해 그의 장녀인 마리아 테레지아가 23세에 오스트리아 왕위를 계승하였다. 이로써 오스트리아는 마리아 테레지아 시대(1740년~1780년)를 열었다.

그러나 마리아 테레지아는 합스부르크가와 친족관계를 맺은 유럽 열강들, 특히 프로이센의 이의 제기로 오스트리아 왕위계승전쟁에 휘말렸고, 이어 그녀는 7년 전쟁을 일으켰다. 결국 두 전쟁에서 패하면서 마리아 테레지아는 오스트리아 왕위는 이어받을 수 있었지만 슐레지엔 지역을 프로이센에 넘겨주어야만 했다.

하지만 이후 마리아 테레지아는 쇠약해진 오스트리아의 국가 개혁을 성공적으로 이끌었으며, 18세기 유럽 열강의 세력 각축전에서 오스트리아를 견고히 지켜 낸 뛰어난 정치가였다.

마리아 테레지아는 프로이센의 프리드리히 2세(재위: 1740년~1786년)와 동시대의 인물로 향후 독일이 통일되는 과정에서 오스트리아와 프로이센은 경쟁을 하게 되는데 둘은 그 시작을 열었다.

오스트리아 왕위계승전쟁

마리아 테레지아가 왕위(대공)를 계승하자 여성의 상속권을 부정한 고대 게르만법인 살리카 법에 어긋난다 하여, 특히 17세기 후반부터 강력한 독일 영방 국가로 발돋움하고 있던 프로이센 왕국에서 반대하였다. 다만 프로이센 왕국의 프리드리히 2세는 오스트리아가 슐레지엔(폴란드)을 넘겨준다면 왕위 계승을 인정하겠다고 주장했다.

이를 오스트리아가 거부하자 프로이센의 프리드리히 2세가 1740년 슐레지엔으로 쳐들어가 오스트리아와의 전쟁을 시작하였다. 이것이 오스트리아 왕위계승전쟁(1740년~1748년)이다.

이 전쟁의 결과 마리아 테레지아는 1748년 10월 체결된 아헨평화협정에 의해 프로이센에 슐레지엔을 넘겨주는 조건으로 모든 유럽 국가로부터 합스부르크의 상속권을 인정받았다.

그러나 신성로마제국의 황제는 여성이 승계할 수 없었기 때문에 마리아 테레지아는 남편 프란츠 1세(황제: 1745년~1765년)(전쟁 중 황제로 선출됨)를 신성로마제국의 명목상의 황제로 즉위시키고, 그녀는 실질적인 통치자로 오스트리아 및 신성로마제국에 정치적 영향력을 행사했다.

7년 전쟁

왕위계승전쟁이 끝나고 8년 후 오스트리아는 왕위계승전쟁 때 빼앗겼던 슐레지엔 지역을 탈환하기 위해 1756년 프로이센을 침략함으로써 7년 전쟁(1756년~1763년)을 일으켰다.

이 전쟁은 유럽의 거의 모든 열강들이 참여하게 되어 유럽뿐만 아니라 그들의 식민지가 있던 아메리카와 인도에까지 퍼진 세계대전 규모의 전쟁이었다. 오스트리아는 프랑스, 러시아 등과 동맹을 맺고, 프로이센은 영국과 연합하였다.

유럽에서는 영국의 지원을 받은 프로이센이 오스트리아에 승리를 거두어 슐레지엔의 영유권을 확보함으로써 오스트리아는 오히려 슐레지엔에 대한 프로이센의 영유권만 확약시켜 주었다. 또 영국은 북아메리카의 프랑스 식민지인 뉴프랑스(퀘벡주와 온타리오주)를 차지하며 북아메리카에서 프랑스 세력을 몰아냈고, 나아가 인도에서도 영국이 프랑스에 승리하며 영국은 대영제국의 기초를 닦게 되었다.

보다 더 알기 쉬운 유럽사 연대기

▋스페인

최전성기, 펠리페 2세 시대

합스부르크 왕가의 카를 5세가 1516년 스페인 왕위에 오르면서 스페인도 합스부르크 왕가의 시대를 열었다. 또 펠리페 2세(왕위: 1556년~1598년)는 부왕 카를 5세로부터 이미 밀라노 공국, 양시칠리아 왕국 등 이탈리아 도시국가들과 네덜란드를 물려받았고, 1556년 스페인 왕위에 오르면서 스페인 왕국과 스페인 해외 식민지를 차례로 물려받았다. 1561년에 수도를 톨레도에서 마드리드로 옮겨 오늘날까지 이어지는 스페인의 기틀을 잡았다.

그는 또 이탈리아 전쟁 막바지인 1557년에 프랑스와의 생캉탱 전투에서 승리를 거두고 1559년 전쟁을 종식시켰다. 이후 스페인은 중부의 교황령을 제외한 대부분의 이탈리아반도를 합스부르크 왕가의 스페인 지배가 끝나는 1700년까지 지배하였다.

또 그는 1571년 오스만튀르크와의 레판토 해전에서 오스만튀르크를 물리쳐 이슬람의 서진을 막았으며, 이 해전에서 위력을 발휘한 대형 범선 6척이 후일 무적함대의 모체가 되었다. 〈돈키호테〉의 저자 세르반테스도 이 해전에 참여했다가 왼팔을 잃었다. 그는 또 1580년 포르투갈의 왕위가 단절된 틈을 타 포르투갈을 합병하였다.

한편 펠리페 2세는 1567년 스페인 속국이었던 네덜란드에서 독립전쟁(1567년~1648년)이 일어나자, 1588년 네덜란드 독립전쟁을 지원하는 영국을 저지하기 위해 영국 원정을 시도하였다. 그러나 영국해협에서 벌어진 해전에서 영국 함대의 빠른 공격과 폭풍우로 인해 대패하였다. 이때 영국왕은 펠리페 2세의 부인이었던 메리 1세의 이복동생인 엘리자베스 1세였다.

이 해전에서 무적함대의 패배로 스페인은 영국에 해상 무역권을 넘겨주어야 했고, 또 펠리페 2세의 재위 기간에 전성기를 맞이했던 스페인의 세력이 점차 쇠락하게 되는 중요한 분기점이 되었다.

펠리페 2세 시대는 남아메리카, 이탈리아반도, 아프리카 서남부 지역 등 스페인 역사상 가장 넓은 지역을 관할했던 최전성기였다.

그의 아들 펠리페 3세(재위: 1598년~1621년)는 삼십여만 명의 이슬람 교도들을 추방하여 중산층의 재정적 파탄을 가져왔고, 펠리페 4세(재위: 1621년~1665년)는 1648년 네덜란드 독립전쟁에서 패배함으로써 스페인의 속국이었던 네덜란드를 독립시켜 주었다.

스페인의 펠리페 2세(재위: 1556년~1598년)는 영국의 엘리자베스 1세(재위: 1558년~1603년), 프랑스의 앙리 4세(재위: 1589년~1610년)와 동시대 인물이다.

스페인 왕위계승전쟁과 부르봉 왕조 탄생

스페인 합스부르크 왕가의 마지막 왕 카를로스 2세(재위: 1665년~1700년)는 곱사등이에다가 약골로서 몰락해 가는 스페인 합스부르크 왕가의 마지막 지진아였다. 이때 1668년 포르투갈도 독립하였다.

카를로스 2세가 후계자 없이 1700년 사망하자 프랑스 루이 14세의 손자인 필리프 앙주 공이 펠리페 5세로 스페인 왕위에 올랐다. 이에 스페인 왕위계승권을 주장하는 오스트리아가 영국, 네덜란드와 3국 동맹을 맺고 프랑스와 스페인에 선전포고를 하면서 스페인 왕위계승전쟁(1701년~1714년)이 일어났다. 프랑스 왕 루이 14세의 부인 마리 테레즈는 스페인 왕 펠리페 4세의 딸이었고, 스페인과 오스트리아는 다 같이 합스부르크 가문에서 왕위를 이어 왔기 때문에 프랑스와 오스트리아는 서로 스페인 왕위계승권을 주장하였다.

결국 스페인 왕위는 프랑스 부르봉 왕가의 루이 14세의 손자인 펠리페 5세에게 돌아갔다. 이로써 스페인은 200여 년의 합스부르크 왕가의 시대(1516년~1700년)가 막을 내리고 부르봉 왕가의 시대를 맞이하게 되었다.

이때 스페인은 오스트리아와 연합해서 싸운 영국에게는 지브롤터, 미노르카 등의 지역을 넘겨줘야 했고, 오스트리아에는 스페인령이었던 밀라노 공국과 나폴리 왕국 그리고 시칠리아 왕국 등 이탈리아 영토와 벨기에, 룩셈부르크 등 스페인령 네덜란드를 넘겨줘야 했다.

펠리페 5세(재위: 1700년~1746년)는 국가를 프랑스 체제로 재조직하여 행정의 중앙집권화로 소왕국들의 자치권을 폐지하고 재정의 합리화 등으로 스페인 근대화의 기틀을 마련하였다. 이어 그의 아들들인 페르난도 6세(재위: 1746년~1759년), 카를로스 3세(재위: 1759년~1788년)가 왕위에 올랐고, 1788년 왕위에 오른 카를로스 4세 때 프랑스 혁명이 일어났다.

▌러시아

러시아 제국, 절대군주 표트르 대제

미하일 1세(재위: 1613년~1645년)에 의해서 1613년 시작된 로마노프 왕조(1613년~1917년) 출신 차르들의 권력은 초기에는 그리 강하지 않았으나 강력한 표트르 대제(재위: 1682년~1725년)의 등장과 함께 로마노프 왕조는 차르국(1613년~1721년)에서 러시아 제국으로 거듭나게 되었다. 러시아 제국은 1721년 표트르 대제 때 시작되어 1917년 러시아 혁명에 의해서 타도될 때까지 존재했다.

표트르 대제는 스웨덴과의 전쟁을 승리로 이끌며 국력을 과시했으며, 발트
해 점령으로 발트함대를 창설하여 러시아 해군의 토대를 만들었다. 그는 또
네덜란드, 영국, 독일 등 서유럽에 본인이 직접 사절단을 이끌고 가 조선술,
포술을 배워 왔고, 귀족들에게는 서유럽식의 풍속을 강요하는 등 서구화 정
책을 통해 변방의 러시아를 행정적, 상업적으로 발전시키는 큰 업적을 이루
었으며, 신분보다 능력 중심의 인재 등용을 하는 등 근대적 행정조직의 확립
을 통한 절대군주국을 확립하였다. 그리고 1703년 수도 상트페테르부르크
를 건설하였다.

절대왕정 속에서 핀
계몽주의

계몽사상은 유럽의 중세를 지배해 오던 신 중심의 정신적 권위와 사상적 특권과 제도에 반대하여 인간적이고 합리적인 사유를 제창하고, 이성의 계몽을 통하여 인간 생활의 진보와 개선을 꾀하고자 하는 사상이다.

17세기 말부터 자본주의가 발달하고 과학 기술이 발달한 영국이나 프랑스 등에서는 계몽운동이 하층으로부터 상층으로 파급되어 자연스럽게 계몽주의 시대를 맞이하였으나, 봉건주의가 청산되지 않고 자본주의가 아직 본격적으로 발달하지 못한 프로이센, 오스트리아, 러시아 등에서는 18세기 중후반 군주가 스스로 계몽군주가 되어 계몽사상의 이념에 의하여 '위로부터의 개혁'을 하며 계몽주의 시대를 맞이하였다.

대표적인 계몽군주로는 프로이센의 프리드리히 2세, 오스트리아의 요제프 2세, 러시아의 예카테리나 2세 여제 등이 있고, 이들을 계몽절대군주라고도 한다.

이러한 계몽운동은 18세기 말에 발생한 미국 독립전쟁과 프랑스 대혁명에 큰 영향을 미쳤다.

영국의 명예혁명(1688년)에서부터 프랑스 대혁명(1789년)까지를 계몽주의 시대라 한다.

계몽사상가

　영국에는 '한 인간은 모든 것에 대한 권리를 갖는다'며 자연권을 주장한 토마스 홉스(1588년~1679년), '인간은 자기보존에 필요한 생명, 자유, 소유물을 어떤 누구한테도 침해받지 않을 권리를 갖는다', 그리고 '인간은 부당한 정치권력에 대하여 저항할 수 있다'라고 주장한 근대 자유주의의 시조 존 로크(1632년~1704년), '만유인력의 법칙'을 만들며 과학혁명에 큰 공헌을 한 아이작 뉴턴(1643년~1727년) 등이 있다.

　프랑스에는 '나는 생각한다. 고로 존재한다'고 주장한 데카르트(1596년~1650년), 절대군주제를 격렬하게 비판하고 삼권분립을 주장한 몽테스키외(1689년~1755년), 봉건적 미몽과 종교적 광신을 강력하게 비판하며 신앙과 언론의 자유를 강조한 볼테르(1694년~1778년)가 있다.

　또 스위스에서 태어나 프랑스에서 활동한 장 자크 루소(1712년~1778년)는 '자연으로 돌아가라'며 사회계약론을 주장하였다. 사회계약론은 모든 사람은 국가가 성립되기 이전인 자연 상태에서 이미 생명, 자유 및 재산에 대한 자연법상의 권리를 갖고 있었으며, 이 권리를 확실히 보장하기 위하여 그 구성원들의 합의에 의해 계약에 따라 국가라는 조직을 성립시켰다는 이론이다.

　그 외의 계몽사상가로는 자연 지배와 인간 개조가 주된 사상이었던 네덜란드의 스피노자(1632년~1677년), 개개인의 자유로운 선택이 초래하는 사회적 관계를 조정하는 원칙으로서 법이 갖는 보편성을 부각시키고자 했던 프로이센의 칸트(1724년~1804년)가 있다.

계몽군주

프로이센의 프리드리히 2세

프리드리히 2세(재위: 1740년~1786년)는 앞서 언급했던 오스트리아와의 두 번의 전쟁에서 승리하였으며, 프랑스의 계몽사상가 볼테르의 영향을 받은 계몽군주였다.

그는 가톨릭과 개신교 간의 갈등이 극심했던 독일 내 다른 왕국, 공국들과는 달리 모든 종교에 관용적인 정책을 폈고, 보통교육을 확대하였으며 재판 과정에서 고문을 근절시켰다. 그는 또 스스로를 국가의 첫 번째 종이라고 자처하면서 전제정치에 인간적인 자비로움을 접목시키려고 시도하였다.

그는 프리드리히 빌헬름 1세의 아들로 아버지가 확립한 절대왕정 속에서 강인한 정신과 예리한 지성을 갖춘 계몽군주였다.

오스트리아의 요제프 2세

프란츠 1세에 이어 신성로마제국 황제위에 오른 그의 장남 요제프 2세(재위: 1765년~1790년)는 공동 왕이었던 어머니 마리아 테레지아의 죽음 이후 계몽군주로서 '유휴 기관에 관한 칙령'을 통해 자신의 개혁을 추진해 나갔다.

그는 귀족들의 특권을 축소했으며 그들의 허례허식을 제한했다. 이러한 개혁으로부터 국가의 재정을 확보할 수 있었으며, 풍부한 재정은 국가 개혁을 위해 활용되었다. 또 그는 농노제를 폐지하고 '종교적 관용에 대한 칙령'을 통해 법 앞에 모든 종교가 평등하다는 원칙을 수립하였다.

레오폴트 2세(황제: 1790년~1792년)도 형 요제프 2세에 이어 계몽주의에 기초한 개혁정책을 펼치다 프랑스 혁명 이후 갑자기 사망하였다.

█ 러시아의 예카테리나 2세 여제

예카테리나 2세 여제(재위: 1762년~1796년)는 표트르 대제의 업적을 계승, 발전시키면서 러시아를 유럽의 정치·문화권에 편입시켰고, 표트르 대제 이후 가장 부강한 러시아를 만들었다.

그녀는 크림반도와 폴란드의 상당 부분을 차지하였고, 시베리아, 극동을 거쳐 알래스카까지 영토를 확장하였다. 또 행정 개혁을 통해 행정조직을 29개 주로 재조직하였으며 100개가 넘는 새 도시들을 건설했고 옛 도시들을 새롭게 단장하였다. 이를 통해 무역이 활발해졌고, 교통도 발달하였다.

그녀는 또 계몽사상에 매료되어 문학을 적극 후원했고, 과학을 장려하고 많은 학교를 건립하는 등 계몽군주였다.

그녀는 독일 출신으로 남편 표트르 3세의 황위를 찬탈하고 제위에 올랐지만 러시아인들에게는 찬미의 대상이며 민족 자긍심의 근원이었다.

산업혁명
그리고 시민혁명

계몽주의 운동은 18세기 후반부터 19세기 초에 걸쳐 유럽과 신대륙을 거대한 격변의 시기를 맞이하게 하였으며 미국 독립전쟁과 프랑스 대혁명에 영향을 미쳤다.

　신대륙에서의 미국 독립전쟁은 아메리카합중국이라는 공화국을 탄생시켰고, 유럽에서의 프랑스 대혁명은 절대왕정을 타도하여 구체제의 잔재를 말끔하게 없앴다.

　미국 독립전쟁과 프랑스 대혁명은 자유와 평등이라는 개념을 이상의 단계에서 현실의 수준으로 끌어냈는데, 프랑스 대혁명을 주도한 사람들은 봉건 특권층에 강하게 불만을 가졌던 시민계층이었으므로 이들은 평등보다 자유의 이념을 중시했다.

　자유의 이념을 현실에서 성취한 시민계층은 개인의 능력에 따라 사회적으로 성공할 수 있었고, 이러한 경제적인 부를 사회적 지위 상승 기회로 여겼다. 이러한 경제적인 부를 얻은 시민계층은 정치적인 요구를 증대시켰고, 각국의 정부는 시민계층의 정치 요구를 점진적으로 수용하면서 근대화를 이루어 나갔다.

　또 18세기 후반 프랑스 혁명이 인류 사회에 미친 영향보다 더 큰 영향의 새로운 힘들이 유럽의 경제와 사회에 작용하기 시작하였다. 새로운 힘들이란 농업 분야에서는 과학 기술로 농업 생산을 증대시키는 것이고, 제조업 분야에서는 노동과 자본을 새로운 조직으로 구성하여 생산성을 높이는 것이다. 이러한 생산 분야에서 나타난 변화는 당시 사람들에게는 매우 놀라운 일이었으며 이를 산업혁명이라 하였다. 이러한 새로운 변화, 즉 산업혁명을 시작한 나라는 영국이었으나 그 영향이 곧 유럽 전 지역과 아메리카로 확산되었다.

영국 산업혁명

　영국의 산업혁명은 대략 1760년에서 1820년 사이에 영국에서 시작된 기술의 혁신과 새로운 제조 공정으로의 전환, 이로 인해 일어난 사회, 경제 등의 큰 변화를 일컫는다. 다시 말하면 간단한 도구를 사용하는 소규모 수공업적 생산에서 거대한 기계를 사용하는 대규모 공장제 생산 방식으로의 전환을 말한다.

　영국의 산업혁명은 면직물 공업에서 시작되었다. 천을 짜기 위한 실을 획기적으로 뽑아낼 수 있는 방적기들의 발명에 이어 동력으로 천을 짜는 직조기가 발명되면서 획기적인 면직물 생산이 이루어졌다.

　방적기로는 제니 방적기(1764년), 수력 방적기(1769년), 그리고 이 둘을 이용한 크럼프턴의 뮬(잡종) 방적기(1779년)가 있고, 직조기로는 에드먼드 카트라이트의 동력 직조기(1785년)가 있다.

　또 증기 기관이 발명되었다. 제임스 와트는 효율을 획기적으로 개선한 증기 기관을 발명(1769년)하였고, 미국의 로버트 풀턴은 증기선을 개발(1807년)했고, 리처드 트레비식은 증기기관차를 개발(1804년)했다. 또 스티븐슨은 이 증기기관차를 개량(1825년)했고, 영국의 리버풀-맨체스터 간 철도가 1830년 개통되면서 철도 시대가 개막되었다.

　또한 제철 산업도 발달했다. 용광로 연료가 숯 대신 코크스가 되면서 주철 생산량을 획기적으로 증가시켰고, 헨리 코트의 철과 불순물을 분리하는 교련법의 개발, 녹은 철을 판 형태로 가공하는 압연 기술의 개발 등 새로운 제철 기술은 철 생산량을 급격하게 증가시켜, 이후 산업혁명의 전개에 필요한 막대한 철이 공급될 수 있었다.

이와 같이 방적기와 직조기의 발명, 증기 기관의 혁명, 제철 산업의 발달 등 이 세 가지의 혁신으로 영국의 경제는 비약적으로 발전하였다.

산업혁명으로 자본을 갖고 공장을 세운 공장주, 즉 자본가와 자신의 노동력을 팔아 생계를 유지하는 임금 노동자, 즉 프롤레타리아를 양대 축으로 하는 자본주의 사회가 확립되었다. 이렇게 산업혁명은 지금까지의 사회질서를 완전히 무너뜨리고 새로운 질서를 만들어 냈다.

산업혁명이 자본주의를 탄생시켰지만 아이러니컬하게도 사회주의 역시 산업혁명이 낳은 결과 중의 하나다. 산업혁명기의 임금 노동자의 비참한 생활을 보고 인간 본연의 행복한 삶과는 너무나 거리가 멀다고 생각한 사람들이 사회주의를 외치기 시작하였다.

영국에서 시작된 산업혁명은 곧 전 유럽으로 퍼져 갔다. 유럽 각국은 나라마다 조금씩 다른 특징을 보이며 산업혁명을 치렀으며, 영국에서 시작된 산업혁명은 1789년 일어난 프랑스 혁명에 영향을 미쳤고, 나아가 프랑스 혁명이 인류 사회에 미친 영향보다 더 큰 영향을 미쳤다.

영국은 조지 3세(재위: 1760년~1820년) 시기에 산업혁명이 일어났으며, 이 시기는 미국 독립혁명과 프랑스 혁명이 맞물려 있다. 또 이 시기 영국은 제임스 쿡 선장이 1770년 호주를 발견하였고, 1788년 호주 식민 사업을 진행하였으며, 1790년 아일랜드를 합병하였다.

미국 독립전쟁

17세기에 들어서면서 유럽인들은 자유를 찾아 북아메리카로 이주하기 시작하였다. 정치적 박해를 피해 도피한 사람들, 범죄자들, 모험가들, 퇴역한 군인들 등 다양한 계층이 섞인 신대륙 사회는 자유를 추구하는 진취적 정신을 공유하며 활기가 넘쳤다. 특히 청교도들, 가톨릭교도들, 위그노들도 종교의 자유를 누리기 위하여 미국으로 이주하기 시작하였다.

영국이 세운 북아메리카 동부 13개의 식민지 주는 풍부한 토지를 무상으로 얻을 수 있고 또 자유와 관용을 약속하며 이주민들을 불러 모았기 때문에 유럽의 많은 용감한 사람들에게 꿈의 땅이었다.

이주민들은 불굴의 끈기와 개척 정신을 가지고 자연의 역경을 극복하여야만 했고, 영국 식민지 행정부도 이주민들에 대하여 호의적인 입장으로 이들을 도왔다.

그러나 1760년 조지 3세가 영국 왕위에 오르면서 본국 정부의 직접 식민지 통치의 기치를 내걸고 식민지에 대한 정치 및 경제적 부담을 가중시켰다. 7년 전쟁 시 아메리카 대륙에서의 프랑스와의 전쟁으로 재정이 악화되자 전쟁 비용과 방위비를 식민지 사회에 전가시키기 위해 설탕법, 인지법 등 새로운 세금 등을 이들에게 부과하기 시작하였다. 이에 식민지 대표들은 뉴욕에 모여 '대표 없는 곳에 과세할 수 없다'는 원칙을 확인하였으며 영국 상품 구입을 거부하기 시작하였다.

또 1767년 이후 본국 의회가 차에 대하여 과세하는 법을 제정하자, 식민지인들은 1773년 '보스턴 차 사건'을 감행하였다. 식민지인들이 인디언으로 변장하여 보스턴 항구에 정박해 있는 차 상자를 바다에 던져 버린 것이다. 이에 영국 정부가 항구를 봉쇄하는 등 강경한 억압 조치로 대응하였다.

1774년 9월 13개 주 식민지 대표들은 필라델피아에서 제1차 대륙회의를 개최하여 본국 의회의 식민지에 대한 입법권을 부정하고 본국과의 통상 중지를 결의하였다. 곧이어 1775년 4월 렉싱턴에서 영국 군대와 식민지 민병대가 충돌하였고, 이로써 미국 독립전쟁(1775년~1783년)이 시작되었다.

1775년 5월 제2차 대륙회의가 서둘러 소집되었고, 이 회의에서 임시정부가 구성되었으며 조지 워싱턴을 독립군의 총사령관으로 임명하였다.

1776년 7월 4일 전쟁이 아직 끝나지 않은 상황에서 대륙회의는 제퍼슨이 기초한 독립선언문을 발표하면서 13개 주 식민지는 독립을 선언하였다.

전쟁 중 프랑스는 미국과 동맹을 맺어 군사적 지원을 하였고, 스페인, 네덜란드도 미국을 지지했으며, 또 러시아가 중립을 선언함으로써 영국은 고립되었다.

독립군은 처음에 열세로 고전했지만 프랑스, 스페인, 네덜란드 등의 지원을 받으며 1777년 10월 새러토가 전투와 1781년 10월 요크타운 전투에서 승리하였다. 결국 영국은 패배를 인정하였고 1783년 파리 조약에서 13개 주의 독립을 승인하였다.

미국 독립전쟁은 영국 본국으로부터의 식민지 독립이었으며 무엇보다도 절대왕정과 귀족 지배에 반대하는 민주주의 혁명의 성격을 지녔다. 이 전쟁은 프랑스 대혁명에 간접적인 영향을 주었다.

보다 더 알기 쉬운 유럽사 연대기

프랑스 대혁명

혁명의 발발

루이 15세에 이어 1774년 왕위에 오른 그의 손자 루이 16세(재위: 1774년~1793년)는 먼저 루이 14세가 만들어 놓은 절대왕정 체제의 정책들을 이완시키는 정책들을 펼치고자 했고, 또 1787년 반포된 베르사유 칙령을 통해 프랑스 왕국 내 비가톨릭교도들에게도 법적 지위를 보장하고 신앙 활동을 인정해 주는 정책을 펼쳤다.

하지만 그가 해결해야 할 가장 크고도 심각한 문제는 루이 14세 때부터 내려온 재정 문제였다. 이러한 재정 문제는 루이 15세 때 오스트리아 왕위계승전쟁과 7년 전쟁에 참여하면서 더욱 악화되었고, 나아가 그가 미국 독립전쟁을 지원함으로써 프랑스 경제를 파탄 일보 직전까지 몰고 갔다. 여기에 1788년부터 1789년에 걸친 흉작은 농민들을 더욱더 비참하게 하면서 농민들 사이에서 그동안의 질서와 빈곤에 대한 증오가 발생하기 시작하였다. 그야말로 폭풍 전야였다.

루이 16세는 1789년 5월 5일 면세특권이 있는 제1, 2신분에게 세금을 부과하는 재정 개혁 등을 안건으로 1614년 이래 소집하지 않았던 삼부회를 소집하였다.

그날 소집된 삼부회에서 제3신분인 평민 대표들이 봉건 특권 폐지, 평등 과세 등 개혁을 주장하며 제1, 2신분인 성직자, 귀족들과 첨예하게 대립하였다. 회의가 무산되자 제3신분은 6월 20일 따로 국민의회를 구성하였다.

제3신분의 강경한 태도에 루이 16세는 의사당을 막아 버렸고, 제3신분은 테니스 코트에 모여 헌법이 제정될 때까지 해산하지 않을 것을 서약하였다. 이것이 테니스 코트의 서약이다.

이에 국왕이 무력으로 국민의회를 탄압하려 하자 이에 분개한 파리 시민들은 1789년 7월 14일 봉건제도의 압제와 전제의 상징이었던 바스티유 감옥을 함락시켰다. 이렇게 프랑스 대혁명(1789년~1799년)이 시작되었다.

마침내 루이 16세는 1789년 7월 16일 혁명을 상징하는 3색의 모자 장식을 받고 혁명을 인정하였다.

프랑스 대혁명은 초기 자본주의가 전개되는 단계에서 시민 계급이 절대왕정의 봉건적 특권 계급과의 투쟁에서 승리를 쟁취함으로써 새로운 정부와 새로운 사회를 건설해 낸 최초의 사회 혁명이라 할 수 있다.

입헌군주제, 입법의회

혁명 초기 귀족과 부르주아가 주류인 보수적인 푀양파가 장악한 국민의회(1789년 6월~1791년 10월)는 1789년 8월 봉건제 폐지 선언과 국민의 자유와 평등에 대한 권리를 천명한 인권선언을 발표하였으며, 입헌군주제를 도입하였다.

루이 16세는 입헌군주제 도입으로 왕위는 유지되었으나 계속적인 폭동으로 왕권이 불안해지자 왕비 마리 앙투아네트와 함께 1791년 6월 왕비의 친정인 오스트리아로 탈출을 시도하였지만 실패하였다.

1791년 10월 입헌군주제 헌법이 공포되면서 국민의회는 해산되고 입법의회(1791년 10월~1792년 9월)가 구성되었다.

이에 혁명사상이 전파될 것을 염려한 이웃 국가인 오스트리아와 프로이센이 연합하여 프랑스 혁명 정부를 압박하였다. 프랑스 입법의회는 이를 혁명 정부에 대한 심각한 위협이라 판단하고 1792년 4월 오스트리아에, 7월 프로이센에 선전포고를 하였다. 그러나 프랑스는 오스트리아와 프로이센과의 전쟁에서 패배하였다.

파리 시민들은 패배의 원인이 국왕 일가에 있다고 생각하고 패전으로 인한 절망과 왕실에 대한 분노가 뒤섞여 흥분한 시민들에 의해 시위가 극단적인 수준으로 발전하면서 입법의회는 정국 통제력을 상실하였다.

제1공화국 첫 번째 국민공회정부

1792년 9월 21일 국민공회라는 새로운 의회가 구성되었고, 다음 날 국민공회는 왕정인 입헌군주제를 폐지하고 제1공화국을 선포하였다.

제1공화국 첫 정부로서 국민공회정부(1792년 9월~1795년 10월)가 수립되자 처음에는 부유한 부르주아를 대변하는 온건파인 지롱드파가 장악하였으나 지롱드파는 중산층 부르주아와 소생산자층에 기반을 둔 급진파인 자코뱅파와 끊임없이 대립하였다.

결국 급진파인 자코뱅파의 로베스피에르가 실권을 잡았고, 로베스피에르는 1793년 1월과 10월에 걸쳐 루이 16세와 마리 앙투아네트를 반혁명을 기도하였다는 죄목으로 단두대에서 처형하고, 온건파인 지롱드파를 국민공회에서 추방하였다.

루이 16세가 처형되자 위기감을 느낀 영국, 오스트리아, 프로이센, 러시아 등 유럽의 군주들은 1793년 대프랑스 동맹(1차)을 결성하였고, 혁명에 반대하는 프랑스 내 왕당파들과도 연합하였다.

나폴레옹은 1793년 9월 포병 대위로서 프랑스 남부 항구도시 툴롱에서 벌어진 툴롱 전투에 참여하여 혁명에 반대하는 왕당파를 지지하는 대프랑스 동맹인 영국과 스페인 연합 함대를 물리치는 혁혁한 전과를 올렸다. 이로 인해 나폴레옹은 처음으로 이름을 알리기 시작하였고, 24세의 젊은 포병 장교는 준장으로 진급하였다.

한편 자코뱅파 로베스피에르가 계속해서 공포정치를 펴 나가자 이에 환멸을 느낀 폴 바라스 등 테르미도르파는 1794년 7월 쿠데타를 일으켜 그렇게 기세가 당당했던 공포정치의 화신 로베스피에르 등 그 일파를 처형하였다.

나폴레옹은 한때 자코뱅주의자로 몰려 감옥에 투옥되기도 했으나 왕당파가 1795년 10월 5일 파리에서 반란을 일으키자, 테르미도르파에 의해 현장지휘관으로 임명되었고, 또 이들을 진압하면서 육군 중장으로 진급되었다.

제1공화국 두 번째 총재정부

로베스피에르의 몰락 후 다시 프랑스는 1795년 10월 31일 두 번째 공화국 정부인 5인의 총재정부(1795년 10월~1799년 12월)를 탄생시켰다.

하지만 총재정부는 혁명의 여파와 내외의 어려움을 해결하기에는 너무나 무기력하고 부패하였다. 그리하여 총재정부는 다시 위기를 맞이했고, 왕당파를 비롯한 반혁명 세력들의 도전을 계속 받았다.

나폴레옹은 1796년 이탈리아 원정군의 총사령관이 되어 이탈리아 원정(1차)길에 올라 당시 오스트리아의 영향력 아래 있던 북이탈리아를 평정하고 이어 1797년 오스트리아를 굴복시켰다.

또 나폴레옹은 사령관이 되어 1798년 5월 이집트 원정에 나섰다. 이는 영국과 인도를 잇는 길을 차단함으로써 영국의 인도 지배를 방해하고 영국의 세력을 약화시키려는 목적이 있었다. 나폴레옹이 이끄는 프랑스군은 초반 육

보다 더 알기 쉬운 유럽사 연대기

상에서 승리를 거두었지만 이집트 항구에서 프랑스 함대가 영국의 넬슨 제독이 이끄는 함대에 의해 괴멸됨으로써 이집트 원정이 실패로 돌아갔고, 나폴레옹은 이집트에서 고립되었다.

나폴레옹이 이집트에 발이 묶이자 오스트리아는 이때를 1797년에 빼앗겼던 북이탈리아를 되찾아 올 호기로 보고 1798년 12월 영국, 러시아, 오스만과 대프랑스 동맹(2차)을 결성하여 1799년 9월 북이탈리아로 쳐들어가 이탈리아 전쟁(2차)을 일으켰다. 전쟁 초반 프랑스군이 수세에 몰리면서 프랑스는 위기에 빠졌고, 총재정부는 지도력을 잃고 우왕좌왕하였다.

제1공화국 세 번째 통령정부

총재정부의 프랑스에서 혼란이 계속되자 나폴레옹은 이집트를 탈출하여 프랑스로 돌아와 1799년 12월 13일 쿠데타를 일으켜 정권을 장악하고 세 번째 공화국 정부인 통령정부(1799년~1804년)를 세웠다. 그리고 나폴레옹은 제1통령이 되었다. 이로써 프랑스 대혁명은 끝이 났다.

제1통령이 된 나폴레옹은 각종 개혁 정책을 추진하는 한편 이듬해인 1800년 5월 알프스를 넘어 북이탈리아 원정을 떠났다. 나폴레옹은 초반 수세에 몰렸던 프랑스군에 승리를 안기고, 1801년 2월 오스트리아와 강화조약을 체결하고 전쟁을 끝냈고, 영국과 계속 전쟁을 이어 가다가 1802년 3월 조약을 맺고 영국과도 전쟁을 끝냈다. 그리고 프랑스는 같은 해 8월 나폴레옹을 종신 통령에 임명하였다.

나폴레옹은 1793년 프랑스 남부 지중해에 접해 있는 툴롱 전투에서 영국군에 대승하여 이미 프랑스 국민의 영웅이 되었었고, 일반 국민들 또한 십여 년간의 혼란 속에서 질서와 안정이라는 것은 오직 강력한 권력이 있어야만 존재할 수 있다는 것을 점차 터득하고 있었으므로 군부독재를 호의적으로 바라보고 있었다.

나폴레옹의 쿠데타로 프랑스 혁명은 일단락되었고, 프랑스 혁명은 절대왕정과 봉건 잔재를 없애고 근대 시민사회의 막을 열게 했으며 봉건체제의 유럽 사회에 자유와 평등사상을 전파하는 계기가 되었다.

나폴레옹은 코르시카섬 출신으로 육군사관학교를 나와 1785년 소위로 임관하여 프랑스 혁명이 일어날 때까지 코르시카에서 활동했었다. 코르시카섬은 그가 태어나기 1년 전인 1768년까지 이탈리아 땅이었다.

나폴레옹 시대

프랑스

황제 나폴레옹과 나폴레옹 전쟁

나폴레옹은 제1통령이 된 지 5년 뒤인 1804년 국민투표에 의해 마침내 황제가 되면서 나폴레옹 시대(1804년~1815년)를 열었다. 프랑스는 12년 만에 공화정에서 다시 왕정이 되었다.

안정과 질서를 바라는 프랑스 국민들에게 연전연승하는 나폴레옹은 프랑스인의 자존심을 드높여 준 위대한 영웅이었으며 유일한 희망이었기 때문에 나폴레옹의 황제 즉위를 적극적으로 지지했다.

황제가 된 나폴레옹은 프랑스 대혁명이 낳은 개혁을 어느 정도 받아들이고 체계적인 군대를 확립하였으며 나폴레옹 법전을 만드는 등 정복자가 아닌 해방자로서 이미지를 굳히는 데 힘썼다.

나폴레옹이 황제가 되자 1805년 초 오스트리아, 러시아, 영국, 프로이센은 대프랑스 동맹(3차)을 결성하여 나폴레옹에 대항하였다.

프랑스-스페인 연합 함대(스페인은 이때 프랑스 편에 섬)는 1805년 10월 트라팔가르 해전에서 대프랑스 동맹인 영국의 넬슨 제독에게 처참한 패배를 당했으나, 나폴레옹이 이끄는 육상에서는 1805년 10월 울름 전투에서 오스트리아군을, 12월 아우스터리츠 전투에서 러시아, 오스트리아 연합군을 격파하였다.

이후 나폴레옹은 1806년 7월 프로이센과 프랑스 사이의 완충 지대 역할을 할 목적으로 오스트리아, 프로이센 등을 제외한 라인강 동쪽의 독일의 중소 영방 국가들을 모아서 라인 동맹을 결성하였다. 라인 동맹은 사실상 나폴레옹의 꼭두각시였으며, 이 동맹의 군주들은 나폴레옹의 원정에 많은 원군을 제공해야 했다. 라인 동맹은 나폴레옹이 1813년 10월 라이프치히 전투에서

보다 더 알기 쉬운 유럽사 연대기

대프랑스 동맹에 패배하면서 사실상 해체되었다.

또 나폴레옹은 1806년 10월 예나-아우어슈테트 전투에서 대프랑스 동맹(4차)인 프로이센을 격파하였다. 이후에 프로이센의 프리드리히 빌헬름 3세가 동프로이센으로 몽진하여 프랑스군에 대항하였으나 역부족이었고, 프로이센을 지원하였던 러시아군도 큰 타격을 받았다.

이제 유럽 전체가 그의 발 아래 무릎을 꿇었으나 오직 영국만이 우수한 해군력을 바탕으로 버티고 있었다. 이에 나폴레옹은 섬나라 영국을 고립시키고자 1806년 11월 대륙봉쇄령을 내려 유럽 국가들로 하여금 영국과의 교역을 일절 금지시켰다. 그리고 나폴레옹은 대륙봉쇄령을 강화하기 위하여 1808년 스페인을 점령하여 스페인 왕위를 빼앗아 그의 형 조제프 보나파르트에게 넘겼다. 한편 영국과 대프랑스 동맹(5차)을 맺은 오스트리아는 1809년 5월 아스페른-에슬링 전투에서 승리를 하였지만 결국 같은 해 7월 바그람 전투에서 오스트리아는 다시 한번 프랑스에 굴복했다.

이런 상황에서 영국에 농산물을 수출하고 생활필수품을 수입하는 러시아가 대륙봉쇄령을 어기고 영국과 통상을 재개하자 나폴레옹은 1812년 6월 60만의 대군을 이끌고 러시아로 쳐들어갔다. 그러나 모스크바는 텅 비어 있었고 화재로 인한 식량 부족과 혹독한 추위를 견디지 못하고 후퇴를 할 수밖에 없었다. 나폴레옹은 처참한 러시아 원정 실패로 회복하기 어려울 정도로 큰 손실을 입었다.

이때 1813년 대프랑스 동맹(6차)인 오스트리아, 프로이센, 러시아, 영국은 러시아에서 패배하고 돌아오는 프랑스를 상대로 전쟁을 개시했고, 1813년 10월 라이프치히 전투에서 프랑스는 결정적으로 패배하였다. 이후 영국을 비롯한 대프랑스 동맹은 프랑스를 침공해 1814년 3월 파리를 함락시키고 나폴레옹을 지중해의 작은 섬 엘바에 유폐시키고, 루이 16세의 동생 루이 18세를 왕으로 내세워 왕정복고를 단행하였다.

그러나 나폴레옹은 1815년 2월 유배지 엘바섬을 탈출하여 민중들의 열렬한 환영을 받으며 다시 황제가 되었다. 이에 연합군은 1815년 다시 대프랑스 동맹(7차)을 결성하였고, 1815년 6월 워털루 전투에서 프로이센군의 지원을 받은 영국의 웰링턴에 의해 나폴레옹이 패하면서 나폴레옹은 백일천하가 되었다. 이로써 나폴레옹 시대는 끝났다.

　다시 나폴레옹은 대서양의 외딴 섬 헬레나로 유배되었고, 영국군의 감시하에서 6년여에 걸친 울분의 나날을 보내다 1821년 5월 마침내 그곳에서 숨을 거뒀다.

　나폴레옹 전쟁은 전쟁의 수행 과정에서 프랑스 대혁명의 이념인 자유와 평등 정신을 전 유럽 사회에 전파시킨 근대 유럽사에서 가장 큰 영향을 끼친 사건 중의 하나였다.

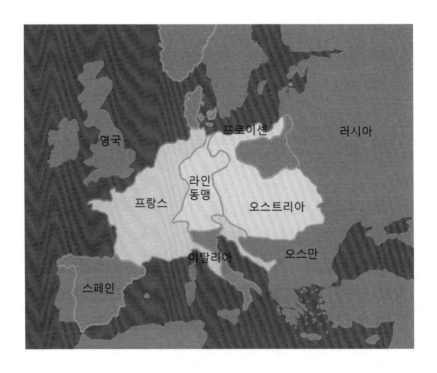

보다 더 알기 쉬운 유럽사 연대기

▎영국

조지 3세(재위: 1760년~1820년) 시기였던 영국은 대프랑스 동맹에 참여하여 여러 전투에 참여하였다. 1793년 9월 영국과 스페인 연합 함대가 프랑스 남부 항구도시 툴롱 전투에 참여하였으나 나폴레옹에 참패하였다. 그러나 이후 넬슨 제독이 이끄는 해군은 1798년 8월 이집트 나일 해전과 1805년 트라팔가르 해전에서 승리하였고 영국은 1813년 10월 러시아에서 패배하고 돌아오는 프랑스를 상대로 라이프치히 전투에서 동맹과 더불어 결정적인 승리를 거두었다.

1815년 2월 나폴레옹이 유배지에서 탈출하여 돌아와 프랑스 황제가 되자 영국은 다시 결성한 대프랑스 동맹군과 함께 1815년 6월 워털루 전투에서 나폴레옹을 패퇴시켰다. 영국은 나폴레옹이 점령하지 못한 거의 유일한 국가였다.

이것은 세계사의 흐름을 바꾼 전투로서 이때부터 대영제국의 패권이 시작되었다. 이 시기는 조지 3세 치세 말기였지만 그가 병약한 관계로 아들 조지 4세가 섭정을 하였다.

조지 3세의 치세기는 영국 산업혁명, 미국 독립혁명, 프랑스 대혁명 등에 따라 극적인 변화로 점철된 시기였다.

▎프로이센(독일)

프리드리히 2세(재위: 1740년~1786년)에 이어 왕위에 오른 프로이센 왕국 프리드리히 빌헬름 2세(재위: 1786년~1797년)는 프랑스 혁명이 일어나자 오스트리아와 함께 대프랑스 동맹에 참여하였으나 프랑스와의 전투에서 패배하고 1795년 프랑스와 단독강화를 체결하여 라인강 서쪽의 영토를 상실하였다.

이어 왕위에 오른 프리드리히 빌헬름 3세(재위: 1797년~1840년)가 1806년 10월 예나-아우어슈테트 전투에서 나폴레옹에게 패하면서 프로이센은 한때 프랑스에 눌려 꼭두각시 신세가 되었다.

1814년 나폴레옹이 몰락하자 독일에서는 프로이센을 중심으로 통일을 향한 움직임이 일어났다.

▌오스트리아

오스트리아 제국 선포, 신성로마제국 해체

프란츠 2세(재위: 1792년~1806년)는 1792년 마지막 신성로마제국 황제로 재위에 올라 부친 레오폴트 2세처럼 프랑스 혁명에 반대하는 반혁명적 보수 정치 노선을 걸었다.

프란츠 2세는 나폴레옹과의 전쟁에서 패배를 거듭하며 상당히 많은 영토를 프랑스에 빼앗겼고, 그에 따라 오스트리아, 헝가리, 보헤미아로 통치 영역이 줄어드는 형국에 처했지만 나폴레옹에게 굴복하지 않았다. 그리고 1804년 프랑스가 나폴레옹을 황제로 선포하자, 프란츠 2세도 같은 해 오스트리아 제국을 선포하였다. 이로써 프란츠 2세는 신성로마제국 황제이면서 오스트리아 제국 황제(재위: 1804년~1835년)가 되었다.

그 후 나폴레옹이 1805년 12월 아우스터리츠 전투에서 오스트리아 연합군에 승리한 후 신성로마제국 해체를 요구하자, 프란츠 2세는 1806년 8월 스스로 신성로마제국 황제의 자리에서 내려와 제국을 해체시켰다.

오스트리아 제국은 1804년 수립되어 1867년 오스트리아-헝가리 제국이 성립되기까지 합스부르크 왕가가 지배한 국가이다.

▎스페인

카를로스 4세(재위: 1788년~1808년)는 1789년 프랑스 대혁명과 나폴레옹의 등장이라는 시대의 격변 앞에서 국익을 위한 적절한 대처를 하지 못하였다. 즉위 초기 그는 친프랑스 정책을 폈지만 프랑스 대혁명 후 루이 16세가 처형되는 것을 보고 대프랑스 전쟁에 돌입하였다. 그러나 카를로스 4세는 전쟁에서 패배하면서 프랑스와의 불평등 조약을 체결하여 프랑스가 벌이는 대영 전쟁과 대포르투갈 전쟁에 참여해야 했다. 또 그는 1807년 퐁텐블로 조약을 통해 나폴레옹이 스페인을 점령할 수 있는 빌미를 제공하였다.

결국 1808년 나폴레옹은 스페인을 침공하여 카를로스 4세와 그의 아들 페르난도 7세를 유폐시키고 나폴레옹의 형인 조제프 보나파르트를 스페인 왕으로 임명하여 1808년부터 1814년까지 스페인을 통치하게 했다. 그러나 나폴레옹 시대가 끝나자 페르난도 7세는 왕으로 복권되어 빈 체제를 맞이하였다.

▎러시아

알렉산드르 1세(재위: 1801년~1825년)는 할머니 예카테리나 2세의 후원 속에 양질의 서구 교육을 받으며 자랐으며, 궁정 혁명으로 사망한 부친 파벨 1세를 계승해 러시아 황제가 되었다.

그는 무엇보다 먼저 귀족 계층이 전체 권력의 기반임을 인식하고 선친 때 폐지되었던 귀족의 특권을 귀족에게 다시 부여하였다. 이후 알렉산드르 1세는 일련의 자유주의적 개혁을 시행함으로써 '기쁨을 주는 자'라는 별칭을 얻었다.

그는 나폴레옹 전쟁 중 오스트리아와 대프랑스 동맹을 맺고 1805년 12월 아우스터리츠 전투에 임했으나 나폴레옹에게 대패하였고, 1806년 10월 예나-아우어슈테트 전투에서도 프로이센과 연합하여 대항하였으나 나폴레옹에 패배하였다.

그는 나폴레옹이 대륙봉쇄령을 내려 유럽 국가들로 하여금 영국과의 교역을 일절 금지시켰음에도 불구하고 러시아가 경제적 어려움에 직면하게 되자 영국과의 교역을 재개하였다. 이에 나폴레옹은 러시아를 응징하고자 1812년 6월 60만 대군을 이끌고 러시아에 쳐들어갔다.

나폴레옹이 쳐들어오자 알렉산드르 1세는 모스크바를 텅 비우고 시가지에 불을 지르며 후퇴 작전을 폈다. 결국 나폴레옹의 프랑스군은 식량 부족과 혹독한 추위를 견디지 못하고 처참한 후퇴를 할 수밖에 없었다.

알렉산드르 1세는 대프랑스 동맹을 주도하며 러시아 원정에 실패하고 후퇴하여 돌아가는 나폴레옹의 프랑스군을 1813년 10월 라이프치히 전투에서 결정적으로 패배시켰다. 이로써 알렉산드르 1세는 지위가 더욱더 격상되었고, 빈 회의를 주도하게 되었다.

▌이탈리아반도

이탈리아반도에서 중부 교황령을 제외한 북부 밀라노, 피렌체, 제노바 등과 남부 양시칠리아 등 대부분의 도시국가들은 스페인 왕위계승전쟁이 1714년에 끝나면서 오스트리아 합스부르크 제국의 지배하에 있었다.

이후 프랑스 혁명이 일어나기 전까지 이탈리아반도의 도시국가들은 통일을

보다 더 알기 쉬운 유럽사 연대기

지향하는 열정보다는 전통을 중시하는 정신이 보편적이어서 기존 체제를 그대로 유지하고자 하였다.

그러나 프랑스 혁명 기간 나폴레옹이 이탈리아 전 지역을 점령하면서 이탈리아 내 여러 도시국가 간의 장벽을 없애 버리고, 각 지역을 잇는 도로를 건설하고, 전 이탈리아에 동일하게 적용되는 헌법과 법을 제정하고 의회 제도를 실시하자, 중산층, 지식인, 상인, 제조업자, 일부 관리들을 중심으로 이탈리아의 통일을 염원하기 시작하였다.

빈 체제

1814년 3월 나폴레옹이 몰락하고 유배된 후 오스트리아의 재상 메테르니히 주도로 대프랑스 동맹인 프로이센, 러시아, 영국 등 유럽의 열강들이 오스트리아의 수도 빈에 모여 1814년 9월부터 1815년 6월까지 회의를 하였다. 이때부터 시작된 체제를 빈 체제(1815년~1848년)라 한다.

　빈 회의에서는 그동안 프랑스 혁명으로부터 시작된 자유주의와 민족주의의 확산을 막으며 구체제인 왕정으로의 복귀를 결정하였고, 나폴레옹이 유럽을 정복하면서 프랑스에 편입시켰던 각국 영토와 지배권을 프랑스 혁명 이전 상태로 복귀하기로 결정하였다.

　이후 이들은 군사, 외교적 목적으로 4국 동맹(오스트리아, 프로이센, 러시아, 영국)을 체결하여 자유주의 혁명에 공동으로 대응하며 유럽의 질서를 유지하려고 하였다.

　이러한 빈 체제는 1820년 스페인에서 첫 시련을 겪게 되었는데, 라틴아메리카에 원정한 스페인 군인들이 자신들의 비참한 생활수준에 대한 처우 개선을 요구하며 반란을 일으킨 것이다. 1821년에는 오스트리아의 지배를 받던 이탈리아 북부 피에몬테에서 오스트리아의 압제에 대항하는 소요가 발생하였고, 1825년에는 러시아에서도 자유주의를 지향하는 비밀조직이 반란을 일으켰다.

　이 모든 반란은 보수 진영에 의해서 저지되었지만 프랑스 혁명의 자유주의 이념은 사그라들지 않았고, 마침내 빈 체제는 1830년대 초에 이르면서 흔들리게 된다.

　　　　　　　　　　　　　　　　보다 더 알기 쉬운 유럽사 연대기

1821년부터 1829년까지 발생했던 그리스 독립전쟁에서 4국 동맹의 구성국이었던 영국과 러시아가 그리스의 자유주의자들을 지원함으로써 이들 국가는 국가의 이익을 위해 4국 동맹의 결의를 저버렸다. 이들 국가들이 그리스 독립을 지원함으로써 러시아는 지중해로 진출할 기반을 얻을 수 있었고, 영국은 러시아의 남하 정책을 견제할 수 있었다.

이로써 반자유주의, 반민족주의를 지향하는 메테르니히의 빈 체제는 개별 국가의 이익 우선에 밀려 무너지게 되었다.

그리스 독립은 또한 민족주의를 지향하는 다른 지역의 세력들에게 희망과 용기를 주었다. 이후 자유 진영과 보수 진영 간의 갈등이 계속되었으나 계속해서 산업화가 진전됨에 따라 보수 진영은 점진적으로 몰락하게 되었고, 자유 진영은 점진적으로 일어나게 되었다.

빈 체제는 나폴레옹이 대프랑스 동맹에 워털루 전투에서 패배한 1815년부터 1848년 유럽 혁명이 일어날 때까지 30여 년 동안 유지되었다.

독일

독일 연방 창설(오스트리아, 프로이센)

1815년 빈 체제가 성립되자 오스트리아 프란츠 2세와 프로이센의 프리드리히 빌헬름 3세 주도하에 그동안 난립해 있던 독일 내 38개 영방 국가들을 하나로 묶어 완전한 단일 주권을 가지는 독일 연방을 창설하였다.

오스트리아 제국(1804년~1867년) 프란츠 2세(재위: 1804년~1835년)는 대외적으로는 1815년 빈 회의를 통해 유럽에 반혁명적인 보수 세력을 결집하여 오스트리아, 러시아, 프로이센을 중심으로 전 유럽에 걸쳐 신성 동맹을 결성하였고, 대내적으로는 메테르니히 총리를 발탁하여 자유주의와 민족주의를 탄압하는 정책을 고수하였다.

그의 장남 페르디난트 1세(재위: 1835년~1848년)가 1835년 재위를 이어받았으나 그는 신체적, 정신적으로 장애가 있어 국사를 돌볼 수 없어 총리 메테르니히의 섭정을 받았다. 페르디난트 1세는 1848년 3월 혁명이 일어나자 그의 조카 프란츠 요제프에게 황위를 물려주고 퇴위하였고 섭정 메테르니히 총리도 그해 실각되었다. 19세기 격변의 시기에 병약한 황제가 최고 통치자로 등극한 것은 오스트리아 역사의 불행이었다.

프로이센 왕국에서는 프리드리히 빌헬름 3세(재위: 1797년~1840년)에 이어 그의 아들 프리드리히 빌헬름 4세(재위: 1840년~1861년)가 반동 정치에 실망한 자유주의자의 기대를 받으며 즉위하였다.

프랑스

　프랑스는 루이 18세(재위: 1815년~1824년)에 이어 1824년 왕이 된 그의 동생 샤를 10세(재위: 1824년~1830년)가 구체제로의 복귀를 선언하고 극단적인 정치를 행하자, 이에 대한 반발로 1830년 7월 혁명이 일어났고, 샤를 10세는 폐위당했다. 이후 주도권을 장악한 부르주아들에 의해 오를레앙 공작 루이 필리프가 왕위에 올랐다.

　루이 필리프(재위: 1830년~1848년)의 통치 기간 동안 금융과 수공업 부르주아들이 빠르게 자본을 쌓아 갔던 반면 노동자들은 극도로 비참해지자 끊임없이 반란이 일어났다. 결국 1848년 2월 혁명에 의해 그의 통치도 막을 내렸고 프랑스 왕정도 막을 내리게 되었다.

영국

　빈 체제 시 영국의 조지 4세(재위: 1820년~1830년)는 아버지 조지 3세의 마지막 10년의 섭정을 마치고 1820년 왕위에 올랐다. 그는 1828년 심사령을 폐지하여 비국교도인 신교도들에게 공직에 취임할 수 있는 길을 터주었으며, 1829년 가톨릭교도해방법안을 승인하여 가톨릭교도들이 피선거권, 공무담임권을 가질 수 있게 하였다. 그는 또 그리스 독립전쟁을 지원함으로써 러시아의 남하 정책을 저지할 수 있었다.

　64세에 왕위에 오른 그의 동생 윌리엄 4세(재위: 1830년~1837년)는 평범한 군주였으나 영국 역사에서 가장 중요한 일의 하나라고 할 수 있는 중산층에 선거권을 주는 제1차 선거법을 개정함으로써 영국 의회정치 발전에 기여하였다. 그에 이어 그의 조카 빅토리아 여왕이 왕위에 올랐다.

빈 체제 시기였던 조지 3세, 조지 4세, 윌리엄 4세, 빅토리아 여왕의 시기 영국은 산업혁명으로 경제가 비약적으로 발전하였다.

스페인

1814년 나폴레옹이 몰락하자 페르난도 7세(재위: 1808년, 1814년 ~1833년)가 복권되면서 절대주의로의 복귀를 선언하였다. 이러한 반동정치는 자유주의자들에 대한 탄압으로 이어졌고, 그의 치세 말기는 공포정치의 시대였다.

미국 독립전쟁과 프랑스 혁명으로부터 라틴아메리카의 독립의 필요성을 느낀 크리오요(라틴아메리카에서 태어난 백인)들은 독립의 기치를 들었고, 결국 그의 통치 전후 기간인 1810년부터 1825년에 이르는 동안 대부분의 라틴아메리카 국가들은 스페인으로부터 독립하였다. 이로써 스페인은 제국으로서의 위상을 상실하였다.

러시아

알렉산드르 1세의 동생 니콜라이 1세(재위: 1825년~1855년)는 대내적으로는 강력한 전제주의 정치를 해 나갔고, 대외적으로는 유럽 정치에 적극적으로 개입하며 유럽의 헌병으로서 보수주의를 관철시켰다.

또 러시아는 그리스 독립(1829년)을 지원함으로써 지중해로 진출할 기반을 얻을 수 있었다.

보다 더 알기 쉬운 유럽사 연대기

그리스

그리스는 기원전 146년 고대 로마와의 마케도니아 전쟁에서 패하면서 로마의 속주가 되었고, 476년 서로마제국이 멸망하면서 제국의 동쪽이었던 그리스는 동로마제국의 일부가 되었다. 또 동로마제국이 1453년 오스만튀르크에 의해 멸망하면서, 그리스는 그 후 독립할 때까지 350여 년 동안 오스만튀르크의 지배를 받았다.

오스만튀르크의 혹독한 지배에도 그리스인들은 상업과 외교에서 실권을 장악하였으며, 프랑스 혁명의 계몽사상의 영향을 받은 유럽 각지의 그리스 상인들은 비밀 결사 조직을 통해 지속적으로 반란을 일으켰고, 또 러시아, 영국 등이 그리스 독립을 지원함으로써 그리스는 1829년 독립하여 1830년 런던회의에서 독립을 인정받았고, 1832년에 그리스 왕국이 성립되었다.

이탈리아반도

통일 운동

1815년 나폴레옹이 몰락한 뒤 이탈리아에서는 조국의 독립과 자유를 쟁취하기 위해 비밀결사가 조직되어 활발히 움직이기 시작하였는데, 그중 카르보나리가 1820년부터 1832년에 이르기까지 여러 개혁과 통일 운동을 하였다. 하지만 끝내 좌절되었다.

그 운동이 좌절되었음에도 불구하고 공화제의 형태로 조국 이탈리아가 통일되기를 염원하는 민족주의자 주세페 마치니는 고대 로마가 이탈리아의 영광을 나타내고, 중세 로마가 기독교 영광을 밝히듯 이제 제3의 로마는 자유로운 민족, 개인의 자유, 평등의 성지로서 새로운 유럽의 중심이 되기를 갈망하면서 1831년 카르보나리를 대신하는 청년 이탈리아라는 조직을 만들어 이상 실현을 위해 헌신하였다.

청년 이탈리아의 이상 실현은 초기에는 성공하는 듯하였으나 이후 여러 번의 노력에도 불구하고 모두 실패하였다. 그리고 1848년 유럽 혁명 당시 이탈리아 혁명이 실패하면서 이탈리아는 여전히 분열된 상태로 남게 되었고, 북부는 계속해서 오스트리아의 지배를 받게 되었다.

1848년 유럽 혁명,
그 이후

1848년 낡은 빈 체제에 대한 반항 운동으로 프랑스 2월 혁명을 시작으로 유럽의 대부분 지역에서 혁명이 일어났다. 이것이 1848년 유럽 혁명이다.

　1848년 2월 프랑스 파리 총리 집 앞에서 '무능한 정부는 물러나라'며 시위가 일어났는데 군인들이 시위대를 향해 총을 쏜 순간, 그동안 억눌려 왔던 민중들의 분노가 폭발하였고, 무능한 왕정은 하루 만에 무너져 새로운 혁명 정부가 구성되었다.

　혁명은 나폴레옹 전쟁 이후 얼어붙었던 전 유럽으로 삽시간에 번져 나갔다. 이렇게 프랑스에서 2월 혁명이 성공하자, 오스트리아, 독일에서도 혁명이 일어나 전 유럽이 혁명의 불길에 휩싸였다.

　이미 스위스에서는 석 달 전에 내전이 일어났고, 1월에는 이탈리아반도의 시칠리아가 양시칠리아로부터 독립을 선언하는 반란이 일어났고, 이 반란은 이탈리아반도 전 지역으로 확산되었다. 이것은 낡은 체제가 무너지고 새로운 체제가 자리 잡기 위한 진통이었다. 하지만 영국은 산업화의 상당한 진전으로, 러시아는 아직 사회 구조가 농노해방도 이루어지지 않은 구체제 자체였기 때문에 혁명이 일어나지 않았다.

　프랑스는 2월 혁명으로 왕정이 폐지되고 공화정이 수립되었다. 오스트리아는 3월 혁명으로 지금까지 오스트리아가 지배하고 있던 중부 유럽의 많은 지역에서 독립운동이 일어났고 입헌 정부가 수립되었다. 독일의 연방 국가 대표들은 프랑크푸르트에 모여 통일 문제와 헌법 제정을 협의하였고, 이탈리아에서도 통일 운동이 일어났다. 이로써 옛 질서를 유지하고 자유주의와 민족주의를 억압하기 위한 빈 체제는 막을 내렸다.

유럽에서 1848년은 프랑스 혁명으로 달성된 자유, 평등사상과 영국 산업 혁명으로 인한 자본주의 사회의 확산 그리고 노동자 계급과 그에 따른 사회주의의 광범위한 전개로 새로운 시대가 찾아온 해였다.

1848년 유럽 혁명은 빈 체제에 대한 자유주의와 전 유럽적인 반항 운동의 총결산이라 할 수 있는 혁명이다. 1848년 유럽 혁명 이후 유럽은 오랜만에 전쟁이 없는 비교적 평화로운 시기가 지속되었고, 각 나라들은 산업화를 지속시켰다.

유럽 각국의 산업화는 서로 다른 시기에 다른 정도로 나타났다. 독일의 경우는 성공적인 산업화에도 불구하고 산업화 이전 시대의 사회 구조가 20세기까지 강력하게 잔존하였는가 하면, 러시아의 경우는 워낙 뒤늦은 산업화의 시작으로 말미암아 농업적 사회구조가 20세기까지 핵심적인 위치로 남아 있었다.

유럽이 산업화라는 거대한 역사 변화를 겪으며 공통적으로 강요받은 사실은 새로운 사회세력으로서 대중의 존재를 인정하는 일이었다. 대중은 이즈음 시민 계급의 세계관을 자기의 것으로 만들어 갔으며 과거 봉건 계급에 대하여 시민 계급이 저항한 것처럼, 새로운 지배세력으로 성장한 시민에 대하여 저항하였다. 참정권의 확대를 가장 중요한 목적으로 삼고 그 외에도 사회 및 경제적 안정을 요구한 대중은 시민 계급이 내세운 자유라는 이념에 더 이상 만족하지 않았고 평등이라는 이념의 실현을 위하여 노력하였다.

이 시기 이탈리아와 독일이 통일되었다.

해가 지지 않는 나라 영국

빅토리아 여왕(재위: 1837년~1901년) 재위 시기인 19세기 중, 후반은
해가 지지 않는 나라로 불렸던 영국의 최전성기였다.

영국은 1851년 제1회 국제박람회를 개최하여 산업혁명의 발전상을 대내
외에 보여 주었으며, 1857년 인도에서 일어난 세포이 항쟁을 진압하고 그동
안 인도를 간접 통치한 동인도회사를 해체하고 1858년부터 인도를 직접 통
치하기 시작하였다.

빅토리아 여왕은 안정적인 왕권을 수립하였고, 산업혁명으로 인한 경제 발
전과 참정권의 확대 그리고 국민교육 보급 등을 통해 영국을 최고 번영기로
이끌었다. '군림하되 통치하지 않는다'는 영국 왕실의 전통이 이때부터 시작
되었다.

빅토리아 여왕은 조지 3세의 4남인 켄트 공의 딸이었으며, 1840년 2월 외
사촌 앨버트 공과 결혼하였다. 지식과 교양이 풍부했던 앨버트 공은 여왕의
조력자로서 역할에 충실했다.

프랑스 제2공화국, 제2제국

1848년 2월 혁명에 의해 프랑스 왕국의 마지막 왕 루이 필리프의 프랑스
왕정이 막을 내리고 그해 12월 나폴레옹 1세의 조카 루이 나폴레옹(나폴레
옹 3세)의 제2공화국이 세워졌다.

그러나 그는 1851년 쿠데타를 일으켜 권력을 장악하였고, 이듬해인 1852
년 국민투표로 황제가 됨으로써 프랑스는 제2제정(1852년~1871년)을 시
작하였다.

그는 파리시의 개조와 만국 박람회를 개최하여 경제적 번영을 누리고자 하였다. 그러나 1855년 크림 전쟁 참여와 1871년 보불 전쟁에서 프로이센에 패하면서 몰락하였다.

▌통일 이탈리아

1848년 이탈리아 혁명 실패 이후 이탈리아 통일을 이루기 위한 새로운 계획이 구상되었다. 이탈리아 민족주의자들은 이탈리아 왕조인 피에몬테-사르데냐 왕국을 중심으로 북부의 오스트리아 세력을 몰아내 완전한 통일을 성취하려 하였다. 현실 감각이 뛰어난 피에몬테-사르데냐 왕국의 수상 카부르 백작은 이탈리아 북부를 지배하고 있는 오스트리아를 몰아내기 위해서는 프랑스와 영국의 도움이 필요하다고 생각하였다.

1855년 러시아의 남하 정책을 견제하기 위하여 영국, 프랑스가 힘을 합하여 크림 전쟁을 야기하였을 때 카부르 수상은 영국, 프랑스 연합 세력에 가담하여 러시아를 물리쳤다. 카부르는 이때 나폴레옹 3세의 도움으로 북부 이탈리아 지역을 오스트리아로부터 탈환하고자 했다. 그러나 나폴레옹 3세의 배반으로 북부 롬바르디아를 얻는 것으로 만족해야 했다.

이후 피에몬테-사르데냐의 노력은 남쪽 시칠리아 왕국의 영토 내에서 통일을 지향하는 혁명 세력을 자극하였다. 1848년 혁명의 와중에 남아메리카로 망명 갔던 혁명가 가리발디는 1860년 13년 만에 이탈리아로 돌아와 이탈리아 통일에 대한 열정을 이끌며 시칠리아섬을 해방시켰고, 나폴리도 전투 없이 접수하여 그동안 정복한 지역을 사르데냐 왕에게 넘겨주었다.

그러자 사르데냐 왕은 1861년 3월 17일 자신이 이탈리아의 유일한 국왕임을 선포하고 가리발디가 양도한 남부 지역을 이탈리아 왕국의 영토로 편입시켰다. 그러나 오스트리아가 장악하고 있는 북부 베네치아 지역과 프랑스가 보호하고 있는 로마는 아직 이탈리아 왕국의 영토가 아니었다.

그래서 이탈리아는 프로이센과 손을 잡고 1866년 보오 전쟁(프로이센과 오스트리아가 독일 통일 방식을 놓고 벌인 전쟁)에서 오스트리아를 패배시키고 베네치아를 손에 넣었으며, 1870년 보불 전쟁(프로이센-프랑스) 시 프랑스 수비대가 로마에서 철수하자 곧 로마에 군대를 진군시켜 교황의 저항을 제압하고 로마를 이탈리아 수도로 지명하였다.

이리하여 이탈리아는 1870년 통일된 민족국가를 세우게 되었다.

사르데냐 왕국

사르데냐 왕국(1720년~1861년)은 반도 북부의 사보이아, 피에몬테, 롬바르디아 일부 그리고 사르데냐섬에 이르는 왕국으로 1720년에 성립되었으며, 사르데냐 왕국 주도로 1870년 이탈리아를 통일하였다. 1720년 이전에는 스페인의 지배를 받아 왔다.

▌독일 통일 운동, 프로이센과 오스트리아

막강한 군대를 소유한 군국주의 국가였던 프로이센이 나폴레옹 전쟁에서 프랑스 혁명군에 의해 일방적으로 패배한 후 프로이센 지배층은 군국주의의 한계를 느끼고 프로이센 사회개혁의 필요성을 인식하게 되었다.

이러한 상황에서 38개 군소 연방으로 분리되어 있던 독일은 1834년 선제후국 프로이센 왕국을 중심으로 관세 동맹을 결성하여 역내 관세를 철폐하고, 화폐, 어음, 도량형, 철도망, 교통제도를 통일함으로써 경제적 통일의 기반을 마련하였다.

이러한 관세 동맹은 독일 경제의 급성장과 독일의 민족의식을 일깨우는 역할을 했고, 1848년 2월 일어난 프랑스 혁명 영향으로 독일에서는 그해 3월 혁명이 일어나 활발하게 독일 통일 운동이 전개되었다.

이때 오스트리아를 제외한 북독일의 프로이센을 중심으로 한 순수한 독일 민족국가를 건설하자는 소독일주의와 오스트리아를 중심으로 한 신성로마제국의 전 영토를 통합하자는 대독일주의가 대립하였다. 자유주의적 연방 통일을 주장했던 프랑크푸르트 국민회의가 끝내 좌절된 후, 독일의 정치적 통일은 강대국인 프로이센 중심으로 전개되었다.

오스트리아 독일 연방 탈퇴, 독일 통일

독일 통일은 프로이센의 비스마르크가 주도적인 역할을 하였다. 융커 집안에서 자란 비스마르크는 귀족의 입장에서 독일 통일의 필요성을 절감하였고, 통일은 힘에 의해 가능하다고 확신하였다.

프리드리히 빌헬름 4세에 이어 1861년 왕위에 오른 그의 동생 프로이센 왕국 빌헬름 1세(왕위: 1861년~1871년)는 독일 제패를 위한 프로이센을 군국화하기 위하여 강력한 육군을 만들었다. 이를 바탕으로 1862년 수상이 된 비스마르크는 '오늘의 문제는 오로지 철과 피에 의해서 해결된다'고 하는 철혈 정책을 밝히고 통일의 대장정을 시작하였다.

1866년 7월 독일 통일을 두고 벌어진 프로이센과 오스트리아의 전쟁인 보오 전쟁에서 7주 만에 프로이센이 오스트리아를 패배시키면서 오스트리아를 독일 연방에서 탈퇴시켰다. 이때 오스트리아의 황제는 프란츠 요제프 1세(재

위: 1848년~1916년)였다.

이어 1871년 프랑스와의 보불 전쟁(1870년~1871년)에서 승리함으로써 북부 독일에 이어 남부 독일의 바이에른, 바덴, 뷔르템베르크까지 독일 통일을 이루어 냈으며, 프로이센 빌헬름 1세는 1871년 독일 여러 군주의 추대로 독일제국의 황제(황제: 1871년~1888년)로 즉위하였고, 독일은 하나의 민족국가로 통일되었다.

비스마르크의 철혈 정책에 의한 독일 통일은 후일 히틀러의 나치즘과 같은 독일의 역사에 깊은 상처를 남겼지만 비스마르크는 민족 통일의 과업을 성공적으로 이룩하였다.

▌러시아

니콜라이 1세(재위: 1825년~1855년)는 헝가리 혁명(1848년~1849년)을 진압하고, 오스트리아와 동맹하여 동유럽과 중유럽에 반혁명군을 파견하여 러시아의 세력을 중앙아시아까지 확장시켰다. 그리고 오스만제국과 크림 전쟁(1853년~1856년)을 일으켰으나 전쟁 중 사망하였다.

〈전쟁과 평화〉와 〈부활〉 등의 작가 톨스토이(1828년~1910년)도 크림 전쟁에 참전하였고, 또 이때 나이팅게일은 오스만을 지원한 영국군의 간호사로 활약했다.

니콜라이 1세의 장남인 알렉산드르 2세(재위: 1855년~1881년)는 사회 전반에 걸친 개혁 정책으로 크림 전쟁의 패배로 확인된 러시아의 후진성을 극복하고자 했다. 특히 농노해방령을 공포하여 농노제를 폐지하였고, 이로 인해 해방자로 추앙받았다. 그는 1881년 혁명 세력의 폭탄 테러로 사망하였다.

제국주의 시대 그리고
제1차 세계대전 발발

18세기 후반 영국으로부터 시작된 산업혁명은 유럽 각국으로 퍼져 나갔고, 자본주의가 고도로 발전하였다. 자본주의를 기반으로 유럽에서는 선진 산업국가와 후발 산업국가 사이에 아시아, 아프리카 등지의 식민지 쟁탈전이 벌어졌다. 원료공급지와 제품시장의 확보를 위하여 유럽 국가들이 벌였던 다툼, 즉 해외 팽창정책이 곧 제국주의이다. 1870년대에서 제1차 세계대전까지의 시기를 제국주의 시대라고 한다.

　제국주의는 민족국가들 간에 민족경쟁이라는 성격을 지니고 있었으므로 한 민족이 다른 민족을 제압하거나 제압당하는 결과를 초래하였다. 따라서 각 민족은 경쟁에서 승리하기 위해 군사력 강화에 힘썼고, 수단과 방법을 가리지 않았다. 결국 제국주의 열강들의 갈등은 제1차 세계대전으로 이어졌다.

　영국은 1870년 이후 발전하는 다른 강국들에 대항하기 위하여 식민지 정책을 강화하여야만 했다. 영국은 대영제국주의를 내걸고 1870년대 수에즈 운하의 주식 매입을 통한 운영권을 확보하며 이집트에 진출하였고, 그동안 동인도회사를 통해 간접 통치해 왔던 인도를 1877년부터는 빅토리아 여왕(재위: 1837년~1901년)이 인도의 여제가 되어 직접 통치하는 등 적극적인 팽창 정책을 추진하였다. 19세기 말에는 남아프리카를 정복하였고, 아시아 및 중, 남아메리카에도 깊은 관심을 나타냈다.

　프랑스는 1875년 제3공화국이 성립되었으나 정정이 불안하고 군부 우익 세력이 대두되었다. 또 경제 면에서는 소농경영으로 농업의 발달이 늦어지고, 공업도 완만하게 발달되어 독일, 미국에 뒤떨어졌으나, 금융 면에서는 소시민의 자본을 모아 일찍부터 해외투자를 하고 있었다.

오스트리아 제국은 1866년 보오 전쟁에서 프로이센에 패배하면서 독일 연방에서 탈퇴하였고, 오스트리아 제국 요제프 1세(재위: 1848년~1916년)는 1867년 오스트리아 제국의 연방 구성국이었던 헝가리와 함께 오스트리아-헝가리 제국(1867년~1918년)을 성립시켰다.

이탈리아가 1870년 통일된 후 이탈리아 민족주의자들은 고대 로마제국의 영광을 기대하고 있었다. 그러나 국민 대다수의 문맹과 종교 문제는 이탈리아의 발전을 저해하고 있었다. 또 오랫동안 도시국가의 구성원으로서 살아온 국민들로서는 중앙정부의 관리를 간섭으로 받아들이는 경향이 있었고, 따라서 국민들의 정치 불신과 정치 무관심이 커지면서 중앙정부는 국민의 힘을 집약시켜 발전해 나가는 데 한계가 있었다.

러시아는 19세기 말 산업이 급속도로 성장하면서 지식인, 노동자, 농민의 사회개혁의 요구가 거세지기 시작하였다. 알렉산드르 3세(재위: 1881년~1894년)에 이어 즉위한 니콜라이 2세(재위: 1894년~1917년)도 변화된 사회적 조건들을 간과한 채 자유주의에 대한 탄압 정책을 실시하며 기존의 체제를 유지하고자 하였다. 이로 인해 니콜라이 2세는 1917년 2월 혁명으로 폐위되었고, 러시아는 10월 사회주의 혁명이 일어나 레닌의 공산정권이 수립되었다.

독일제국은 빌헬름 1세가 1888년 사망하고 프리드리히 3세가 다시 6개월 만에 사망하자 그의 아들 빌헬름 2세(재위: 1888년~1918년)가 즉위하였다. 그는 1890년 비스마르크를 은퇴시키고 대외 팽창정책을 추진하였다. 이러한 팽창정책은 유럽 국가들을 긴장시켜 러시아, 영국, 프랑스가 삼국협상을 맺어 독일제국을 견제하게 하였다.

독일의 팽창정책으로 삼국협상 국가는 외교적 마찰과 경제적인 부담을 안게 되었고, 이러한 양상이 점점 심화되어 가는 상황에서 1914년 6월 세르비아 청년에 의한 오스트리아 황태자 부처의 암살 사건이 실마리가 되어 독일과 오스트리아를 중심으로 한 동맹국과 영국, 프랑스, 러시아의 협상국으로 나누어 전쟁 상태에 들어갔다.

이것은 개별적으로 볼 때 세계 쟁패를 건 독일과 영국의 대립, 알자스와 로렌 두 지방의 귀속 문제를 둘러싼 독일과 프랑스의 대립, 발칸반도에서의 러시아와 오스트리아의 대립 등이 직접적인 원인이라고 할 수 있으나, 근본적으로는 자본주의가 제국주의 단계로 들어간 19세기 말 이래의 유럽 여러 강국 사이에서는 여차하면 대전쟁으로 발전할 정세가 임박해 있었던 것이라고 할 수 있다. 이렇게 1914년 제1차 세계대전(1914년~1918년)이 발발하였다.

1918년 제1차 세계대전이 끝난 후 유럽의 자식이라 할 수 있는 미국이 세계 최강자로 떠오르기 시작했다.

전쟁(혁명)과 역사의 변곡점

01. 페르시아 전쟁(BC 492년~BC 479년)

기원전 6세기 후반 오리엔트 세계를 통일한 페르시아(이란)가 오리엔트 지역에 있던 이오니아 등 그리스 식민도시들의 활동을 억제하자, 그리스 식민도시들은 페르시아에 대항하는 반란을 일으켰다. 이에 페르시아가 이들 도시들의 반란을 진압하자 이 도시들의 요청으로 아테네가 군함을 파견하여 지원하였다.

이에 페르시아가 기원전 492년 아테네가 반란에 원조했다는 이유로 그리스 원정을 시작함으로써 페르시아 전쟁이 시작되었고, 13년간 세 차례에 걸친 그리스와 페르시아 간 동서양의 패권을 다투는 이 전쟁에서 아테네가 최종 승리하였다.

이 전쟁의 승리로 아테네는 그리스의 주도적인 세력이 되었다.

02. 펠로폰네소스 전쟁(BC 431년~BC 404년)

페르시아 전쟁 후 아테네가 델로스 동맹을 결성하자 스파르타는 반아테네 군사 동맹인 펠로폰네소스 동맹을 결성하였고, 이들의 갈등은 결국 기원전 431년 펠로폰네소스 전쟁으로 이어졌다.

기원전 404년 스파르타가 아테네에 승리함으로써 아테네 민주정이 몰락하게 되었고, 스파르타는 아테네에 이어 그리스의 새로운 맹주가 되었다.

03. 카이로네이아 전투(BC 338년)

기원전 371년 스파르타가 테베와의 레욱트라 전투에서 패함으로써 그리스의 주도권은 다시 테베로 넘어갔다. 그러나 테베도 아테네를 비롯한 다른 도시국가들의 견제로 그리스를 오래 장악하지 못했다.

이러한 혼란이 이어지자 기원전 338년 그리스 북쪽에 위치한 마케도니아가 카이로네이아 전투에서 아테네와 테베가 주축이 된 그리스 연합군을 격파하였다.

이로써 그리스는 마케도니아 시대가 되었다.

04. 마케도니아 알렉산더 대왕의 페르시아 원정(BC 334년~BC 323년)

알렉산더 대왕은 기원전 334년부터 기원전 323년까지 11년간에 걸친 페르시아 원정을 통해 이집트와 오리엔트 지역의 페르시아에서 인더스강 유역까지 점령하여 이 지역에 대제국인 헬레니즘 제국을 건설하였다.

알렉산더 대왕은 이 지역의 오리엔트 문화와 그리스 문화를 융합시켜 헬레니즘 문화를 탄생시켰다.

05. 포에니 전쟁(BC 264년~BC 146년)

기원전 272년 이탈리아반도를 통일한 로마 공화정은 서부 지중해 패권을 놓고 기원전 264년부터 기원전 146년까지 아프리카 강국 카르타고와 세 차례의 포에니 전쟁을 치렀다.

이 전쟁에서 로마 공화정이 카르타고에 승리함으로써 로마 공화정은 카르타고뿐만 아니라 카르타고가 지배하고 있던 시칠리아섬과 스페인을 차지함으로써 서부 지중해 패권을 차지하였다.

06. 마케도니아 전쟁(BC 215년~BC 146년)

마케도니아(그리스)와 로마 공화정은 기원전 215년부터 기원전 146년까지 네 차례의 전쟁을 하였는데 로마 공화정의 승리로 끝났다.

이로써 기원전 146년 그리스(마케도니아)는 로마 공화정의 속국이 되었다.

07. 카이사르의 유럽 북서부 원정(BC 58년~BC 52년)

카이사르는 기원전 58년부터 기원전 52년까지 7년여에 걸친 원정을 통해 유럽 북서부 갈리아 지방과 브리타니아(영국)를 속국으로 만들었다.

이로써 로마 공화정은 브리타니아를 포함한 유럽 북서부 지역의 패권을 차지하였다.

08. 악티움 해전(BC 31년)

기원전 31년 로마 공화정 옥타비아누스가 그리스 서북쪽 악티움 해전에서 안토니우스와 이집트 클레오파트라 연합군을 상대로 승리하면서 로마 공화정은 이집트를 포함한 동부 지중해 패권을 차지하였다.

이로써 로마 공화정은 스페인, 브리타니아 등의 유럽 북서부 지역, 그리스, 서아시아, 이집트 등의 헬레니즘 문화권 그리고 북아프리카의 카르타고를 포함하는 대제국을 건설하였다. 그리고 기원전 27년 로마 공화정이 로마제정이 되었고 기원전 옥타비아누스는 아우구스투스가 되어 로마제국의 초대 황제가 되었다.

09. 서로마제국 게르만족 용병대장의 쿠데타(476년)

서로마제국이 발흥했던 이탈리아반도에 410년부터 서고트족, 훈족, 반달족이 침입하면서 혼란이 극에 달하게 되었고, 서로마제국은 476년 게르만족의 용병대장 오도아케르에 의해 멸망하였다. 오도아케르는 스스로 이탈리아 왕이라 칭하였다.

서로마제국의 몰락은 1,200여 년의 역사를 가진 고대 로마라는 한 제국의 멸망뿐만 아니라 고대 그리스, 고대 로마로 이어지는 고대가 끝나고 중세가 시작되는 시대적인 전환점이 되었다. 그리고 유럽은 게르만족들이 역사의 주인공이 되었고, 지리적으로도 지중해 연안에서 유럽 대륙으로 역사의 중요한 무대가 옮겨졌다.

10. 동고트족과 롬바르드족의 이탈리아반도 침공(493년, 568년)

동고트족이 493년 이탈리아반도 북부로 쳐들어가 이탈리아 왕이라 칭한 오도아케르를 죽이고 이곳에 동고트 왕국(493년~568년)을 세웠다.

동고트 왕국은 568년 롬바르드족에 의해 멸망하였고, 롬바르드족은 이곳에 롬바르드 왕국(568년~774년)을 세웠다.

11. 이슬람 세력의 스페인 침공(711년)

이슬람 세력이 711년 스페인을 침공하여 서고트 왕국을 물리치고 스페인에 이슬람 왕국을 세웠다. 서고트 왕국(415년~711년)은 415년 서로마제국이 지배하고 있던 스페인을 침공하여 쇠퇴해 가는 로마를 물리치고 스페인 지역에 세워진 왕국이다.

12. 이슬람 세력의 프랑크 왕국 침공(732년)

스페인을 지배하고 있던 이슬람 세력이 732년 피레네산맥을 넘어 프랑크 왕국으로 쳐들어갔다. 이때 프랑크 왕국의 궁재 카를 마르텔이 이들을 격파하였다. 이로써 이슬람 세력의 피레네산맥 북쪽으로의 유럽 대륙 진출이 좌절되었다.

이때 카를 마르텔은 가신들에게 토지를 지급하고 말을 기르게 하는 봉건제도를 처음으로 실시하였으며, 말을 이용한 기병으로 이슬람 세력을 물리쳤다.

13. 프랑크 왕국의 롬바르드 왕국 침공(774년)

프랑크 왕국의 카를왕은 774년 이탈리아반도 북부에 위치한 롬바르드 왕국을 침공하여 프랑크 왕국에 병합시켰다. 이로써 이탈리아반도 북부는 476년 서로마제국이 멸망한 이후 오도아케르의 지배에 이어 동고트 왕국, 롬바르드 왕국으로 그리고 774년에는 프랑크 왕국의 일부가 되었다.

이탈리아반도 북부까지 세력을 확장한 프랑크 왕국의 카를왕은 800년 교황 레오 3세로부터 서로마제국의 황제의 관을 받아 카를 대제가 되었다. 이로써 서로마제국은 476년 멸망한 이후 324년 만인 800년에 프랑크 왕국으로 부활하였다.

이후 프랑크 왕국이 동, 서, 중프랑크 왕국으로 분열되고, 또 소멸되면서 중프랑크 지역인 이탈리아반도 북부에 887년 이탈리아 왕국이, 동프랑크 지역에 911년 독일 왕국이, 서프랑크 지역에 987년 프랑스 왕국이 세워졌다.

14. 독일 왕국의 이탈리아 왕국 침공(961년)

독일 왕국 오토 1세는 961년 이탈리아 왕국으로 쳐들어가 이탈리아 왕국을 독일 왕국에 병합시켰다. 이렇게 독일 왕국이 교황령 바로 위까지 그 세력을 확장시키자 교황 요하네스 12세는 962년 독일 왕국 오토 1세에게 신성로마제국 황제의 관을 씌워 주었다. 이로써 서로마제국은 프랑크 왕국에 이어 962년 또다시 신성로마제국으로 부활하였다.

오토 1세는 962년 신성로마제국의 독일 왕 시대를 열었다.

15. 노르망디 공국의 영국 침공(1066년)

프랑스 서북쪽에 위치한 노르망디 공국의 윌리엄 1세가 1066년 영국을 침공하여 앵글로색슨족을 물리치고 영국에 노르만 왕조를 세웠다.

이때부터 영국의 역사가 본격적으로 시작되었다.

16. 십자군 전쟁(1095년~1291년)

11세기 중엽 셀주크튀르크족이 예루살렘을 정복하면서 유럽인들의 기독교 성지인 예루살렘에 대해 성지순례를 방해하자, 동로마제국 황제 알렉시우스 1세가 교황 우르반 2세에게 지원을 요청하면서 1095년 십자군 전쟁이 시작되었다.

교황의 지원하에 기독교 국가들이었던 신성로마제국, 영국, 프랑스 등 서유럽 국가들은 200여 년 동안 8차에 걸쳐 예루살렘에 대한 침공을 시도하였으나 결국 십자군 전쟁은 실패하였다.

십자군 전쟁이 실패로 끝남에 따라 지금까지 중세를 떠받치고 있던 두 기둥의 하나인 기사 세력이 쇠약해지고, 또 하나인 가톨릭의 세력이 약해지면서 중세의 몰락이 시작되었다.

17. 몽골족의 키예프 공국 침공(1243년)

몽골족이 1243년 키예프 공국을 침공하여 남러시아 킵차크 초원 일대에 킵차크한국(1243년~1480년)을 세우며 러시아에 몽골족의 시대를 열었다.

키예프 공국(882년~1243년)은 루스족(노르만족)이 세운 러시아 최초의 국가였다.

18. 프랑스 왕위계승전쟁, 백년전쟁(1337년~1453년)

프랑스 왕 샤를 4세가 직계 없이 사망하자 그의 사촌 동생인 필리프 6세가 1328년 왕위에 올랐다. 이에 샤를 4세의 외조카인 영국 왕 에드워드 3세가 이의를 제기하면서 1337년 프랑스와 영국 간에 프랑스 왕위계승전쟁인 백년

전쟁이 일어났다.

전쟁 초, 중반에는 영국군의 승리가 이어졌으나 후반 프랑스가 위기에 빠졌을 때 성녀 잔다르크가 나타나 프랑스는 역전의 전기를 마련하였고, 결국 1453년 프랑스의 승리로 전쟁이 끝났다.

백년전쟁이 끝나자 양국은 기사층이 몰락하고 봉건 귀족 세력이 극도로 약화되면서 봉건제도의 근간이 크게 흔들렸고, 반면 시민과 국왕의 권력이 크게 신장되었다.

백년전쟁이 1453년 끝나면서 유럽의 중세도 끝났고, 같은 해 마침 동로마 제국도 오스만튀르크에 의해 멸망하였다. 1453년은 유럽의 중세와 근대를 가르는 분기점이 되었다.

19. 영국의 장미전쟁(1455년~1485년)

백년전쟁이 끝나고 2년 후인 1455년 영국에서는 랭커스터 가문의 헨리 6세와 요크 가문의 리처드 공이 영국 왕위를 놓고 피비린내 나는 동족 간의 내전인 장미전쟁을 시작하였다.

이 내전에서 1461년 요크가의 리처드 공의 아들 에드워드가 랭커스터가의 헨리 6세에 승리를 거두고 에드워드 4세로서 요크 왕가의 시대를 열었다.

에드워드 4세가 1483년 사망하자 그의 아들 에드워드 5세가 즉위했지만 2개월 만에 그의 삼촌 리처드 3세에게 왕위를 찬탈당했다. 하지만 그는 랭커스터가의 헨리 튜더에게 1485년 보즈워스 전투에서 패하면서 죽었다.

결국 장미전쟁은 랭커스터가의 승리로 끝났고, 24년의 짧은 요크 왕가의 시대도 끝났다. 이어 영국은 헨리 7세에 의해 튜더 왕조 시대가 시작되었다.

이렇게 백년전쟁과 장미전쟁이 끝나자 영국은 봉건적 제후와 기사가 몰락하고 국왕의 권력이 한층 강화되어 갔다.

20. 스페인의 레콘키스타(국토회복운동)(722년~1492년)

스페인은 711년 이슬람 세력의 침공으로 중부와 남부는 이슬람교도들이 지배하는 이슬람 국가로, 북부 산악 지대는 기독교인들이 지배하는 가톨릭 국가로 나뉘게 되었다.

북부 산악지대의 가톨릭교도들은 722년부터 이슬람교도들을 축출하기 위한 레콘키스타를 시작하였다. 결국 가톨릭 국가들인 카스티야 왕국과 아라곤 왕국은 1492년 이슬람교도들의 마지막 왕국인 그라나다의 나스르 왕국을 정복하고 이슬람 세력을 축출하였다.

이로써 스페인은 이슬람 세력의 800여 년의 지배가 종식되었고, 통일된 가톨릭 국가로 거듭나게 되었다.

21. 이탈리아 전쟁(1494년~1559년)

프랑스 왕 샤를 8세는 나폴리 왕국의 왕위가 궐위되자 1494년 이탈리아로 쳐들어가 이탈리아 전쟁을 일으켰다. 이에 스페인을 주축으로 하는 신성로마제국, 밀라노, 피렌체, 베네치아, 교황령 등이 참여하는 대프랑스 동맹이 반격을 가했다.

결국 프랑스의 앙리 2세가 1557년 생캉탱 전투에서 스페인의 펠리페 2세에게 대패하면서 1559년 이탈리아 전쟁이 종식되었다.

이탈리아 전쟁이 프랑스의 패배로 끝남에 따라 스페인은 이탈리아반도의 양시칠리아 왕국에 이어 밀라노 공국, 피렌체 공국까지 지배하게 되었다.

한편 샤를 8세는 전쟁 중 이탈리아의 발달된 문화에 매료되어 이탈리아로부터 프랑스에 르네상스를 도입하였다.

22. 위그노 전쟁(1562년~1598년)

이탈리아 전쟁으로 인한 국력 낭비와 종교개혁에 따른 국내 분열이 격화되면서 프랑스에서는 이탈리아 전쟁이 끝나고 3년 후인 1562년 샤를 9세 때 종교전쟁인 위그노 전쟁이 일어났다.

36년에 걸친 위그노 전쟁 중 가톨릭 세력에 의해 위그노들에 대한 대학살 극이 이어졌고, 또 1589년 가톨릭 세력에 의해 발루아 왕조의 마지막 왕 앙리 3세마저 살해되었다. 이어 왕위에 오른 부르봉 왕조의 앙리 4세는 1598년 위그노(칼뱅파)들에게 신앙의 자유를 인정하는 낭트 칙령을 발표하고 위그노 전쟁을 종식시켰다.

이때부터 프랑스는 부르봉 왕조가 본격적으로 시작되었다.

23. 네덜란드 독립전쟁(1567년~1648년)

스페인의 속국이었던 네덜란드의 북부 여러 주에서 16세기 초 종교개혁 이후 칼뱅파의 신교도 수가 급증하자, 1567년 네덜란드 총독 알바 공이 신교도들을 잔악하게 탄압하면서 네덜란드 독립전쟁이 일어났다.

1578년에 이르러서는 가톨릭교도들이 많은 남부의 주들은 스페인에 굴복하였으나 신교도들이 주류를 이루는 북부의 7개 주는 항전을 계속하며 1581년 독립을 선언하고 북부에 네덜란드 공화국을 세웠다.

네덜란드 독립전쟁은 영국과 프랑스의 지원을 받으며 독립전쟁을 이어 갔다. 그리고 1618년부터 네덜란드 독립전쟁은 독일에서 일어났던 종교전쟁인 30년 전쟁의 일부가 되어 진행되었다.

1648년 독일에서의 30년 전쟁이 끝나면서 맺은 베스트팔렌 조약에서 국제적 승인을 얻음으로써 네덜란드 독립전쟁도 끝이 났다.

이로써 북부 네덜란드 7개 주가 독립하였다. 남부 네덜란드 지역이었던 벨기에와 룩셈부르크는 여전히 스페인의 지배를 받았지만, 그 외 남부 상당 부분이 프랑스 영토가 되었다.

24. 30년 전쟁(1618년~1648년)

신성로마제국 페르디난트 2세가 1617년 보헤미아 왕국의 왕위에 올라 신교도들을 탄압하자, 보헤미아 신교도들이 반발하면서 1618년 종교전쟁인 30년 전쟁이 일어났다.

30년 전쟁은 시간이 흐르면서 종교적 색채가 옅어지고 정치적 색채가 짙어지면서 신성로마제국 오스트리아 합스부르크 왕가와 프랑스의 대결 구도로 바뀌었다.

결국 페르디난트 3세는 참가국들과 1648년 베스트팔렌 조약을 맺고 전쟁을 종식시켰다. 이 조약으로 루터파에 이어 칼뱅파에도 가톨릭과 동등한 신앙의 자유가 주어졌다. 그리고 신성로마제국 내 독일 지역은 프랑스에 의해 300여 개의 영방으로 갈라졌으며 신성로마제국 내 합스부르크 왕가의 세력은 오스트리아 내로 그 영역이 제한되면서 신성로마제국은 유명무실화되었고, 사실상 해체되었다.

25. 영국 청교도혁명(1642년~1649년)

1628년 영국 의회는 권리청원을 통과시키고 국왕의 승인을 받았다. 그러나 1년 후 찰스 1세는 의회를 해산시켰고, 이후 11년간 의회가 열리지 않으면서 왕과 의회의 대립이 심해졌다.

왕과 의회의 대립은 1642년 내전으로 발전하였는데 청교도의 크롬웰이 이끄는 의회파가 왕의 군대를 무찌르고 승리하였다. 1649년 의회는 찰스 1세를 사형에 처한 후 왕정을 폐지하고 공화국을 선포하였다. 이것을 청교도혁명이라고 한다.

이후 영국은 역사상 유일하게 공화국 체제가 되었다. 그러나 엄격한 종교 정책과 군사 독재를 펼친 크롬웰이 사망하자 10년 만에 다시 왕정이 복고되었다.

26. 영국의 명예혁명(1689년)

프로테스탄트(신교)를 지향하는 영국에서 가톨릭 신자였던 제임스 2세가 1688년 종교 관용령을 통해 모든 종교의 자유를 보장하자 의회와 국민들의 반감을 사기 시작하였고, 급기야 그는 그의 외가인 프랑스로 도피하였다.

이에 1688년 제임스 2세는 폐위되고, 1689년 독실한 프로테스탄트인 그의 큰딸 메리 2세와 그녀의 남편인 네덜란드 오렌지 공 윌리엄 3세가 의회가 제정한 권리장전을 승인하고 공동 왕위에 올랐는데 유혈사태 없이 정권 교체를 한 이 사건을 명예혁명이라 한다.

명예혁명은 영국의 의회 민주주의를 출발시킨 시발점이 되었다. 이후 어떠한 영국의 왕조도 의회를 무시하는 무소불위의 권력을 행사할 수 없었다. 이때 '국왕은 군림하되 통치하지 않는다'는 입헌군주제가 수립되었다.

27. 스페인 왕위계승전쟁(1701년~1714년)

카를로스 2세가 1700년 왕위계승자 없이 서거하자 오스트리아 합스부르크 가문과 프랑스 부르봉 가문이 서로 왕위를 주장하며 1701년 스페인 왕위계승전쟁이 일어났다.

결국 스페인 왕위는 프랑스 부르봉 왕가의 루이 14세의 손자인 펠리페 5세에게 돌아갔다. 이로써 스페인은 200여 년의 합스부르크 왕가의 시대(1516년~1700년)가 막을 내리고 부르봉 왕가의 시대를 맞이하게 되었다.

28. 오스트리아 왕위계승전쟁(1740년~1748년)

신성로마제국 합스부르크 왕가의 오스트리아 카를 6세가 1740년 적자 없이 사망하자, 그의 딸 마리아 테레지아가 왕위(대공)를 계승하였다. 이에 여성의 상속권을 부정한 고대 게르만법인 살리카 법에 어긋난다 하여 프로이센 왕국에서 반대하였다.

프로이센은 1740년 슐레지엔으로 쳐들어가 오스트리아와의 전쟁을 시작하였다. 이것이 오스트리아 왕위계승전쟁(1740년~1748년)이다.

이 전쟁의 결과 마리아 테레지아는 1748년 10월 체결된 아헨평화협정에 의해 슐레지엔 지역을 프로이센에 넘겨주는 조건으로 모든 유럽 국가로부터 합스부르크의 상속권을 인정받았다.

그러나 신성로마제국 황제는 여성이 승계할 수 없었기 때문에 마리아 테레지아는 1745년 남편 프란츠 1세를 신성로마제국의 명목상의 황제로 즉위시키고, 그녀는 실질적인 통치자로 오스트리아 및 신성로마제국에 정치적 영향력을 행사하였다.

29. 7년 전쟁(1756년~1763년)

오스트리아 왕위계승전쟁이 끝난 8년 후 오스트리아는 왕위계승전쟁 때 빼앗겼던 슐레지엔 지역을 탈환하기 위하여 1756년 프로이센을 침략함으로써 7년 전쟁을 일으켰다.

이 전쟁은 유럽의 거의 모든 열강들이 참여하게 되면서 아메리카와 인도에까지 퍼진 세계대전 규모의 전쟁이었다. 오스트리아는 프랑스, 러시아 등과 동맹을 맺고, 프로이센은 영국과 연합하였다.

유럽에서는 영국과 연합한 프로이센이 오스트리아에 승리를 거두어 슐레지엔에 대한 프로이센의 영유권만 확인시켜 주었다. 이렇게 프로이센은 오스트리아 왕위계승전쟁과 7년 전쟁에서 오스트리아에 승리함으로써 독일 연방에서 확실한 우위를 점할 수 있게 되었다.

한편 영국은 북아메리카에서 프랑스 세력을 몰아냈고, 나아가 인도에서도 프랑스에 승리하며, 대영제국의 기초를 닦게 되었고, 프랑스는 아메리카, 인도에서까지 전쟁에 패함에 따라 국가의 재정이 최악으로 다다랐고, 후일 프랑스 대혁명이 일어나는 빌미가 되었다.

30. 프랑스 대혁명(1789년~1799년)

루이 14세 때부터 내려온 재정 문제와 루이 15세 때 오스트리아 왕위계승 전쟁과 7년 전쟁의 참여 그리고 미국 독립전쟁의 지원으로 프랑스 경제는 파탄 일보 직전까지 갔다. 여기에 1788년부터 1789년에 걸친 흉작은 농민들을 더욱더 비참하게 만들었다.

1789년 5월 루이 16세가 삼부회를 소집하였고, 여기에서 제3신분인 평민 대표들이 봉건 특권 폐지, 평등 과세 등 개혁을 주장하며 제1, 2신분인 성직자, 귀족들과 첨예하게 대립하였고, 회의가 무산되자 제3신분은 6월 20일 따로 국민의회를 구성하였다.

이에 국왕이 무력으로 국민의회를 탄압하려 하자 이에 분개한 파리 시민들은 1789년 7월 14일 봉건제도의 압제와 전제의 상징이었던 바스티유 감옥을 함락시켰다. 이렇게 프랑스 대혁명이 시작되었다.

마침내 루이 16세는 1789년 7월 16일 혁명을 인정하였고, 국민의회는 1789년 8월 봉건제 폐지 선언과 국민의 자유와 평등에 대한 권리를 천명한 인권선언을 발표하였으며, 입헌군주제를 도입하였다.

프랑스 대혁명은 시민 계급이 절대왕정의 봉건적 특권 계급과의 투쟁에서 승리를 쟁취함으로써 새로운 정부와 새로운 사회를 건설해 낸 최초의 사회혁명이라 할 수 있다.

31. 나폴레옹 전쟁(1805년~1815년)

나폴레옹 전쟁은 나폴레옹이 1804년 황제가 된 후 몰락한 1815년까지 프랑스와 영국, 오스트리아, 프로이센, 러시아 등으로 구성된 대프랑스 동맹과 벌인 전쟁이다. 이 시기가 나폴레옹 시대(1804년~1815년)이다.

1805년부터 1806년에 이르기까지 나폴레옹의 프랑스는 여러 전투를 통해 대프랑스 동맹인 오스트리아, 프로이센, 러시아, 스페인, 이탈리아반도

등을 격파하고 거의 전 유럽을 지배하였다. 이제 남은 나라는 영국뿐이었다.

이에 나폴레옹은 우수한 해군력으로 버티고 있던 영국을 고립시키고자 1806년 11월 대륙봉쇄령을 내려 유럽 국가들로 하여금 영국과의 교역을 금지시켰다.

이런 상황에서 러시아가 대륙봉쇄령을 어기고 영국과 통상을 재개하자 나폴레옹은 1812년 6월 60만 대군을 이끌고 러시아로 쳐들어갔다. 그러나 모스크바는 텅 비어 있었고, 화재로 인한 식량 부족과 혹독한 추위를 견디지 못하고 후퇴할 수밖에 없었다. 나폴레옹은 처참한 러시아 원정 실패로 회복하기 어려울 정도로 큰 손실을 입었다.

대프랑스 동맹은 러시아에서 패배하고 돌아오는 프랑스를 1813년 10월 라이프치히 전투에서 결정적으로 패배시켰고, 이어 1814년 3월 파리를 함락시키고 나폴레옹을 지중해의 작은 섬 엘바에 유폐시켰다.

나폴레옹이 1815년 2월 유폐지 엘바섬에서 탈출하여 다시 황제가 되자, 대프랑스 동맹은 1815년 6월 워털루 전투에서 나폴레옹을 최종 패배시켰다. 나폴레옹은 다시 대서양의 외딴 섬 헬레나로 유배되었다.

이로써 나폴레옹 전쟁은 끝이 났고, 나폴레옹 시대도 끝났다. 나폴레옹 전쟁이 종식되면서 유럽의 국가들은 프랑스 혁명으로 시작된 혁명의 불길을 억압하고 기존의 질서를 유지하기 위하여 빈 체제를 형성시켰다.

나폴레옹 전쟁은 전쟁의 수행 과정에서 프랑스 대혁명의 이념인 자유와 평등 정신을 전 유럽 사회에 전파시킨 근대 유럽사에서 가장 큰 영향을 남긴 사건 중의 하나였다.

32. 1848년 유럽 혁명

1848년 유럽 혁명은 낡은 빈 체제에 대한 반항 운동으로 프랑스 2월 혁명을 시작으로 유럽의 대부분 지역에서 일어난 혁명이다.

프랑스는 2월 혁명으로 왕정이 폐지되고 공화정이 수립되었고, 오스트리아는 3월 혁명으로 입헌 정부가 수립되었다. 독일의 연방 국가들은 통일 문제와 헌법 제정을 협의하였고, 이탈리아에서도 통일 운동이 일어났다. 이로써 옛 질서를 유지하고 자유주의와 민족주의를 억압하기 위한 빈 체제는 막을 내렸다.

유럽에서 1848년은 프랑스 혁명으로 달성된 자유, 평등 사상과 영국 산업 혁명으로 인한 자본주의의 확산 그리고 노동자 계급과 그에 따른 사회주의의 광범위한 전개로 새로운 시대가 찾아온 해였다.

33. 보오 전쟁(1866년)

독일 통일을 두고 벌인 프로이센과 오스트리아의 전쟁으로 이 전쟁에서 프로이센이 승리함으로써 오스트리아가 독일 연방에서 탈퇴하였고, 독일은 오스트리아를 제외하고 프로이센이 주도하는 소독일주의의 기반을 마련하였다.

34. 보불 전쟁(1870년~1871년)

프로이센은 1871년 프랑스와의 보불 전쟁에서 승리함으로써 북부 독일에 이어 남부 독일의 바이에른, 바덴, 뷔르템베르크까지를 아우르는 독일 통일을 이루어 냈다.

35. 제1차 세계대전(1914년~1918년)

1914년 6월 세르비아 청년에 의한 오스트리아 황태자 부처의 암살 사건이 실마리가 되어 독일과 오스트리아를 중심으로 한 동맹국과 영국, 프랑스, 러시아의 3국 협상국으로 나뉘어 전쟁을 시작하였다.

1918년 제1차 세계대전이 끝난 후 유럽의 자식이라 할 수 있는 미국이 세계의 최강자로 떠오르기 시작하였다.

유럽사 연대기 요약

01. 고대 그리스 시대

고대 그리스는 가까운 메소포타미아 문명과 이집트 문명으로부터 영향을 받아 일찍이 미노아 문명에 이어 미케네 문명이 발생하였다. 이 문명들이 기원전 14세기에서 기원전 11세기에 걸쳐 멸망하면서 유럽은 기원전 800년경까지 암흑시대가 도래했다.

기원전 800년경 고대 그리스에는 폴리스 형태의 도시국가가 만들어지기 시작하였고, 고대 그리스 도시국가 중 스파르타와 아테네가 세력이 가장 강했다.

한편 오리엔트 세계는 페르시아인들에 의해 기원전 6세기 후반 통일되었고, 기원전 521년에는 다리우스 1세 치하에서 세계 최대 제국이 되었다.

고대 그리스와 페르시아는 기원전 492년부터 기원전 479년까지 페르시아 전쟁을 벌였다. 아테네는 페르시아 전쟁의 승리로 그리스에 아테네 시대를 열었고, 스파르타는 기원전 431년부터 기원전 404년까지 아테네와의 펠로폰네소스 전쟁에서 승리함으로써 그리스에서 아테네 시대에 이어 스파르타 시대를 열었다.

02. 고대 그리스 마케도니아 시대

고대 그리스는 스파르타 시대 이후 잠시 테베 시대가 있었지만, 기원전 338년 북쪽의 마케도니아의 그리스 본토 침공으로 그리스는 다시 마케도니아 시대를 열었다.

기원전 336년에 왕위에 오른 알렉산더 대왕(재위: BC 336년~BC 323년)은 기원전 334년부터 기원전 323년까지 페르시아 원정을 통하여 이집트, 페르시아 그리고 동방의 끝이라 생각한 인더스강까지 점령하였고, 이곳에 헬레니즘 대제국을 건설하였다. 그러나 알렉산더 대왕이 기원전 323년 사망하자 혼란이 계속되다가 헬레니즘 제국은 그리스, 이집트 그리고 소아시아로 분열되었다.

추후 그리스는 기원전 146년에, 동방의 소아시아는 기원전 64년에, 이집트는 기원전 31년에 고대 로마에 의해 멸망됨으로써 알렉산더 대왕이 세웠던 헬레니즘 제국은 역사 속으로 사라졌다.

알렉산더 대왕은 기원전 334년부터 11년에 걸친 이집트, 소아시아, 인도 정복을 통하여 대제국을 건설하면서 그리스 문화를 정복지에 전파하였고, 그곳의 오리엔트 문화와 융합시켜 헬레니즘 문화를 탄생시켰다.

향후 이러한 그리스 헬레니즘 문명은 로마제국을 통하여 유럽 전역에 전파되었고, 정치, 경제, 문화, 종교, 철학, 예술, 건축 등 다방면에 걸쳐서 강력한 영향력을 발휘하였다.

03. 고대 로마 공화정 시대

고대 로마는 기원전 753년부터 250여 년간 왕정이 이어져 오다가 기원전 509년 공화정을 수립하였다.

로마 공화정은 기원전 272년 이탈리아반도를 통일하고, 기원전 264년부터 시작된 카르타고와의 포에니 전쟁에서 기원전 146년 최종 승리함으로써 카르타고와 스페인을 속국으로 만들었고, 마케도니아와의 마케도니아 전쟁에서 기원전 146년 최종 승리함으로써 그리스를 속국으로 만들었다. 이렇게 로마 공화정은 기원전 146년 서부 지중해와 그리스 본토 패권을 차지하였다.

또 로마 공화정은 카이사르의 활약으로 기원전 58년부터 기원전 52년까지

7년여에 걸쳐 갈리아 지역과 영국 등 북서부 유럽 패권을 차지하였고, 또 기원전 64년에 시리아를, 기원전 31년 이집트마저 로마 공화정의 속국으로 만들면서 동부 지중해 패권을 차지하였다.

이로써 로마 공화정은 지중해와 유럽 세계를 통일하였다. 유럽은 로마가 되고 로마는 유럽이 되었다. 기원전 27년 로마 공화정은 막을 내렸다.

04. 고대 로마제국 시대

기원전 27년 옥타비아누스가 원로원으로부터 '존엄한 자'를 뜻하는 아우구스투스라는 칭호를 수여받으면서 고대 로마는 제국을 시작하였고, 아우구스투스는 고대 로마제국의 초대 황제가 되었다.

우선 그는 원로원 의원, 기사, 평민의 3신분의 자격과 직능을 정했으며, 신분 간의 이동도 가능하도록 했다. 또 노예해방을 엄격하게 제한하였고, 로마적인 도덕과 종교를 진흥시켰으며 빈민들에 대한 '빵과 서커스'의 제공에도 관심을 게을리하지 않았다.

로마제국의 황금기인 5현제 시대(96년~180년)에는 사회가 안정되고 물건의 교역이 활발하였고, 속주의 중심에 새로운 도시가 건설되었다. 또 이때 로마를 중심으로 포장된 길이 사방팔방으로 통했고, 이 길을 따라 많은 물자가 활발하게 이동되었다. 이른바 모든 길은 로마로 통했다.

아우구스투스 시대부터 5현제 시대까지의 1~2세기는 팍스 로마나(로마의 평화)라 불리는 태평성대의 시기였다.

5현제 시대가 막을 내리자 군인들이 황제를 선출하고 또 군인들이 황제가 되는 위기의 3세기(192년~284년)를 맞이하였다.

디오클레티아누스 황제는 이러한 3세기 말의 극도로 혼란스러웠던 군인 황제 시대를 종식시키며 국가 재건에 나섰고, 콘스탄티누스 황제는 313년 밀라노 칙령을 통해 그리스도교를 공인하였고, 330년 로마제국의 수도를 비잔티움으로 정하여 로마제국의 중흥을 꿈꿨다. 테오도시우스 1세는 분할 통치되고 있던 제국을 다시 통합하였으며 392년 그리스도교를 국교로 삼아 로마에서 그리스도교를 비약적으로 발전시켰다. 그리고 그가 395년 죽으면서 두 아들에게 다시 제국을 양분하여 물려줌으로써 로마제국은 서로마제국과 동로마제국으로 나뉘었다.

서로마제국은 끊임없이 게르만족에 시달리면서 점차 쇠퇴 일로로 치달았고, 결국 서로마제국은 476년 멸망하였다.

로마가 흥기한 본고장인 이탈리아반도를 중심으로 하는 서로마제국의 몰락은 1200여 년의 역사를 가진 로마라는 한 제국의 멸망뿐만 아니라 고대 그리스, 고대 로마로 이어지는 고대가 끝나고 중세가 시작되는 시대적인 전환점이 되었다.

05. 중세 프랑크 왕국 시대

서로마제국이 476년 멸망하면서 고대 로마제국은 동로마제국, 이슬람 세계 그리고 유럽 세계로 나뉘었고, 유럽 세계는 게르만족의 일족인 프랑크족의 클로비스 1세가 486년 갈리아 지역(프랑스)에 메로빙거 왕조의 프랑크 왕국을 건설하면서 중세 유럽이 시작되었다.

클로비스 1세는 그 지배 지역을 서로마제국이 지배했던 유럽의 대부분의 지역으로 확장해 나갔다. 그러나 511년 그가 죽자 이후 200여 년 동안 프랑크 왕국은 분할과 통합을 거듭하며 피비린내 나는 음모와 내분이 그치지 않았다. 결국 프랑크 왕국은 7세기 말에 이르러 왕은 유명무실해졌고, 실권은 지방 영주들의 지지를 받은 궁재 카를 마르텔의 손으로 넘어갔다.

실권을 잡은 궁재 카를 마르텔은 스페인을 지배하고 있던 이슬람 세력이 732년 피레네산맥을 넘어 프랑크 왕국으로 쳐들어오자, 봉건제도에 의해서 키워진 기병을 이용하여 이슬람 세력을 격퇴시켰고, 이로써 궁재의 위세는 더욱 커져 갔다. 봉건제도는 카를 마르텔이 이때 처음으로 도입하였다.

카를 마르텔이 사망하자 그의 아들 피핀이 대를 이어 궁재가 되었고, 마침내 751년 궁재 피핀이 무능한 국왕을 몰아내고 왕위에 올라 카롤링거 왕조를 세웠다.

한편 서로마제국이 476년 멸망한 이후 이탈리아반도 북부는 서로마제국을 멸망시킨 오도아케르가 잠시 지배하였고, 동고트 왕국(493년~568년)에 이어 롬바르드 왕국(568년~774년)이 세워졌다.

피핀의 아들 카를왕은 774년 롬바르드 왕국으로 쳐들어가 그 영토를 프랑크 왕국에 병합시켜 버렸다. 이후 프랑크 왕국과 교황청 사이에 밀접한 관계가 형성되면서 800년 카를왕은 교황으로부터 서로마제국의 황제의 관을 받았고 카를왕은 카를 대제가 되었다. 이로써 서로마제국은 476년 멸망한 이후 324년 만인 800년 프랑크 왕국으로 부활하였다.

카를 대제가 814년 사망하자 혼란이 이어지면서 프랑크 왕국은 동, 서, 중 프랑크 왕국으로 분할되었고, 최종 870년 메르센 조약으로 그어진 경계선이 오늘날의 독일, 프랑스, 이탈리아의 기원이 되었다.

프랑크 왕국들은 9세기 후반부터 다시 분열과 혼란으로 쇠퇴하기 시작하였고 결국 중프랑크 왕국은 875년에, 동프랑크 왕국은 911년에, 서프랑크 왕국은 987년에 소멸되었다.

프랑크 왕국들이 소멸되면서 중세 유럽 초기가 끝났다. 중세 유럽 초기는 프랑크 왕국의 시대였으며, 이때 서로마제국은 프랑크 왕국으로 부활하였다.

06. 중세 신성로마제국 독일 왕 시대

동프랑크 왕국이 911년 멸망하면서 그 자리에 독일 왕국이 탄생하였다. 오토 1세는 961년 이탈리아반도 북부에 위치한 이탈리아 왕국(887년~961년)을 독일 왕국에 병합시켰다.

이에 교황 요하네스 12세는 오토 1세에게 신성로마제국 황제 관을 씌워 주었고, 이로써 오토 1세는 신성로마제국 초대 황제가 되었고 또 서로마제국은 프랑크 왕국에 이어 신성로마제국으로 부활하였다. 이탈리아 왕국은 중프랑크 왕국이 소멸된 후 그 지역에 베렝가리오 1세가 887년에 세운 왕국이다.

독일 왕 시대의 신성로마제국은 오토 1세에서 11세기 중반 하인리히 3세까지는 신성로마제국과 황제의 전성기였고, 교황은 황제의 보호 아래 있었다. 그러나 하인리히 4세가 어린 나이에 즉위하면서 교황 그레고리우스 7세와 성직자 임명권을 놓고 황제와 교황 간의 충돌이 벌어졌다. 결국 1077년 '카노사의 굴욕 사건'이 벌어졌고, 이는 교황 권력이 황제 권력보다 우위에 서게 되는 전환기에 벌어진 상징적인 사건이었다.

이후 강력한 교황권을 바탕으로 유럽 세계는 이슬람 국가에 대한 반격을 가하는 십자군 전쟁(1095년~1291년)을 일으켰다.

한편 신성로마제국 독일 왕 시대는 콘라트 4세가 1254년 죽으면서 끝났고, 이어서 1273년까지 19년간 신성로마제국 황제가 추대되지 않은 대공위 시대가 이어졌다.

서프랑크 왕국이 멸망하면서 그 지역에 987년 카페 왕조의 프랑스 왕국이 탄생하였다. 프랑스 왕국은 12세기 전반 무렵부터 직할 지배령이 증가하면서 왕권이 집중되기 시작하였고, 13세기에서 14세기 초까지 강력한 왕권을 바탕으로 경제가 꾸준히 번성했다.

프랑스 서북쪽에 위치한 노르만 공국의 윌리엄 1세가 1066년 영국을 침략하여 앵글로색슨족을 물리치고 노르만 왕조를 세우며 영국의 역사가 본격적으로 시작되었다. 존왕은 1215년 왕에게서 세금을 거둘 권리를 크게 제한한 영국의 첫 헌법인 대헌장 마그나 카르타를 제정하였고, 헨리 3세를 감옥에 가두고 권력을 쥔 그의 매제인 시몽 드 몽포르는 1265년 영국 역사상 처음으로 의회를 시작하였다.

스페인은 711년부터 이슬람 세력의 지배를 받고 있었는데 북쪽에 위치한 가톨릭 국가들이 꾸준히 레콘키스타(국토회복운동)를 펼치고 있었다.

루스족(노르만족)은 882년 키예프(우크라이나)에 러시아 최초의 국가인 키예프 공국을 세웠다.

한편 유럽은 십자군 전쟁이 실패로 끝나면서 교회와 교황권의 권위는 추락했고, 전쟁에 참여했던 기사 세력들이 몰락하면서 중세 유럽도 서서히 몰락하기 시작하였다.

07. 중세 신성로마제국 합스부르크 왕가 시대

유럽이 중세 후기로 들어가면서 신성로마제국은 혼란스러웠던 대공위 시대를 끝내고 스위스 지역에 위치한 합스부르크 가문의 루돌프 1세가 1273년 신성로마제국 황제가 되면서 신성로마제국은 합스부르크 가문이 지배하기 시작하였다.

루돌프 1세가 1278년 보헤미아와의 전쟁에서 승리하면서 보헤미아의 관할 아래 있던 오스트리아 공국을 그의 장남 알브레히트 1세에게 넘겨줌으로써 합스부르크 왕가는 오스트리아에 본격적으로 본거지를 마련하였다.

알브레히트 1세는 1283년 오스트리아 공국 통치자가 되어 빈 시민들의 무장 봉기에 맞서 통치 권력을 강화하는 데는 성공하였으나 1308년 암살당했다. 이로써 합스부르크 왕가는 이후 황제를 배출하지 못하다가 룩셈부르크가의 황제 지기스문트가 1437년 적자를 남기지 못하고 사망하고, 그의 사위인 합스부르크 가문의 알브레히트 2세가 황제가 됨으로써 합스부르크 가문은 130여 년만에 다시 황제를 배출할 수 있었다.

프랑스 필리프 4세는 중앙집권적인 강력한 왕권을 바탕으로 국가 체제를 형성시켜 나갔고, 1309년 9월 교황청을 로마에서 프랑스 아비뇽으로 옮기는 아비뇽 유수를 단행하였다. 아비뇽 유수는 이후 1377년까지 70여 년간 지속되었다. 이어 1378년 로마와 아비뇽에서 각각 교황이 즉위하는 교회의 대분열 시대가 이어졌다.

샤를 4세가 직계 없이 사망하자 그의 사촌인 필리프 6세가 1328년 왕위에 올랐다. 이에 샤를 4세의 외조카인 영국 왕 에드워드 3세가 본인이 프랑스 왕위를 계승해야 한다며 이의를 제기하면서 영국과 프랑스는 1337년 프랑스 왕위계승전쟁인 백년전쟁(1337년~1453년)을 시작하였다.

영국 왕 에드워드 1세(재위: 1272년~1307년)는 영국 중앙집권화의 기반을 마련하였고, 영국 의회를 창설하였으며 웨일스를 영국에 복속시켰다. 그리고 영국은 그동안 프랑스 노르망디 공국의 침략으로 역사를 시작함으로써 왕족, 귀족들이 프랑스적이었으나 에드워드 1세에 이르러 점차 영국화되기 시작하였다. 에드워드 3세(재위: 1327년~1377년)는 1337년 프랑스와 프랑스 왕위계승전쟁인 백년전쟁을 시작하였다.

백여 년간 지속된 백년전쟁에서 결국 영국이 프랑스에 패배하면서 영국은 프랑스 지역 내에 소유하고 있던 대부분의 땅을 프랑스에 넘겨줘야 했다.

러시아 지역의 키예프 공국은 몽골족에 의해 1243년 멸망되면서 몽골족이 세운 킵차크한국의 지배를 받게 되었다. 킵차크한국은 이 지역의 여러 공국들을 속국으로 편입시켜 일정 부분 자치를 인정하였고, 또 이 지역의 신흥강자로 부상하고 있는 모스크바 공국의 이반 1세(재위: 1325년~1340년)에게 대공의 지위를 부여하고 다른 공국들을 관리할 수 있는 권한을 주었다. 이로써 모스크바 대공국은 빠르게 성장하여 갔다. 마침내 모스크바 대공국은 1480년 킵차크한국으로부터 독립하였고, 240여 년의 몽골의 시대도 끝났다.

스페인은 계속해서 국토회복운동을 펼치며 카스티야 왕국과 아라곤 왕국이 힘을 합쳐 마지막 이슬람 왕국인 그라나다의 나스르 왕국을 정복하고 1492년 가톨릭 국가로 독립하였다.

로마의 본고장인 이탈리아반도는 11세기에서 14세기에 걸쳐 베네치아, 피렌체, 밀라노, 교황령, 나폴리, 시칠리아 등 여러 도시국가들이 생겨나기 시작하였다. 이 도시국가들은 신성로마제국의 영향력 아래 사실상 독립적인 도시국가로 발전하여 갔다.

08. 중세 유럽의 종말

11세기 말부터 200여 년에 걸쳐 일어났던 십자군 전쟁으로 제후들과 기사들의 세력이 약해지면서 봉건제도의 기반이 흔들리게 되었고, 여기에 영국과 프랑스의 백년전쟁에 의해서 더욱 촉진되면서 귀족들은 약해졌으며 교황권은 쇠퇴해 갔고 상대적으로 왕권은 강력해져 갔다.

1453년 백년전쟁이 끝나면서 중세 유럽은 끝이 났다. 마침 동로마제국도 같은 해인 1453년에 멸망하였다. 1453년은 중세와 근대를 가르는 분기점인 해였다.

09. 르네상스 시대

영국과 프랑스의 백년전쟁이 1453년 끝나면서 유럽은 중세의 제후 중심의 지방분권적인 봉건 사회가 무너지고 안정적이고 강력해진 왕 중심의 중앙집권적인 정치체제가 등장하면서 근대가 시작되었다.

근대 유럽은 르네상스, 종교개혁, 신대륙 발견 그리고 과학 혁명 등으로 구체화되었다.

르네상스는 중세의 신 중심의 세계관을 인간 중심의 세계관으로 대체시켰으며, 종교개혁은 천여 년 동안이나 지속되었던 가톨릭의 권위를 부정하고 오직 성경에 의한 신앙운동으로 시작하였으며, 또 신대륙 발견으로 유럽을 떠나 다른 세계로 진출할 수 있었으며, 과학 혁명으로 합리성, 논증, 법칙의 논리가 통용되기 시작하였다.

10. 르네상스

고대 그리스, 고대 로마 문명의 재생이라는 의미를 갖는 르네상스는 중세 유럽을 신 중심의 시대 즉 인간성이 상실된 암흑시대로 파악하고, 중세의 신 중심의 사고로부터 탈피하여 고대 그리스, 고대 로마의 인간 중심의 문화를 부활시킴으로써 인간의 재발견 그리고 합리적인 사유의 생활태도의 길을 열어 주었다.

르네상스는 이탈리아반도에서 시작되었다. 이탈리아 도시국가들은 고대 로마의 옛 영토로서 이미 많은 유적과 유물을 간직하고 있었으며, 13세기 이전에 이미 봉건제도가 시작하였고, 십자군 전쟁(1095년~1291년)의 영향으로 발달된 항구도시들이 14세기 들어 지중해 무역을 독점하면서 그 지배층인 상인들의 세력이 커졌다.

이렇게 무역에 의해 큰 세력을 키운 도시들과 그 지배층인 상인들이 바로 이탈리아 르네상스를 가능하게 하였다. 여기에 지리적으로 가까운 동방으로부터 비잔틴과 이슬람의 발달된 문화가 유입됨으로써 이탈리아 도시국가들은 르네상스를 먼저 시작할 수 있었다.

프랑스는 국왕 샤를 8세가 15세기 말 이탈리아 전쟁(1494년~1559년) 중 이탈리아의 발달된 문화에 매료되어 막대한 전리품과 함께 이탈리아 기술자들을 데려와 프랑스 르네상스를 이끌었다.

스페인의 르네상스는 1492년 이슬람 세력을 이베리아반도에서 몰아내고 스페인을 가톨릭 국가로 통일하면서 시작되었다.

독일의 르네상스는 르네상스적인 요소와 후기 고딕적 요소가 결합되어 있는 것이 특징이다. 그것은 독일이 다른 지역보다 르네상스가 늦게 들어왔기 때문이다.

영국의 르네상스는 1453년 백년전쟁이 끝나고 바로 장미전쟁이 1455년부터 30년간 이어지면서 다른 나라에 비해 늦어졌다.

영국의 르네상스는 16세기 초 헨리 8세 때 시작되었는데 그는 영국 국교회(성공회)를 세웠으며 종교개혁과 함께 르네상스를 시작하였다.

르네상스는 15, 16세기에 걸쳐 꽃을 피우며 종교개혁의 원동력이 되었고, 나아가 신대륙의 발견과 진출을 가능하게 했다.

이렇게 근대 유럽은 르네상스로부터 시작되었다.

11. 신대륙 발견과 진출

이탈리아 출신의 콜럼버스는 스페인 이사벨라 여왕의 지원으로 1492년 신대륙을 발견하였다. 오늘날의 서인도제도이다. 포르투갈의 바스코 다 가마가 1498년 남아프리카의 희망봉을 돌아 인도에 도착함으로써 인도항이 개척되었고, 또 포르투갈 출신이며 스페인으로 귀화한 마젤란과 그 일행은 1519년부터 1522년까지 세계 최초로 세계일주 항해를 하였다.

신대륙 발견과 새로운 인도 항로의 개척은 유럽인들의 생활수준을 향상시켰고, 특히 감자는 흉년기에 구황식물로 많은 가난한 사람들의 생명을 구했다. 그러나 신대륙으로부터 금과 은이 대량으로 유입되면서 인플레이션 현상이 일어났고, 이를 통해 신흥 도시 상공업자들은 물가 상승을 기회로 재력을 축적하였다.

그 결과 부를 기반으로 하여 사회에서 점차 부각되는 시민층과 기존 봉건 특권층이 대립하게 되었고, 이 두 세력의 균형 위에 절대왕정이 싹트게 되었다.

지리상의 발견 이후 이탈리아 도시들과 이들과 긴밀한 관계를 맺었던 독일의 도시들이 쇠퇴하기 시작한 반면 스페인 포르투갈의 항구도시들이 성장하면서 세계사의 무대 중심이 지중해에서 대서양으로 옮겨졌다.

12. 종교개혁

전 유럽에 걸쳐서 통일된 단 하나의 권위체제로서 보편적이고 초국가적이며 초민족적인 세계관을 확립하였던 가톨릭은 중세 후기 십자군 전쟁의 실패와 백년전쟁이 끝나면서 왕권을 중심으로 강력한 중앙집권적 통일 국가가 성립하게 되자, 그 기반을 상실하게 되었다.

교황권의 실추로 각국에서 국가가 종교를 장악하게 되었고, 종교개혁은 이러한 연관성 안에서 가능하였다. 하지만 종교개혁의 직접적인 계기는 가톨릭의 부패에서 비롯되었다.

종교개혁은 독일의 마르틴 루터와 프랑스의 칼뱅에 의해서 본격적으로 이루어졌다. 독일에서 비롯되어 전 유럽으로 확산된 종교개혁은 가톨릭 조직을 동요시켰다. 가톨릭 개혁도 스페인 군인 출신 로욜라(1491년~1556년)가 1534년 예수회를 창립하면서 시작하였다.

이렇게 개신교의 종교개혁에 대하여 가톨릭도 가톨릭의 개혁으로 대응하며 기독교 세계가 분열되었고, 16, 17세기에 걸쳐 100여 년간의 종교전쟁(프랑스 위그노 전쟁, 네덜란드 독립전쟁, 독일의 30년 전쟁)의 광풍이 불었으며 이에 따라 유럽의 국제 질서가 종교적 입장에 따라 재편되었다. 또 종교개혁은 개인주의, 자유주의, 관용 등 근대 사상을 발전시켰고, 근대 국가 발전에 크게 기여하였다.

13. 르네상스 시대의 유럽 국가들

중세 유럽이 프랑크 왕국과 신성로마제국이 중심이 되어 흘러갔다면, 근대 유럽은 독일, 오스트리아 등 여러 제후국으로 구성된 신성로마제국의 위상이 흔들리고, 영국, 프랑스, 스페인 등 다른 유럽 국가들이 부상하면서 세력의 견제와 균형을 이루며 발전해 갔다.

신성로마제국 막시밀리안 1세(황제: 1508년~1519년)는 부르고뉴 공국, 스페인 왕국, 헝가리 왕국, 크로아티아 왕국, 보헤미아 왕국 등과 혼인을 성사시켰는데, 훗날 기적과도 같이 이 가문들의 부계가 끊기면서 이들의 영토는 합스부르크 가문의 소유가 되었다.

　이후 스페인 왕의 대가 끊기면서 그의 손자 카를 5세가 1516년 스페인 왕위에 올랐고, 이어 1519년 신성로마제국 황제가 되었다. 이로써 합스부르크 왕가는 기존의 신성로마제국 내 오스트리아 계열에 이어 스페인까지 그 영토를 넓혔다. 또 그의 시대에 마르틴 루터의 종교개혁이 시작되었으며 프랑스와의 이탈리아 전쟁에서 1527년 '로마의 약탈'을 감행하였다.

　카를 5세가 1556년 퇴위할 때 신성로마제국 합스부르크 왕가는 스페인 계열과 오스트리아 계열로 나뉘었고, 그의 동생 페르디난트 1세는 신성로마제국 황제이면서 오스트리아 계열 합스부르크 가문의 영토에 합스부르크 제국을 시작하였다.

　독일에서는 1618년 종교전쟁인 30년 전쟁이 일어났다. 30년 전쟁은 시간이 흐르면서 신성로마제국 합스부르크 왕가와 프랑스의 대결 구도로 바뀌었고, 전쟁은 대부분 독일 지역에서 일어나 독일 전역이 기근과 질병으로 파괴되었고, 큰 폭으로 인구가 감소되었다. 결국 1648년 전쟁이 프랑스의 승리로 끝나면서 신성로마제국 내 독일 지역은 프랑스에 의해 300여 개의 영방으로 갈라졌고, 신성로마제국 내 합스부르크 왕가의 세력은 오스트리아 내로 그 영역이 제한되면서 신성로마제국은 사실상 유명무실화되었다.

　프랑스에서는 영국과의 백년전쟁이 끝난 후 발루아 왕조의 루이 11세(재위: 1461년~1483년)가 강력한 왕권을 가진 프랑스 왕국을 구축하면서 근대를 시작하였다.

　샤를 8세는 나폴리 왕국의 왕위가 궐위되자 1494년 이탈리아 전쟁(1494년~1559년)을 일으켰다. 그러나 신성로마제국 합스부르크 왕가의 스페인을 주축으로 한 대프랑스 동맹에 의하여 반격이 시작되었고 결국 프랑스의 앙리 2세가 스페인의 펠리페 2세에게 패하면서 1559년 이탈리아 전쟁이 종식되었다.

한편 샤를 8세는 전쟁 중 이탈리아의 발달된 문화에 매료되어 이탈리아로 부터 프랑스에 르네상스를 도입하였고, 프랑수아 1세(재위: 1515년~1547년) 때 프랑스의 르네상스가 절정을 이뤘다. 그리고 프랑스는 1536년 칼뱅에 의하여 종교개혁이 일어났다.

프랑스는 이탈리아 전쟁이 종료된 지 3년 후 1562년 또 한 번 종교전쟁인 위그노 전쟁(1562년~1598년)에 휩싸였다. 36년에 걸친 위그노 전쟁 중 가톨릭 세력에 의해 위그노들에 대한 대학살극이 이어졌고, 또 1589년 발루아 왕조의 마지막 왕 앙리 3세(재위: 1574년~1589년)마저 살해되었다. 그의 후사가 없자 발루아 왕조는 끝이 났고, 나바라 왕국의 왕이었던 앙리 4세가 1589년 부르봉 왕조를 열며 왕위에 올랐다.

위그노 수장이었던 앙리 4세는 가톨릭으로 개종하고 1598년 위그노(칼뱅파)들에게 신앙의 자유를 인정한 낭트 칙령을 발표하고 전쟁을 종식시켰다.

영국은 1453년에 끝난 백년전쟁에 이어 1455년 랭커스터가와 요크가의 동족 간 내전인 장미전쟁(1455년~1485년)이 일어났다.

요크가의 에드워드가 랭커스터가에 승리를 거두고 1461년 에드워드 4세로서 요크 왕가의 시대(1461년~1485년)를 열었지만 그의 아들 에드워드 5세가 즉위 2개월 만에 그의 삼촌 리처드 3세(재위: 1483년~1485년)에 의해 왕위를 찬탈당했고, 또 리처드 3세도 1485년 프랑스에 망명해 있던 랭커스터가에 속하는 헨리 튜더에 의해서 전사하면서 장미 전쟁은 끝났고, 짧은 요크 왕가의 시대도 끝났다.

이렇게 백년전쟁과 장미전쟁이 끝나자 영국은 봉건적 제후의 기사가 몰락하고 국왕의 권력이 한층 강화되어 갔다.

네덜란드는 13세기 말부터 프랑스의 부르고뉴 공국의 지배를 받았으나, 15세기 말 부르고뉴 상속녀 마리와 신성로마제국 황제 막시밀리안 1세가 결혼함으로써 다시 신성로마제국의 지배를 받았다. 추후 네덜란드는 카를 5세에 이어 스페인의 펠리페 2세가 상속받았다.

16세기 초 종교개혁 이후 스페인의 펠리페 2세가 북부 네덜란드의 신교도들을 탄압하기 시작하면서 1567년 종교전쟁인 네덜란드 독립전쟁이 일어났다.

네덜란드 독립전쟁(1567년~1648년)은 1618년부터 독일의 30년 전쟁의 일부가 되었고, 영국과 프랑스 등의 주변국들의 지원을 받아 스페인에 항전하였다. 결국 1648년 30년 전쟁이 끝나면서 맺은 베스트팔렌 조약에서 국제적 승인을 얻음으로써 네덜란드 독립전쟁도 끝이 났다. 이로써 네덜란드 북부 7개 주는 독립하였고, 남부 네덜란드는 상당 부분 프랑스의 영토가 되었고, 벨기에, 룩셈부르크 지역은 여전히 스페인의 지배를 받게 되었다.

스페인은 1492년 이슬람 세력을 완전히 물리치고 가톨릭 국가로 통일되었다. 카를 5세가 1516년 스페인 왕이 됨으로써 스페인에도 신성로마제국의 합스부르크 왕가의 시대가 열렸다. 카를 5세는 1556년 퇴위할 때 그의 동생에게는 오스트리아 합스부르크 계열과 신성로마제국 황제위를, 그의 아들 펠리페 2세에게는 스페인 왕위를 물려주었다.

펠리페 2세는 이탈리아 전쟁 막바지에 프랑스와의 생캉탱 전투에서 승리함으로써 1559년 이탈리아 전쟁을 끝냈다.

몽골 킵차크한국으로부터 독립한 모스크바 대공국의 이반 3세(재위: 1462년~1505년)는 여러 공국으로 나뉘어 있던 러시아를 통일하였고, 전제군주제를 확립하였다. 또 이반 4세(재위: 1533년~1584년) 때 모스크바 대공국은 러시아 차르국으로 발전하였고, 이는 오늘날의 러시아의 전신이 되었다.

이후 이반 4세의 조카인 로마노프 가문의 미하일 1세가 1613년 왕위를 계승하면서 러시아는 로마노프 왕조가 시작되었다.

이탈리아반도의 각 도시국가들은 신성로마제국, 프랑스, 스페인의 영향력 아래 있었지만 사실상 독립적인 도시국가로 발전하여 가다가 1494년 이탈리아 전쟁(1494년~1559년)에 휩싸였다.

14. 절대왕정 시대

르네상스와 종교개혁이 마무리되면서 16세기 들어 유럽의 각 나라들은 시 차를 두고 절대왕정 시대를 맞이하였다. 이 시기는 기존의 봉건 사회의 관습 이 약화되고, 강력한 왕권을 중심으로 근대 국가의 체제가 갖추어지기 시작 하였다.

정치적으로는 국왕이 국가 통일, 행정, 사법, 군사 등 모든 면에서 절대 권 력을 갖게 되었고, 사회적으로는 시민들에게 신분 상승의 기회가 열렸으며, 경제적으로는 조세제도를 만들고 중상주의 정책을 시행하였다.

종교는 계속해서 영향력을 상실해 갔고, 국왕의 권력은 확장해 갔다.

15. 절대왕정 시대의 유럽 국가들

영국 튜더 왕조의 헨리 7세(재위: 1485년~1509년)는 중앙집권체제를 확 립하여 절대주의 왕권의 기초를 확립하였다. 헨리 8세(재위: 1509년~1547 년)는 1534년 영국 국교회(성공회)를 설립하였고, 획기적인 행정 개혁을 단 행하여 절대왕권을 확립하였다. 메리 1세(재위: 1553년~1558년) 여왕은 가톨릭을 부활시켰으며, 수많은 신교도들을 무자비하게 처형하여 피의 메리 라고 불렸다. 엘리자베스 1세(재위: 1558년~1603년) 여왕은 1599년 영국 국왕을 영국 국교회의 수장으로 하는 수장령을 선포하고 가톨릭을 억압하여 종교적인 통일을 꾀하였다. 여왕은 또 스페인의 무적함대를 물리쳐 스페인의 속국이었던 네덜란드의 독립에 일조하였으며 인도에 동인도회사를 세워 아 시아 진출의 바탕을 마련하였다.

엘리자베스 1세 여왕이 후손 없이 죽자 스코틀랜드 왕 제임스 스튜어트가 영국에 스튜어트 왕조(1603년~1714년)를 열며 제임스 1세로 영국 왕이 되 었다. 제임스 1세는 의회의 특권과 관행을 무시했고, 가톨릭과 청교도들을 탄압하였다. 이에 탄압받은 청교도들은 1620년 종교의 자유를 찾아 아메리카 대륙으로 건너갔다.

찰스 1세가 1628년에 제정된 권리청원을 무시하고 강력한 전제정치를 펴 나가자, 왕과 의회의 대립이 심해졌고 급기야 1642년 내전으로 발전하였다. 8년여간 이어진 내전 끝에 결국 청교도의 크롬웰이 이끄는 의회파가 왕의 군대를 무찌르고 승리를 거두었고, 1649년 의회는 찰스 1세를 사형에 처한 후, 왕정을 폐지하고 공화국을 선포하였다. 이것을 청교도혁명(1642년~1649년)이라고 한다.

크롬웰이 죽자, 의회는 청교도혁명 때 네덜란드로 망명한 찰스 2세를 맞이하여 왕정을 부활시켰다. 이로써 영국은 청교도혁명 이후 영국 역사상 유일하게 실험했던 10년 동안의 공화국 체제가 종말을 고했고, 다시 왕정으로 복고되었다.

제임스 2세가 1688년 종교 관용령을 통해 모든 종교의 자유를 보장하며 전제정치를 펴 나가자, 의회와 국민들의 반감을 사기 시작했고, 급기야 그는 그의 외가인 프랑스로 도피하였다. 이에 의회는 1688년 제임스 2세를 폐위하고 독실한 프로테스탄트인 그의 큰딸 메리 2세와 그녀의 남편인 네덜란드 오렌지 공 윌리엄 3세를 공동 왕으로 추대하였다. 그들은 1689년 의회가 제정한 권리장전을 승인하고 왕위에 올랐는데 유혈사태 없이 정권 교체를 한 이 사건을 명예혁명이라 한다.

스튜어트 왕조 마지막 군주인 앤 여왕은 1707년 영국과 스코틀랜드를 병합하여 그레이트브리튼 연합왕국을 탄생시켰다. 앤 여왕이 후손이 없자, 의회는 1714년 독일에 뿌리를 둔 하노버 공국의 선제후였던 조지 1세에게 왕위를 부여하였다. 조지 1세(재위: 1714년~1727년) 때 영국은 내각책임제가 발달하였다.

조지 2세는 1756년 발생한 7년 전쟁 시 프로이센과 연합해서 프랑스와 연합한 오스트리아에 대항하였다. 이때 해외 식민지에서 영국이 프랑스에 승리하면서 프랑스가 가지고 있던 아메리카 신대륙과 인도의 광대한 영토를 획득했다.

프랑스의 앙리 4세는 1598년 위그노 전쟁을 종식시켰다. 그는 전쟁으로 피폐해진 왕국의 재건에 온 힘을 쏟았다. 루이 13세는 독일의 종교전쟁인 30년 전쟁(1618년~1648년)에 참여하는 등 신성로마제국 합스부르크 왕가를 견제하면서 프랑스 절대주의의 기반을 닦았다.

루이 14세(재위: 1643년~1715년)는 낭트 칙령을 철회해 대부분 수공업자들이었던 위그노들로 하여금 프랑스를 떠나게 하고, 많은 전쟁에 참여함으로써 국가 재정 상황을 최악의 상황으로 만들었다. 루이 14세는 그의 손자 펠리페 5세로 하여금 스페인 왕위를 잇게 했고, 왕권신수설을 신봉해 자신을 신의 대리자로 자청하며 절대 권력을 휘둘렀다. 루이 15세(재위: 1715년~1774년)는 오스트리아 왕위계승전쟁(1740년~1748년)과 7년 전쟁(1756년~1763년)을 치르면서 많은 국력을 소모했다.

프로이센 지역에 알브레히트 폰 프로이센이 1525년 프로이센 공국(1525년~1618년)을 세웠다. 이후 1618년 브란덴부르크 선제후인 지기스문트가 프로이센 공국을 상속하면서 동군연합인 브란덴부르크-프로이센 공국을 세웠다. 브란덴부르크-프로이센 공국(1618년~1701년)은 국력을 강화하기 위하여 적극적인 중상주의 정책을 실시함과 동시에 군사력 강화에 매진하였다.

프리드리히 빌헬름 대선제후는 프랑스 루이 14세로부터 박해를 받는 위그노 난민 2만여 명과 유대인들을 받아들이고, 행정체계를 중앙집권화하여 절대왕정 체제를 위한 기반을 수립하였고, 프리드리히 1세 때 브란덴부르크-프로이센 공국은 프로이센 왕국이 되었다.

프리드리히 2세(재위: 1740년~1786년)는 선대가 이루어 놓은 막강한 군사력으로 오스트리아 왕위계승전쟁과 7년 전쟁에서 오스트리아에 승리하면서 슐레지엔 지역을 확보하는 등 영토를 확장하고 독일제국 내의 패권을 차지하였다. 그는 또한 계몽군주였다. 이후 프로이센은 오스트리아와 경쟁하면서 독일 통일을 주도하였다.

신성로마제국 레오폴트 1세는 1648년 끝난 30년 전쟁 이후 폐허가 된 독일을 재건하고 합스부르크 제국의 중흥의 기반을 마련하였다. 카를 6세(황제: 1711년~1740년)는 아들이 없어서 가문이 단절될 위기에 몰리자 살리카 법에 위배됨에도 불구하고 딸인 마리아 테레지아에게 왕위를 물려주기 위해 국사조칙을 공표하였다.

마리아 테레지아가 국사조칙에 의해 1740년 오스트리아 왕위를 계승하면서 신성로마제국 합스부르크 왕가의 오스트리아는 마리아 테레지아 시대(1740년~1780년)를 열었다.

마리아 테레지아는 오스트리아 왕위계승전쟁과 7년 전쟁에서 프로이센에 패하면서 오스트리아 왕위는 이어받을 수 있었지만 슐레지엔 지역을 프로이센에 넘겨주어야만 했다. 하지만 이후 마리아 테레지아는 쇠약해진 오스트리아의 국가 개혁을 성공적으로 이끌었다.

1556년 스페인 왕위에 오른 펠리페 2세는 1559년 이탈리아 전쟁을 종식시켰고, 1571년 오스만튀르크와의 레판토 해전에서 오스만튀르크를 물리쳐 이슬람의 서진을 막았다.

스페인의 무적함대는 네덜란드 독립전쟁을 지원하는 영국을 저지하기 위해 영국 해협에서 벌어진 전투에서 영국 함대에게 대패하였다. 이 해전에서 무적함대의 패배로 스페인은 영국에 해상 무역권을 넘겨주어야 했고, 또 펠리페 2세의 재위 기간에 전성기를 맞이했던 스페인의 세력이 점차 쇠락하게 되는 중요한 분기점이 되었다.

카를로스 2세가 후계자 없이 1700년 사망하자 오스트리아와 프랑스 사이에 스페인 왕위계승전쟁(1701년~1714년)이 일어났다. 결국 스페인 왕위는 프랑스 부르봉 왕가의 루이 14세의 손자인 펠리페 5세에게 돌아갔다. 이로써 스페인은 200여 년의 합스부르크 왕가의 시대(1516년~1700년)가 막을 내리고 부르봉 왕가의 시대를 맞이하게 되었다.

러시아에서는 강력한 표트르 대제(재위: 1682년~1725년)의 등장과 함께 로마노프 왕조는 차르국에서 러시아 제국으로 거듭나게 되었다. 표트르 대제는 서유럽에 본인이 직접 사절단을 이끌고 가 선진 기술을 배워 왔고, 서구화 정책을 통해 변방의 러시아를 행정적, 상업적으로 발전시키며 절대군주국을 확립하였다. 그는 또 발트함대를 창설하여 러시아 해군의 토대를 만들었다.

16. 계몽주의 시대

17세기 말부터 자본주의가 발달하고 과학 기술이 발달한 영국이나 프랑스 등에서는 계몽운동이 하층으로부터 상층으로 파급되어 자연스럽게 계몽주의 시대를 맞이하였으나, 봉건주의가 청산되지 않고 자본주의가 아직 본격적으로 발달하지 못한 프로이센, 오스트리아, 러시아 등에서는 18세기 중후반 군주가 스스로 계몽군주가 되어 계몽사상의 이념에 의하여 위로부터의 개혁을 하며 계몽주의 시대를 맞이하였다.

대표적인 계몽군주로는 프로이센의 프리드리히 2세, 오스트리아의 요제프 2세, 러시아의 예카테리나 2세 여제 등이 있고, 이들을 계몽절대군주라고도 한다.

프로이센의 프리드리히 2세(재위: 1740년~1786년)는 강인한 정신과 예리한 지성으로 나라를 이끈 계몽군주였다. 그는 모든 종교에 관용적인 정책을 폈고, 보통교육을 확대하였으며, 고문을 근절시켰다. 그는 또 오스트리아와의 두 번의 전쟁에서 승리하였다.

오스트리아의 요제프 2세(재위: 1765년~1790년)는 계몽군주로서 '유휴기관에 관한 칙령'을 통해 자신의 개혁을 추진해 나갔고, 또 '종교적 관용에 대한 칙령'을 통해 법 앞에 모든 종교가 평등하다는 원칙을 수립하였다.

러시아의 예카테리나 2세 여제(재위: 1762년~1796년)는 계몽사상에 매료되어 문학을 적극 후원했고, 과학을 장려하고 많은 학교를 건립하는 등 계몽군주였다.

17. 산업혁명 그리고 시민혁명

계몽주의 운동은 18세기 후반부터 19세기 초에 걸쳐 유럽과 신대륙을 거대한 격변의 시기를 맞이하게 하였으며 미국 독립전쟁과 프랑스 대혁명에 영향을 미쳤다. 영국의 산업혁명은 전 유럽으로 퍼져 나갔고, 나아가 프랑스 대혁명에 영향을 미쳤다. 그리고 프랑스 혁명이 인류 사회에 미친 영향보다 더 큰 영향을 미쳤다.

18. 영국 산업혁명

영국의 산업혁명은 대략 1760년에서 1820년 사이에 일어난 간단한 도구를 사용하는 소규모 수공업적 생산에서 거대한 기계를 사용하는 대규모 공장제 생산 방식으로의 전환을 말하며, 이로 인해 일어난 사회, 경제 등의 큰 변화를 일컫는다.

산업혁명으로 자본가와 노동자를 양대 축으로 하는 자본주의 사회가 확립된 반면 자본가와 노동자 사이의 빈부의 격차가 심해지면서 사회주의도 나타났다.

19. 미국 독립전쟁

영국은 아메리카 대륙에서 있었던 프랑스와의 7년 전쟁으로 인해 악화된 재정을 완화해 보고자 북아메리카 동부 13개 주의 식민지 사회에 새로운 세금 등을 부과하였다. 이에 식민지 대표들은 영국 상품 구입을 거부하기 시작하였고, 나아가 1773년 '보스턴 차 사건'을 감행하였다, 이러한 상황에서

1775년 4월 렉싱턴에서 영국 군대와 식민지 민병대가 충돌하였고, 이로써 미국 독립전쟁이 시작되었다.

독립전쟁(1775년~1783년)은 처음에는 미국의 열세로 고전했지만 1781년 10월 요크타운 전투에서 영국에 승리함으로써 미국은 독립하였고, 1783년 파리 조약에서 13개 주의 독립을 승인받았다.

20. 프랑스 대혁명 발발

루이 14세 때부터 내려온 재정 문제와 루이 15세 때 오스트리아 왕위계승 전쟁과 7년 전쟁의 참여 그리고 미국 독립전쟁의 지원으로 프랑스 경제는 파탄 일보 직전까지 갔다. 여기에 1788년부터 1789년에 걸친 흉작은 농민들을 더욱더 비참하게 만들었다.

1789년 5월 루이 16세가 삼부회를 소집하였고, 여기에서 제3신분인 평민 대표들이 봉건 특권 폐지, 평등 과세 등 개혁을 주장하며 제1, 2신분인 성직자, 귀족들과 첨예하게 대립하였고, 회의가 무산되자 제3신분은 6월 20일 따로 국민의회를 구성하였다.

이에 국왕이 무력으로 국민의회를 탄압하려 하자 이에 분개한 파리 시민들은 1789년 7월 14일 봉건제도의 압제와 전제의 상징이었던 바스티유 감옥을 함락시켰다. 이렇게 프랑스 대혁명이 시작되었다.

21. 프랑스 대혁명 진행

본문 '프랑스 대혁명' 참조.

22. 나폴레옹 시대

본문 '나폴레옹 시대' 참조.

23. 빈 체제

본문 '빈 체제' 참조.

24. 1848년 유럽 혁명, 그 이후

본문 '1848년 유럽 혁명, 그 이후' 참조.

25. 제국주의 시대 그리고 제1차 세계대전 발발

본문 '제국주의 시대 그리고 제1차 세계대전 발발' 참조.

후기
– 나는 무엇을 알고 싶었고, 그래서 무엇을 쓰고 싶었는가?

유럽의 역사는 기원전 800년경 고대 그리스와 기원전 753년 고대 로마로 부터 시작되었다. 고대 그리스는 아테네, 스파르타, 테베 시대를 거쳐 기원 전 337년 마케도니아 시대가 이어졌고, 이어 헬레니즘 제국이 건설되었다. 한편 고대 로마는 기원전 272년 이탈리아반도를 통일하고, 기원전 146년 끝난 포에니 전쟁과 마케도니아 전쟁을 통해 이베리아반도(스페인)와 고대 그리스를, 기원전 58년부터 기원전 52년까지 브리타니아(영국)를 비롯, 갈 리아 지역 정복을 통해 고대 로마의 속국으로 만들었다. 이렇게 고대 로마는 유럽을 통일하였고, 이후 유럽은 고대 로마제국이 되어 흘러갔다.

고대 로마제국은 395년 동로마제국과 서로마제국으로 분리되었고, 476년 서로마제국이 멸망하였다. 이로써 이탈리아반도에서 흥기하여 거의 전 유럽 을 지배했던 1200여 년의 역사를 가진 로마라는 제국이 멸망한 것이다.

고대 로마제국이 476년 멸망하자 갈리아 지역을 중심으로 프랑크 왕국이 세워졌고, 얼마 후 프랑크 왕국은 서로마제국이 지배했던 서부, 중부 유럽에 서 이탈리아반도 북부까지 그 영토를 넓혀 갔다. 서로마제국은 800년 프랑 크 왕국으로 부활하였다. 이제 유럽 세계는 서로마제국의 부활인 프랑크 왕 국의 세계가 되었다.

프랑크 왕국이 분열되고, 분열된 프랑크 왕국들이 9, 10세기에 걸쳐 소멸 되면서 그동안 프랑크 왕국이 지배하였던 유럽 세계는 중프랑크 왕국 지역이 었던 이탈리아반도 북부에 이탈리아 왕국이, 서프랑크 왕국 지역인 서부 유 럽에 프랑스 왕국이, 동프랑크 지역이었던 중부 유럽에 독일 왕국이 탄생하였다.

독일 왕국이 세력을 확장해가던 중 961년 이탈리아 왕국을 병합하였고, 이로 인해 오토 1세는 교황으로부터 신성로마제국의 황제의 관을 받았다. 이렇게 서로마제국은 프랑크 왕국으로 부활한 데 이어 또다시 신성로마제국으로 부활하였다.

그 이후 유럽의 중부 지역에 위치한 독일, 오스트리아, 보헤미아, 폴란드 지역을 포함하는 신성로마제국은 번성하다가 1648년 30년 전쟁이 끝나면서 300여 개의 영방으로 나눠지면서 해체되는 위기도 있었고, 또 부침도 있었지만 주변 국가인 영국, 프랑스, 러시아, 스페인 그리고 이탈리아반도 도시국가들과 더불어 때로는 협력하고 또 때로는 경쟁하면서 르네상스 시대, 절대왕정 시대를 거쳐 계몽주의 시대까지 이어져 왔다. 이후 나폴레옹이 1806년 신성로마제국 본거지인 오스트리아를 침공하자 신성로마제국 황제 프란츠 2세가 신성로마제국을 해체하면서 유럽의 중심이었던 신성로마제국의 시대가 끝났다.

기원전 753년 고대 로마로부터 시작되어 서로마제국, 프랑크 왕국, 신성로마제국으로 이어졌던 유럽에서의 로마의 시대가 1806년 끝났다. 이 시기 유럽은 로마였고, 로마는 유럽이었다.

한편 고대 그리스는 기원전 146년 고대 로마에 의해 멸망되면서 유럽 역사의 흐름 속에서 사라졌지만 고대 그리스 문화와 헬레니즘 문화는 고대 로마를 통하여 전 유럽으로 흘러 들어갔다.

이탈리아반도에서 발흥한 로마라는 강은 때론 서부 유럽과 중부 유럽을 아우르는 넓은 강폭으로, 또 때로는 독일과 오스트리아에 국한되는 좁은 강폭으로 유럽의 중심에서 2,500여 년간 유유히 흐르지 않았을까….

이렇게 나는 유럽 역사를 관통하는 로마 역사의 흐름을 알고 싶었고, 그래서 유럽사 연대기를 로마 역사의 흐름 속에서 정리하고 싶었다.

보다 더 알기 쉬운
유럽사 연대기

ⓒ 전흥찬, 2025

개정판 1쇄 발행 2025년 3월 20일

지은이   전흥찬
펴낸이   이기봉
편집   좋은땅 편집팀
펴낸곳   도서출판 좋은땅
주소   서울특별시 마포구 양화로12길 26 지월드빌딩 (서교동 395-7)
전화   02)374-8616~7
팩스   02)374-8614
이메일   gworldbook@naver.com
홈페이지   www.g-world.co.kr

ISBN   979-11-388-4080-4 (03920)